Em busca da
VERDADE

Sri Prem Baba
Em busca da
VERDADE
Autobiografia de um iogue brasileiro

© 2025 - Sri Prem Baba
Direitos em língua portuguesa para o Brasil:
Matrix Editora
www.matrixeditora.com.br
/MatrixEditora | /@matrixeditora | /matrixeditora | /matrixeditora

Diretor editorial
Paulo Tadeu

Escritor colaborador
Rodrigo de Almeida

Diretor de Comunicação Sri Prem Baba
Pedro Camilo

Fotos de capa e 4ª capa
Thais Rebello

Demais fotos
Acervo Sri Prem Baba

Projeto gráfico e diagramação
Marcelo Córreia

Revisão
Adriana Wrege
Silvia Parollo

CIP-BRASIL - CATALOGAÇÃO NA PUBLICAÇÃO
SINDICATO NACIONAL DOS EDITORES DE LIVROS, RJ

Baba, Sri Prem
Em busca da verdade / Sri Prem Baba. - 1. ed. - São Paulo: Matrix, 2025.
264 p.; 23 cm.

ISBN 978-65-5616-492-2

1. Baba, Prem, 1965-. 2. Gurus - Brasil - Biografia. I. Título.

24-93000
CDD: 294.5092
CDU: 929:233

Meri Gleice Rodrigues de Souza - Bibliotecária - CRB-7/6439

Sumário

Prefácio 7

Mensagem ao leitor 9

Capítulo 1
Se existe uma verdade, manifeste-se 11

Capítulo 2
Um buscador 27

Capítulo 3
Um vegetariano num matadouro frigorífico em busca de viagens astrais 37

Capítulo 4
Da paixão não correspondida ao matrimônio perfeito 47

Capítulo 5
Preparação para a Era de Aquário com yoga, aulas, descobertas
e o primeiro casamento 57

Capítulo 6
Dos poderes paranormais ao sucesso das terapias holísticas 65

Capítulo 7
Descobrindo a Ayahuasca e os muitos estágios da consciência 75

Capítulo 8
A construção de pontes entre hinários na floresta e uma viagem
quase sem volta 85

Capítulo 9
Caminho do Coração, ou o caminho que me levou à Índia 91

Capítulo 10
Desmistificando o guru 99

Capítulo 11
Os primeiros passos como mestre 107

Álbum de fotos 119

Capítulo 12
Despertando e espalhando o amor na calçada da fama 151

Capítulo 13
O amor chega à política (e às sombras) **163**

Capítulo 14
A crise (ou o início da tormenta kármica) **173**

Capítulo 15
No vale das sombras **185**

Capítulo 16
Fiquei menor **193**

Capítulo 17
Colhendo os benefícios dos aprendizados **203**

Capítulo 18
Sobrevivi ao cancelamento. E agora? **211**

Capítulo 19
Dê ao mundo uma nova mensagem **217**

Capítulo 20
A coragem de ser quem sou no presente **227**

Capítulo 21
Um caminho para a Verdade na era da pós-verdade **237**

Posfácio
Os ensinamentos de Sachcha Baba **247**

Glossário **259**

Prefácio

Todos nós enfrentamos momentos desafiadores em nossa jornada pela vida, pontos de inflexão que parecem nos testar ao limite. Eu mesma atravessei muitos desses momentos, nos quais a dor e a angústia pareciam me envolver, mas que, paradoxalmente, despertaram em mim uma coragem profunda para superar essas dificuldades que aprisionavam minha alma em expansão. São esses momentos que, por mais difíceis que sejam, nos empurram para crescer e descobrir forças que talvez nem soubéssemos possuir.

Um desses marcos em minha vida aconteceu em 2014, quando enfrentei uma depressão pós-parto. Eu, que sempre fiz questão de ser dona do meu destino, de bancar a minha liberdade e independência, me vi vulnerável em um dos momentos mais significativos da minha vida: o de ser mãe. Carregar o peso da responsabilidade de cuidar de outro ser humano enquanto me sentia despedaçada foi uma das maiores provas que já vivi. A crise foi gigantesca, tive pensamentos suicidas e passei por tratamentos complexos, eu quase sucumbi. E naquela época, a força que sempre foi minha marca registrada parecia ausente, desafiando-me a encontrar algo além do que eu já conhecia.

Foi nesse momento de fragilidade que a vida, em sua sabedoria, colocou Sri Prem Baba no meu caminho. A princípio, conheci seus ensinamentos por meio de livros, que foram como um fio condutor para organizar meu mundo interior. Aos poucos, fui me aproximando mais: participei de encontros, retiros e Satsangs, onde pude experimentar diretamente a presença e o amor emanados por ele.

A história e o trabalho de Sri Prem Baba têm me acompanhado nos últimos anos, e não é exagero dizer que marcaram profundamente minha vida. O impacto de seus ensinamentos em meu processo de transformação pessoal é tão evidente que me faltam palavras para expressar. Costumo dizer que minha vida foi virada de ponta cabeça – e para melhor – ao longo dessa jornada. Prem Baba me ajudou a fortalecer a mulher que sou hoje, sempre com sua inconfundível gentileza, sabedoria e amor. Graças a essa caminhada, pude me expandir como mãe, mulher e profissional: tornei-me mãe, fundei meu escritório, tive outro filho, cresci na advocacia e me formei em novas áreas do conhecimento, como história, filosofia e psicanálise.

Mais do que um mestre ou professor espiritual, Prem Baba tornou-se um verdadeiro amigo, alguém que me acolhe, mas que também me desafia a seguir o caminho do coração. Ele me ajudou a encontrar um propósito maior e a atuar no mundo com clareza, equilíbrio e alinhamento entre justiça e verdade – valores essenciais no meu trabalho. Sua orientação foi, e continua sendo, um impulso para o florescimento da minha verdade interior.

Ao conhecer mais sobre a trajetória de vida de Sri Prem Baba nesta biografia, senti ainda mais admiração por sua coragem em seguir sua intuição, mesmo diante de desafios monumentais. Sua jornada de autoconhecimento, construída a partir da integração de diversos caminhos espirituais, é um exemplo vivo da força da diversidade e do respeito pela pluralidade das buscas humanas pelo divino.

Este não é um livro para ser apenas lido; é um livro para ser sentido. Ele desafia crenças e ultrapassa as fronteiras da normose que tantas vezes limita nossa visão. Aqui, você encontrará mais do que a história de um homem: encontrará o reflexo do potencial humano quando movido pelo amor e pela verdade.

Izabella Borges
Advogada, historiadora e psicanalista

Mensagem ao leitor

A vida é um presente divino. É uma oportunidade de florescer e manifestar aquilo que somos. Quem sou eu? Quem é Deus? O que estamos fazendo aqui? Essas perguntas foram e são a chama da curiosidade divina que se acendeu em mim desde pequeno e me serviram de combustível para viver a vida na intensidade que sinto que ela merece ser vivida. O presente que recebemos de encarnar na matéria, experienciar as quatro dimensões físicas, ter um corpo, uma personalidade, um ego, que são veículos para o nosso Ser, não pode ser desperdiçado a ponto de não atingirmos o nosso propósito, que é amar e nos realizar em Deus.

Não posso dizer que tive uma vida comum, apesar de eu ser um homem comum. Graças a Deus, tive muita coragem para romper as fronteiras do que é socialmente aceito e encontrar os caminhos místicos que alimentaram a minha alma, permitindo que meu Ser florescesse. Encontrei na vida a Verdade Suprema, a religião eterna, aquela que está além das barreiras das religiões criadas pela mente humana, que é a sabedoria que está na natureza, nas profundezas e nas alturas do silêncio do mundo interior e nos Vedas, escrituras sagradas que traduzem a misericórdia divina em nos guiar de volta à nossa morada.

Senti que poderia ser de algum valor eu compartilhar algumas das memórias do caminho iniciático que vivi como Janderson (nome que me foi dado pela minha mãe) em busca da Verdade, até encontrar meu guru, Sri Hans Raj Maharajji, incluindo algumas aventuras e desafios que vivi antes e depois de me tornar Sri Prem Baba (nome que me foi dado pelo meu mestre). Na minha trajetória descobri tesouros, e minha vontade é compartilhá-los com você, que também é um buscador da Verdade. Se essas memórias inspirarem você de alguma forma no seu caminho da autorrealização, sinto que valeu a pena revirar as gavetas do meu passado para compartilhar meu amor pela vida.

Receba minhas revelações como palavras para a luz divina que habita o seu coração, para que você nunca deixe de acreditar no poder do amor. Mesmo se a escuridão ganhar espaço no mundo ao seu redor, tenha a coragem de amar, sempre!

Namastê.

Prem Baba

Capítulo 1

Se existe uma verdade, manifeste-se

Uma vida costuma ser vivida com a sensação quase permanente de que estamos por um fio. Esse tipo de sentimento se espalha de maneira perversamente democrática sobre todas as pessoas, independentemente do seu lugar de origem, de sua etnia, dos bens materiais que acumula e, para surpresa de muitos, de exibir maior ou menor grau de espiritualidade e autoconhecimento. Na jornada que me trouxe até aqui, em muitos momentos também tive a sensação de que minha vida estava por um fio.

A vida parece estar por um fio de muitas formas. Uma delas é pela sensação constante de perigo, com a iminência da morte. A maioria dos seres humanos lida muito mal com o peso da morte, uma parte imutável da nossa existência, o ponto-final de nosso corpo após os ciclos de nascimento, crescimento, maturidade e envelhecimento. Não à toa, o ser humano une a concepção de Deus à ideia da imortalidade. Admita-se ou não, estar com Deus, sentir Deus e, por que não, ser Deus, é uma ambição, uma expressão do nosso desejo de viver eternamente, de não morrer. Diante do grande conflito entre aceitar a morte e buscar a imortalidade, só a plenitude pode nos dar a coragem para enfrentar a dor do corpo e o sofrimento da mente.

O sofrimento da mente é outra dimensão desse sentimento de que a vida parece estar por um fio. Nesses momentos, o vale do sofrimento é invadido pela força do inferno da mente que duvida, que compara, que julga, que pensa compulsivamente, que abre alas para as porções do mal que espreitam em nosso interior, todas enraizadas no medo. É quando nossos padrões psicológicos se mostram apegados ao sofrimento e boicotam nossa vontade de viver em alegria. No plano individual ou coletivo, tormentas, crises, frustrações e angústias acumulam-se, aparentemente sem explicação. Assim se deu em diferentes momentos de minha vida.

Eu mal passara dos 30 anos e me sentia assim. Materialmente, nada estava mal. Profissionalmente, também não. Mas a vida parecia ter perdido o sentido. Estava namorando, tinha um bom trabalho, ganhava dinheiro, na aparência tudo parecia pleno, mas me faltava alegria para acordar de manhã e levar a vida. No fundo eu carregava uma angústia profunda, porque não encontrava um propósito para viver. O que eu fazia cotidianamente não me entusiasmava. Na verdade, eu perdera o entusiasmo – aliás, em sua etimologia, "entusiasmo" vem do grego *enthousiasmos*, literalmente "em Deus". Originalmente, portanto, significava inspiração de uma entidade divina ou pela presença de Deus. Dessa origem resultou o entendimento do entusiasmo como um estado de grande arrebatamento ou alegria, uma disposição para enfrentar dificuldades, superar desafios, transmitir confiança e não se abater. Tudo isso se fora.

Entrei em depressão. Uma tristeza que vinha da sensação de que eu havia perdido a fé nas pessoas e em mim mesmo. Converti-me num julgador, um crítico demasiadamente severo com tudo ao meu redor. Àquela altura eu era um psicólogo em formação. Dava aulas. Era reconhecido como um bom profissional. Havia percorrido vários caminhos. Era passado e memória, a infância pobre de quem nasceu em 9 de novembro de 1965 numa família humilde, batizado Janderson Fernandes de Oliveira, e tinha a rua como *playground* em Guarulhos e no bairro do Imirim, na zona norte de São Paulo. Desde criança fui um buscador. Queria entender o sentido mais profundo da vida e compreender a mente humana. Eu saíra da condição de neto de evangélica e benzedeira, portador de experiências extrassensoriais, para mergulhar no yoga e no Santo Daime, sempre na tentativa de me libertar. Eu me formei em medicina alternativa, me tornei massoterapeuta, depois fitoterapeuta, e em seguida acupunturista. Conheci o xamanismo, oriundo das florestas brasileiras, conheci professores de espiritualidade, até que me formei em Psicologia.

E agora ali, aos 32 anos, minha vida parecia estar por um fio. Naquele momento, assim como ocorrera anos antes, eu ouvia um líder religioso, achava bonito o que ele falava, mas só enxergava a hipocrisia e a incoerência da distância que separava o seu discurso da sua prática. E me decepcionava. O ceticismo me invadiu a mente. Entrei em depressão, e percebo hoje, décadas depois, que foi tão avassaladora a crise interna pela qual passei, que só não me matei naquela época porque não tive coragem. Mas cheguei a pensar em me suicidar. Decepcionado com a vida, havia perdido a esperança no ser humano. Mais do que isso, eu perdera a esperança de encontrar uma felicidade verdadeira, de conquistar um amor incondicional – afinal, tudo tinha uma condição, eu havia percebido e identificado os jogos de manipulação comuns entre as pessoas. Questionei o ser humano, questionei a sociedade, questionei a mim mesmo, questionei Deus. Diante de tanto sofrimento, comecei a me perguntar se tudo não passava de uma criação da mente humana, sobre a qual Deus tinha pouca responsabilidade.

Era uma crise existencial profunda. Sentia-me vítima de repetições negativas e destrutivas, de coisas que aconteciam à revelia de minha vontade consciente. E com tantos questionamentos, dúvidas e angústias, mas decidido a me apegar a um fiapo de fé, fiz uma oração sincera para o universo. Pedi: "Se existe uma verdade neste mundo além das criações da minha mente, por favor, apareça, manifeste-se aqui e agora, me dê um sinal, porque eu cheguei ao fim da linha". Fiz a oração e entrei em meditação.

E tive ali a visão que transformaria minha vida, depois de uma estrada longa e acidentada. A visão era clara: um velho de longas barbas brancas, seminu, estava na Índia, ao pé do Himalaia, e me dizia: "Você fará 33 anos. Venha para a Índia. Venha para Rishikesh".

Deu-se um estalo. Naquele momento, lembrei-me de outro sinal místico e misterioso que marcou minha jornada – e que eu havia guardado nos porões do inconsciente. Eu tinha 14 anos de idade e praticava arte marcial. Lutava taekwondo e era fã de Bruce Lee, grande estrela do cinema na época, ícone da cultura pop e um dos pioneiros na arte de construir pontes entre o Oriente e o Ocidente. Lee havia morrido em julho de 1973, mas seus filmes eram eternos para um garoto como eu. E, claro, eu queria fazer aquelas coisas que só Bruce Lee fazia. No entanto, meu corpo não tinha elasticidade, não conseguia fazer a abertura pélvica, por exemplo. O yoga foi um modo de dar conta de minhas buscas, e ao mesmo tempo aprender a técnica com a qual as pessoas usavam a mente para dominar o corpo. Numa época em que eu tentava tirar fotos representando golpes como Bruce Lee, era fundamental ganhar mais elasticidade nas pernas. Havia nas aulas de yoga um momento em que eram entoados cânticos em sânscrito. Pela primeira vez eu ouvia um bhajan, um mantra cantado para Narayan SitaRam, uma manifestação divina cultuada na Índia. Quando ouvi aquilo, entrei num transe místico. Era como se conhecesse aquela língua e aquele universo.

Num desses momentos, senti uma voz perfurando meus ouvidos. Ela falava dentro de mim: "Quando você fizer 33 anos, vá para a Índia, vá para Rishikesh". A mesma mensagem que ouviria anos depois. Com meus 14 anos de idade, a verdade é que eu nada sabia da Índia. Foi uma tremenda surpresa, mas interpretei como um dos muitos fenômenos que aconteciam comigo até então. Não entendi nada daquele recado emitido por aquela voz. Eu era uma criança com pouca cultura global, e a Índia, para mim, era apenas o destino de Pedro Álvares Cabral quando passou aqui pelo Brasil. E, se eu não sabia nada da Índia, o que dirá de Rishikesh. Não entendi e esqueci a mensagem, fui tratar de viver a vida.

Priorizei ganhar dinheiro. Priorizei conquistar um lugar no mundo. O trabalho se tornou a minha busca espiritual. Mais tarde, meu trabalho se tornou atender pessoas que estavam em conflito, pessoas angustiadas em seus relacionamentos e na sua relação com o mundo. Isso foi ocupando minha vida, até eu desenvolver um método de autoconhecimento para ajudá-las. Contarei em detalhes sobre isso mais adiante, mas por ora é importante saber que eu tinha consciência de que aquilo que estava ensinando não era a minha experiência. Eu apenas repetia coisas que lera nos livros. Dizia coisas que tinha ouvido dos professores que cruzaram meu caminho. Eu falava até mesmo sobre iluminação, mas não tinha sequer tido um vislumbre de iluminação até ali. Era, enfim, um papagaio, repetindo coisas aprendidas lá fora.

No nível mais profundo, eu me sentia um hipócrita. Sim, eu carregava a angústia da hipocrisia. Buscava coerência entre as coisas que eu dizia e o que eu fazia. Aquilo foi me apertando, apertando cada vez mais, até me levar àquela profunda crise existencial. Foi no auge dessa crise, repito, diante de um sentimento de fim de linha, e sendo honesto comigo mesmo, que fiz aquela oração ao universo. Pedi ao universo que se manifestasse caso existisse uma verdade no mundo. E aí surgiu a visão do velho de longas barbas brancas, dizendo: "Você fará 33 anos. Venha para a Índia. Venha para Rishikesh".

Rishikesh é conhecida como a capital mundial do yoga e da meditação. Localizada no norte da Índia, no estado de Uttarakhand, ao pé do Himalaia, quase na fronteira com o Nepal e a China, é considerada uma das cidades indianas mais sagradas. Anualmente atrai milhares de praticantes, além de peregrinos em busca de estudos e imersões na meditação e na filosofia hindu. Devotos também vão à cidade para dar um mergulho nas águas sagradas do rio Ganges e limpar pecados e karmas. Suas margens estão repletas de templos, centros de yoga e *ghats*, como chamam as escadarias que levam ao rio, locais para banho e oferendas.

Eu estava noivo, iria me casar com Mara. Ela apreciava a filosofia hinduísta, então fiz uma proposta bem inusitada, de passar a lua de mel na Índia. Não sabíamos o que essa escolha reservava para nossas vidas. Sim, era lua de mel, mas o roteiro turístico foi escolhido também em função da nossa busca espiritual. No nível mais profundo, eu sabia que estava em busca de uma revelação, em busca de algo muito poderoso – a esperança de encontrar uma resposta para a angústia que eu carregava. Uma esperança baseada na visão que tinha uma voz e uma recomendação clara: ir a Rishikesh. Eu tinha a certeza, portanto, de que havia algo para mim por lá. E fui para a Índia.

O início da viagem não foi fácil. Aliás, nunca é fácil para um ocidental a chegada à Índia. Os contrastes sociais, a sujeira nas cidades, o modo de muitos indianos lidarem com os ocidentais, tudo isso aprofundou minha angústia e me deixou mais desesperançoso. Embora visitássemos várias cidades sagradas e encontrássemos pessoas iluminadas, a angústia e o vazio em mim persistiam. Eu via beleza e profundidade nos ensinamentos transmitidos, mas estava longe do que eu de fato buscava. Nada havia mudado, não senti nenhum preenchimento, nenhum sinal. A Índia me incomodava. Meu ego estava à flor da pele, a ponto de dizer para Mara: "Ou este sofrimento passa ou teremos de ir embora".

Começamos a viagem pela cidade de Pune, ao visitar o ashram do mestre Osho. De lá fomos a diversos outros lugares, até que, a certa altura da viagem, chegamos a Haridwar, cidade próxima a Rishikesh, onde um fenômeno aconteceu. Haridwar é conhecida como o "portão de Deus", um dos locais hindus que mais atraem peregrinos de todo o mundo. Em Pune eu já tinha ouvido falar de uma mestra americana que oferecia satsangs (encontros com a verdade, como chamamos na tradição védica o encontro de devotos com um mestre para receber ensinamentos) em

Rishikesh. Seu nome era ShantiMayi. Quando ouvi a menção a ela e à cidade, imediatamente me lembrei do chamado para Rishikesh, mas ainda visitaríamos muitas outras cidades antes de chegar lá. Rishikesh seria nosso último destino na Índia antes de irmos para o Nepal. Entendi que deveria ir à procura da mestra ShantiMayi, e foi o que resolvi fazer.

A partir de Haridwar, fiquei diferente, como que num leve transe, e me senti em casa. Uma série de sincronicidades e sinais nos conduziram ao Sachcha Dham Ashram, em Rishikesh, onde ficava a mestra espiritual. A caminho do ashram, no carro, comecei a sentir dentro de mim uma música e comecei a cantarolar. Estava recebendo um hino. Nele estavam a essência e a mensagem do que eu ia encontrar. Uma luz branca me envolveu e me trouxe aquela mensagem na forma de uma música. E cantei:

Serena Luz
Hino 38 do hinário "O Caminho do Coração", de Sri Prem Baba

Iluminou e clareou
Divino Deus com seu resplendor
Lá das alturas traz o seu frescor

Iluminou e clareou
Divino Deus com seu resplendor
Do coração vem o frescor

Divina mãe de caridade
Mostra a bondade acalmando a dor
Florindo os campos com seu amor

Pedi conforto e entendimento
Clareou a luz de conhecimento
Em concentração no Deus verdadeiro

Vou recebendo e agradecendo
A serena luz aos pés do cruzeiro
Com a união de quem humilde veio

Senti-me inundado por um grande amor e invadido por uma luz. Meu coração se abriu, minha mente se acalmou e passei a sentir uma alegria sem causa. Entrei em êxtase. Ali eu já tinha a certeza de estar no caminho certo. Toda a minha angústia desapareceu. O caminho certo levava ao ashram onde a mestra ShantiMayi estava dando satsang. Minha mente e meu coração se abriram mais uma vez ao chegar, assim como no trajeto de carro em Haridwar, quando recebi a mensagem em forma de hino.

Era curioso esse sentimento, porque eu nada entendia do que ela falava em inglês. Olhei para trás e vi um mural de avisos. Havia um cartão de uma brasileira que jogava tarô. O cartão dizia: "Ila Brazilian Tarô". Logo entendi: *tem uma brasileira aqui que joga tarô. Seria muito bom conhecer essa pessoa. Quem sabe ela me ajuda a falar com a ShantiMayi. Quem sabe ShantiMayi me ajuda a entender o que vim fazer aqui na Índia.*

Mas acabou o satsang, as pessoas foram embora, e dois amigos estavam nos esperando, a mim e a minha esposa, com um táxi contratado para seguirmos viagem. Entrei em conflito, pois estava indo embora de Rishikesh sem nada. Expressei minha angústia para Mara, que me respondeu: "Volta lá no ashram, tenta achar essa brasileira, que eu espero aqui no táxi". Aceitei a sugestão. Voltei ao ashram e, com meu parco inglês, perguntei à primeira pessoa que encontrei subindo uma escada: "Você conhece uma mulher brasileira que joga tarô? O nome dela é Ila". E a mulher respondeu: "Sou eu". Ufa! Fui salvo pela sincronicidade. Expliquei minha situação e ela me disse, com tranquilidade: "Venha amanhã cedo que te apresentarei para a ShantiMayi".

Voltei na manhã seguinte, na primeira hora, como Ila havia recomendado. No entanto, ao chegar, descobrimos que ela havia saído. Ila então sugeriu: "Podemos tentar falar com o mestre dela". O mestre era Sri Hans Raj Maharajji. Ila me contou que ele muitas vezes dizia não para buscadores estrangeiros que o procuravam, pois atendia preferencialmente os indianos. "Não custa tentar; o máximo que pode acontecer é recebermos um não", pensamos. Para nossa surpresa, ele se dispôs a nos atender.

Bati à porta do mestre, ele abriu e pude vê-lo. Sim, era o mesmo velho de longas barbas brancas daquela visão que eu tive no auge da minha crise. A mesma voz que ouvi me ordenando, naquela aula de yoga, ainda saindo da minha infância, que fosse a Rishikesh. Ao me ver, ele gargalhou e disse: "Eu estava te esperando". E diante de Sri Hans Raj Maharajji, caí de joelhos, aos seus pés. Maharajji havia me chamado para continuar o trabalho. E ali estava eu, em Rishikesh, atendendo ao seu chamado. Minha vida se transformou.

Diante de Maharajji, vi aquele amor que não tinha início nem fim. Um amor totalmente desinteressado. As lágrimas caíram dos meus olhos e pensei: "Aquilo que eu procurava existe. Puxa, isso existe!". Eu tanto procurara que já tinha perdido a esperança de que pudesse existir neste mundo. Mas agora eu tinha certeza: *sim, isso existe*. Eu tinha muitas perguntas para fazer, mas eu só queria ficar ali, olhando para ele. Era um ser de grande magnetismo, de uma força poderosa imensa. Apesar das minhas travas, eu consegui dizer-lhe que carregava uma angústia muito grande no coração, ao que ele respondeu: "O que falta para você é se entregar a um guru vivo. Fique comigo. Fique comigo por quinze dias. E você vai receber tudo que precisa".

"Ficar? Como assim? E eu?". Mara ficou em choque inicialmente, surpresa com a notícia, quando eu lhe contei a conversa ao voltar do quarto de Maharajji. Aquilo me arrasou. Eu havia encontrado o que precisava, e precisava ficar. Encerraria a lua de mel? Daria fim ao passeio que até aquele momento havia sido uma catástrofe? Tínhamos a esperança de que a partir daquele momento a viagem começaria a ficar boa. Iríamos ao Nepal, passearíamos de balão, desfrutaríamos do casamento recém-iniciado. Mas como eu poderia seguir adiante, se meu coração ficara com Maharajji? Que sentido teria continuar a vida, continuar qualquer coisa no mundo lá fora, se ali eu encontrara o preenchimento, a alegria que eu tanto havia buscado?

Foram algumas horas de angústia absurda. Ao fim, Maharajji aliviou para mim: eu poderia voltar depois. Minha iniciação não começaria ali, só ocorreria mesmo no ano seguinte. Mas, de imediato, Maharajji sugeriu que eu fizesse um mantra até que pudesse voltar para passar os quinze dias com ele e então ser iniciado.

Fiz o mantra que ele havia sugerido. E tinha a sensação de que estávamos conectados. De volta ao Brasil, eu acreditava que nos falávamos telepaticamente, mesmo com a grande distância física que nos separava. E foi assim, também telepaticamente, que ele me apontou claramente a data em que eu deveria ir para a Índia, a fim de passar com ele os quinze dias que pedira. Pelo menos eu assim pensava.

Respeitando essa intuição, ou essa conversa telepática, retornei à Índia no ano seguinte, mas para a minha surpresa ele não estava no ashram. Havia saído para um retiro solitário, e ninguém sabia onde estava nem quando voltaria. Houve quem dissesse que ele só retornaria depois de uns quinze dias. Ou seja, se isso de fato acontecesse, eu não iria encontrá-lo. Era o tempo que eu previra para permanecer por lá. *Estou realmente perdido*, pensei. *Como posso estar me enganando dessa forma?* Questionei minha própria convicção de que estava tendo um contato especial com ele, que o ouvia falar dentro de mim. Pelo visto era tudo imaginação. *Estou louco*, raciocinei.

Fiquei novamente frustrado, abatido por uma nova tristeza. Uma tristeza profunda. Fui andar pela vila, juntamente com um amigo que me fazia companhia na viagem, o Eliceu. Fomos caminhando, até que passamos em frente a uma loja com uma foto de Maharajji. O dono da loja, chamado Manoj, me acolheu. Era um homem muito carinhoso, gentil, amoroso, e me deu um abraço acolhedor – sem que nunca tivesse me visto. Vi que ele sentiu a minha dor naquele momento. Eu estava desolado e em lágrimas. Depois de me abraçar, Manoj pegou minha mão e me levou para caminhar um pouco. E me disse: "Confie. Confie na sua intuição. Deus tem seus mistérios. Aqui na Índia chamamos de Lilah. É o jogo criativo do absoluto divino. Aqui a gente entende que o guru é uma manifestação de Deus, um canal de Deus. Não há diferença entre Deus e o guru. Se ele o chamou para vir e não está aqui, isso é um jogo dele, um jogo divino para pegar seu ego. Confie. De alguma maneira ele vai te dar o darshan" (na cultura védica, "darshan" representa a "visão" ou "presença" de uma divindade, santo ou guru. Mais do que apenas um simples ato de ver, darshan implica uma troca espiritual profunda. É a experiência de estar na presença do sagrado, na qual o devoto recebe bênçãos, energia espiritual e graça divina através da visão e da interação com a divindade ou ser iluminado).

Um pouco mais aliviado com aquele acolhimento, segui o caminho. Visitamos o templo de Shiva, onde entramos para visitar o Swami (título dado na tradição védica àqueles que dominaram sua mente, são mestres de si e muitas vezes mestres espirituais), do templo, Satyapal. Naquele exato instante Maharajji liga para Satyapal, e este informa a ele que havia um buscador à sua procura. Maharajji respondeu: "Estou voltando.

Amanhã eu me encontrarei com esse buscador". Dei um pulo de alegria. Onde havia tristeza, agora era só alegria. O encontro finalmente se deu, primeiro durante os quinze dias, e a partir dali de maneira contínua, sistemática. Seriam três anos de treinamento, com Maharajji me iniciando nos aprendizados da antiga linhagem Sachcha, cuja missão é despertar o amor em todos e em todos os lugares.

Sachcha significa "Verdade", a verdade irrefutável e absoluta. Contam as lendas da linhagem que ela é tão antiga quanto o Sol. Mas, até onde a história consegue acompanhar, um poderoso iogue chamado Katcha Baba, que tinha os poderes de Vishnu, transferiu-os para outro santo chamado Sachcha Giri Nari Baba, encarnação do Rishi Narada. E, seguindo a tradição védica de guru-discípulo, veio Sachcha Baba, santo que encarnou para trazer o compromisso da linhagem na forma do mantra "Prabhu Aap Jago" (Deus, desperte) e, por sua vez, transmitiu para meu guru Sri Hans Raj Maharajji a herança da linhagem. O poder libertador do guru só pode ser transmitido assim, de um mestre para seu discípulo, o que é conhecido como "parampara", preservando dessa forma a pureza da linhagem.

Ao longo desse período, eu ia para a Índia, ficava alguns dias com Maharajji e me via com o privilégio de uma experiência divina. Em seguida, voltava para a minha velha vida. A discrepância entre os dois momentos era inevitável. Havia um enorme hiato entre aquilo que vivia ao estar na presença de Maharajji e aquilo que era minha vida no Brasil. Meu dia a dia, por melhor que fosse, estava a anos-luz da alegria incontida da presença de Maharajji. Comecei, então, a resistir a esse encontro, pois era uma fonte de dor e sofrimento sempre que retornava à minha vida normal.

Foi no segundo ano de treinamento que entrei novamente no vale das sombras. Descobri que minha fé não era tão verdadeira. A verdade e a mentira estavam brincando de esconde-esconde dentro de mim. Passei a ver a foto de Maharajji no altar da minha casa e passar reto, a fingir que não era comigo, a tentar escapar do mestre. Aos poucos comecei a perceber a fuga. Senti que estava realmente resistindo a algo. Havia alguma coisa em mim que não queria morrer. Comecei a ver o tamanho do ego que ainda existia, quanto de vaidade, de autoengano dentro de mim. Fui vendo que tudo isso existia porque eu ainda carregava uma grande dor. Eram contas pendentes com o passado. E assim segui essa jornada de amor e ódio, de entrega e resistência, por um longo período.

Voltei à Índia no ano seguinte, cheio de julgamentos e ceticismo. E aconteceu algo curioso: Maharajji me tratou como se não me conhecesse, como se nunca tivesse me visto. Foi aí que afundei ainda mais. Mas havia um fio de consciência que me dizia: "Isso que está acontecendo é um jogo divino de purificação". Até que eu consegui atravessar o vale das sombras e da morte, esse deserto de dor que eu carregava. Quando pude realmente superar esses problemas, liberar os sentimentos negados, perdoar o passado e me harmonizar, foi aí que vi Maharajji na minha frente. Eu o vi de novo e me rendi.

Até encontrar Maharajji, eu nunca tivera a intenção de ser um discípulo, muito menos um guru. Isso simplesmente não estava nos meus planos. Nunca havia pensado sobre isso. Mas, na hora que ele colocou o dedo no meu terceiro olho para me transmitir o mantra na iniciação espiritual, senti uma coisa diferente. Quando ele falou que a essência da sadhana (prática espiritual) é um caminho em direção à entrega, vi que não tinha a mínima ideia do que era ser discípulo. Falei para ele: "Não sei nada, não sei nada, não sei nada. Pegue minha mão e me leve". E aí comecei realmente a me tornar um discípulo.

Naquele movimento de entrega sincera, comecei a ter momentos de samadhi, experiências de comunhão com o todo, sentir a unidade – com Deus, com a existência, com a vida. É um momento em que você se sente preenchido, completo. As perguntas desaparecem. O problema é que eu não conseguia ficar naquele lugar. Ou seja, não sabia como voltar para aquele estado de êxtase. Imagine ter a chance de ir para o céu e depois precisar voltar para o inferno. Era assim que eu me sentia. Minha meta se tornou estabilizar-me naquele estado; permanecer no céu, não voltar para o inferno da mente duvidosa, da mente que compara, julga e pensa compulsivamente. Era isto: como fazer para não voltar ao vale do sofrimento e, finalmente, despertar?

Para falar um pouco sobre o meu despertar no Mahashivaratri de 2002, tenho que buscar na minha memória os acontecimentos anteriores que serviram de base para alcançar o ápice desse evento que mudou a minha vida.

Depois do encontro com meu guru, em 1999, me entreguei a ele e comecei o treinamento que me propôs – japa, meditação, seva –, ficando alguns meses com ele na Índia e a outra parte do tempo no Brasil, levando a vida que o karma assim me determinava. Num desses períodos em terras brasileiras, eu estava participando de uma cerimônia daimista, cantando o hinário "O Cruzeiro", do mestre fundador dessa doutrina, Raimundo Irineu Serra. Em determinado momento do trabalho espiritual entrei numa miração, que é um estado de expansão de consciência provocado por essa medicina da floresta, em que eu estava indo ao encontro de Jesus. Fui aos seus pés e abri os olhos na intenção de encontrá-lo, mas o que vi foi uma pessoa de túnica laranja, cabelo *black power* e pele escura. Fiquei chocado, porque naquela época não havia nenhuma conexão entre mim e Sathya Sai Baba, um grande mestre espiritual indiano que reunia multidões. Eu ouvira falar dele, mas nesse momento estava muito mais influenciado pelo mestre Osho, que fazia suas críticas em relação a Sai Baba. No entanto, essa experiência foi tão forte e vívida que eu não podia negar. Comecei a ver Sai Baba em todos os lugares e pensei que deveria investigar o que estava acontecendo. Conversei com meu guru Maharajji e ele me autorizou a visitar Sai Baba.

Então, desde 2001, passei a ir uma vez ao ano para Puttaparthi, ao ashram de Sai Baba, antes de me encontrar com meu guru em Rishikesh. Eu estava lá quando ouvi uma voz dentro de mim, como se fosse a minha criança chamando pela minha mãe, "mãezinha, mãezinha-zinha". Entrei em meditação, e ali a minha consciência se abriu e tive uma experiência transpessoal, através de uma regressão em que revi a história do meu nascimento. Como eu cheguei a este mundo por uma mãe que tinha 17 anos de idade, e toda uma programação de vida que descarrilou com o meu nascimento.

Entrei numa zona interior em que havia muitos sentimentos negados e que estavam trancados dentro de mim. Nesse momento, comecei a entender a história desta minha encarnação. Mais tarde, com a chegada de Sai Baba ao salão onde eu estava, em Puttaparthi, houve a materialização de um anel com a figura dele que apareceu no chão para mim, o que considero um presente precioso. Nesse dia, Sai Baba materializou um Lingam, que é uma das representações de Shiva, pela boca. Depois, lendo a esse respeito, descobri que quem assistia a essa materialização teria a garantia de liberação nessa vida.

O fato é que, nessa mesma noite, tive uma visão do Lingam, com uma serpente enroscada e Shiva emitindo um som.

Após esses episódios, já em Rishikesh, às vésperas do Mahashivaratri, em 2002, esse processo de entrar em samadhi foi se intensificando tremendamente. Tudo isso acontecia espontaneamente, e eu queria ter um domínio sobre esses estados, saber ir para aquele lugar de bem-aventurança intencionalmente, mas não conseguia. Mahashivaratri é a grande noite do Senhor Shiva, divindade hindu que traz o aspecto da transformação. Nessa noite, em que a Lua se esconde por completo e deixa de exercer poder sobre nossa mente, um portal de ascensão espiritual se abre. Foi então que, naquela noite de Mahashivaratri, fui para a beira do sagrado rio Ganges, em Rishikesh, e pedi com o máximo de honestidade e sinceridade à Mãe Divina, na forma de Ganga, que me libertasse do sofrimento. Fiz essa oração por meio de um canto que nasceu no meu coração, naquele momento.

Pedido
Hino 44 do hinário "O Caminho do Coração", de Sri Prem Baba

Um pedido agora eu faço para eu poder renascer
E acordar realizado bem juntinho do poder

Mãe Divina e Soberana, vós que tem todo o poder
Ilumina minha vida, vou eterno agradecer[1]

A minha manifestação foi tão verdadeira que fui atendido e, nesse momento, entrei em samadhi novamente. Quando eu ia saindo do estado de unidade – que durou segundos, mas parecia a eternidade –, vi que existiam dois eus dentro de mim: um era falso, e o outro, verdadeiro. Naquele momento, entendi que aquela volta para a dualidade era uma escolha minha, porque havia uma parte em mim ainda comprometida com o sofrimento, apegada à ilusão – assim, pude perceber todo o jogo do falso eu.

---

[1] Dentro da tradição do Daime, os hinos são mantidos da forma como foram recebidos originalmente, sendo comuns erros gramaticais e/ou de concordância.

Quando entendi isso e vi que a escolha de voltar para o sofrimento era o falso eu atuando em mim, aprendi o caminho de entrar no céu intencionalmente. Após anos de dedicação ao caminho espiritual, ao yoga, ao autoconhecimento, finalmente recebi a graça divina de me libertar do labirinto da mente e permanecer nesse estado de consciência. Dei uma grande gargalhada e, naquela hora, corri para o quarto de Maharajji, que também estava rindo. Demos uma grande gargalhada juntos, porque ele havia testemunhado tudo que acontecera comigo, mesmo sem eu ter dito nada. Então Maharajji me falou: "Você é um guru e, como guru, está livre para ensinar como quiser. Só peço uma coisa: que você conduza todos para Deus".

Ouvir de Maharajji essa frase foi uma experiência muito profunda, porque junto com ela veio a compreensão do meu propósito de vida e da programação da minha alma. Na verdade, o reconhecimento de que sou um canal e do que vim fazer aqui durante esta encarnação. Isso me preencheu e deu um sentido claro para a minha vida.

Senti-me preenchido naquela véspera do Mahashivaratri de 2002. No dia seguinte, Maharajji me chamou ao seu quarto. Ele estava com ShantiMayi, uma das gurus que ele havia iniciado – aquela de que ouvira falar quando estava em Pune –, e tinham um presente para mim, que era uma sandália de Maharajji feita de prata. Ele pisou nessas sandálias, abençoando-as, e as entregou para mim, para que posteriormente fossem colocadas no meu ashram, Sachcha Mission, em Nazaré Paulista (SP).

Há um fato importante que ilustra todo esse processo que vivi. Quando tive essa experiência no ashram Prasanthi Nilayam, de Sai Baba, comecei a ouvir dentro de mim uma voz falando "Prem Baba, Prem Baba". Isso ficou reverberando no meu interior, e no ano seguinte me lembrei novamente desse nome e perguntei a Maharajji o que significava. Ele me disse que aquele era o meu nome espiritual: "Era assim que Sachcha Baba se chamava no começo do trabalho dele. É assim que Sachcha também vai trabalhar em você". Foi a partir daí que descobri a possibilidade de existência de uma felicidade duradoura, uma felicidade que não depende de absolutamente nada lá fora – ela está dentro de nós, como florescimento da consciência. Era fevereiro de 2002.

Nascia Sri Prem Baba, o nome que ganhei do meu mestre. Pai do Amor. E foi assim que se abriu uma nova e indescritível jornada da minha alma – uma experiência de comunidade, de comunhão, que cresceu e se espalhou de maneira vertiginosa, intensa e extensamente mundo afora. Busquei construir uma ponte entre o Oriente e o Ocidente, integrei a essência de todas as linhas de conhecimento que estudei para ensinar a espiritualidade na prática, criei um método de autoconhecimento e autotransformação, o Caminho do Coração, escrevi livros. Nos anos seguintes, busquei mostrar a meus discípulos e alunos que o único meio de nos tornarmos seres humanos mais felizes e despertos é aprendendo a nos auto-observar, para que sejamos capazes de identificar nossos padrões destrutivos de comportamento, podendo, assim, escolher fazer diferente.

Junto com o movimento do amor e do autoconhecimento viriam o sucesso, a vaidade, a inveja, muitas sombras, outras quedas, frustrações, tempestades e angústias. Novas provações para aprimorar o que comunico ao mundo e reafirmar o que venho ensinando – amor, honestidade, autorresponsabilidade, dedicação, gentileza, serviço e beleza. Sombras e êxtases, numa história complexa na qual tento manter a mente aberta como a de um aprendiz.

Capítulo 2

Um buscador

Sempre fui um buscador. Desde criança eu queria entender os mistérios desta vida. Por que sofremos tanto? Por que uns têm tanto sucesso, enquanto outros fracassam? Por que alguns adoecem se outros conseguem saúde? Que milagres da vida são esses? O que está por trás dessas diferenças? Buscar essas respostas, decifrar esses mistérios – eis por que me tornei um pesquisador, um explorador da consciência.

Minhas inquietações espirituais se revelaram desde muito cedo. Elas corriam paralelamente à vida prosaica de uma típica família humilde brasileira. Como disse, a rua era meu *playground*. Eu empinava pipa, brincava com carrinho de rolimã, bolinha de gude, pega-pega e esconde-esconde. À noite, tinha visões e experiências em outros estados de consciência. Falo delas mais adiante.

Minha mãe tinha apenas 17 anos quando nasci, portanto, era praticamente uma criança quando engravidou. Apesar da pouca idade, ela trabalhava – e muito. Chegava tarde da noite em casa, quando eu já estava dormindo. Saía cedinho, quando eu ainda não havia acordado. Com isso, eu convivia pouco com ela e, durante a semana, basicamente era criado por minha avó. Tomei minha avó como mãe e meu avô como pai. Se minha avó era a mãe, minha mãe de fato virou mãezinha. Era o meu apelido para ela. Morávamos todos juntos, num ambiente simples, humilde, mas repleto de amor – e conflitos.

Amor, conflitos e muita religiosidade. Minha avó era religiosa. Quando era católica, me levava à missa, tantas vezes que me tornei um viciado em água benta. Não podia ver uma igreja na minha frente que corria para pegar água benta. Até que ela se converteu ao evangelismo e passou a me levar aos cultos. Eu era uma criança atenta. Tão atenta que parecia capaz de me abstrair de tudo ao redor se algo prendesse minha atenção. Foi assim quando, certo dia, um pastor falava sobre a origem do mundo, tema do primeiro capítulo do Gênesis e abertura notória no primeiro capítulo do Evangelho de João: "No princípio era o Verbo, e o Verbo estava com Deus, e o Verbo era Deus. Ele estava no princípio com Deus. Tudo foi feito por ele; e nada do que tem sido feito, foi feito sem ele. Nele estava a vida, e a vida era a luz dos homens".

No entanto, quando ouvi que o "Verbo se fez carne e habitou entre nós e nós vimos a sua glória", aquilo deu um nó na minha cabeça. Fiquei intrigado com aquelas imagens descritas pelo pastor. "Quem fez o quê?", me perguntava. Pois se foi Deus quem fez o mundo, quem fez Deus? Sim, essa foi a pergunta que fiz à minha avó: "Mãe (eu a chamava de mãe, lembra?), quem foi que fez Deus?". No que minha avó respondeu, com pragmatismo: "Não pense nisso, Janderson, que você vai ficar louco".

Não tinha jeito. Eu tinha de procurar a resposta para essa pergunta. A busca começava ali. E, de certo modo, a ideia da busca espiritual me moveu durante toda a minha vida. Era um misto de curiosidade e encantamento, aguçados por certa disfuncionalidade da minha família. Era muita briga e descompasso. Um tio alcoólatra criava confusão sempre que bebia. Eu via o sofrimento da minha mãe, do meu pai, dos meus avós e a dificuldade de cada um para lidar com aquela situação. "Por que tem de ser assim?", eu questionava. A disfuncionalidade das brigas e tensões convivia lado a lado com certa normalidade do cotidiano, do mesmo modo que a minha rotina de brincadeiras típicas de uma criança de classe média baixa corria paralelamente a fenômenos especiais. Primeiro, eu tinha transes e me desligava do mundo; se algo me chamava a atenção, eu mergulhava naquele tema, sem espaço para outros interesses. Segundo, eu tinha sonhos perturbadores com alguma frequência. Um desses sonhos me perseguia: duas mãos de crianças, angelicais, se aproximavam de mim exibindo uma luminosidade muito intensa, até que ficavam escuras, como se estivessem manchadas de óleo. Terceiro, eu falava línguas estranhas enquanto dormia. Tudo isso me assustava.

Até que comecei a assistir a fenômenos paranormais dentro de casa. A religiosidade era sincrética em minha casa. De origem católica e tendo depois se tornado evangélica, minha avó era uma médium poderosa. Ela achava que tudo aquilo que acontecia era por graça do Espírito Santo. A certa altura, passou nada menos do que 48 horas falando línguas estranhas – em transe, arrebatada. Vários pastores apareciam, se revezavam em orações, e nada de minha avó sair do transe. Por excesso de oração ou por cansaço, os espíritos a deixaram em paz somente após dois dias. Aquela vocação foi se aprofundando depois disso. Ela desenvolveu o dom de curar as pessoas. Alguém chegava se arrastando, ela orava, e a pessoa saía andando. Se alguém batia à porta dizendo-se possuído por um demônio, minha avó ajudava a curá-lo. Sofrimento familiar? A oração de minha avó amenizava.

Tudo aquilo foi me impressionando. Houve cenas de exorcismo em minha casa, com minha avó e auxiliares livrando pessoas de entidades demoníacas. Possuídas, essas pessoas quebravam coisas, gritavam, xingavam, eram imobilizadas. Minha avó orava por essas pessoas, e elas saíam curadas, como se nada tivesse acontecido. Minha tia Salete também era médium e ocorreu de ambas acordarem às 4 da manhã para orar. Era uma casa pequena, e qualquer oração na sala acordava quem tentava dormir no quarto ao lado. Eu ouvia tudo: uma delas falando em língua estranha com a outra, no meio da fala uma frase em português discorrendo sobre a vida, ou frases dramáticas como "saia deste corpo" ou "ela vai morrer". Tudo me assustava, me impressionava, me abria a mente para tentar entender aquilo.

A minha avó me amou de verdade. Ela me amou incondicionalmente, me deu tudo que precisei. E foi esse amor que me salvou espiritualmente. Foi esse amor que fez com que eu encontrasse Maharajji. Desde a infância ela insistia em me dizer que eu era uma pessoa espiritual. O jeito que ela tinha de dizer isso era a partir de suas referências religiosas, então ela me dizia sempre que eu pertencia a Jesus. "Você é de Jesus. Você nasceu para isso. Você nasceu para Ele. Você nasceu para a vida espiritual. Nunca se desvie disso."

Claro que no começo foi difícil para ela lidar com meu espírito buscador. Não foi fácil para ela acompanhar todos os lugares pelos quais passei, era tudo muito diferente do que ela conhecia, mas ela jamais me deixou, nunca deixou de me acompanhar e, acima de tudo, me aceitava. Isso é amor de verdade.

O meu avô era ateu e nunca havia manifestado religiosidade, até que, num aperto bem no final da vida, ele começou a manifestar sua fé. O legado que ele me deixou foi a maneira de lidar com o mundo material. Meu avô era muito pobre, e mesmo assim conseguiu construir algo na vida. Ergueu uma casa e sustentou toda uma família com muito pouco. Ele era trabalhador e muito disciplinado. Era praticamente analfabeto, mal sabia escrever o nome. Fazia manutenção geral e recebia um salário pequeno, mas com esse pouco ele conseguiu realizar muito. E aprendi isso com ele, aprendi a fazer muito com pouco e a importância da disciplina e da dedicação para lidar com a vida material.

Meus avós foram minha referência. Ter esses dois modelos foi muito importante para minha formação. E, como eu disse antes, mais do que tudo, eles confiaram e acreditaram em mim. Tive liberdade e apoio deles. Minhas buscas eram muito diferentes da realidade deles, e mesmo assim eles me apoiaram. Existia um amor verdadeiro, incondicional. Meus pais me conceberam, mas meus avós me formaram, e hoje eu vejo a importância disso para a compreensão da minha história.

O ambiente espiritual na minha casa, como eu disse, era bastante eclético. Minha avó era cristã radical. Meu avô, ateu. Minha tia era psicóloga e estudante da Ordem Rosacruz, enquanto um tio era aluno do Círculo Esotérico da Comunhão do Pensamento. Desde cedo percebi que havia muitas visões possíveis do mundo, ainda que a essência comum entre elas esteja ancorada na necessidade de comunhão entre as pessoas.

Em meio a tudo isso, minha distração eram os seriados de ficção científica na TV. *Perdidos no espaço*, *O túnel do tempo* e *Jornada nas estrelas* aguçavam minha imaginação. Foram essas produções que me fizeram sonhar ser cientista – um físico nuclear ou engenheiro aeroespacial. Somente a ficção científica, me parecia, dava conta desse além que me inspirava (ou me atormentava) dentro de casa. *Se eu for um cientista*, eu pensava, *vou conseguir encontrar as respostas*. Passei a pré-adolescência, então, debruçado sobre livros, pensando na minha carreira futura de cientista. Já naquela época eu queria conhecer Deus, mas acreditava que o atalho mais curto seria pela matemática. Lia de tudo. Devorava os livros para poder explorar outros planetas, encontrar respostas para o sofrimento humano, que eu conhecia de perto nas sessões paranormais e, claro, para encontrar a resposta sobre quem fez o mundo – ou quem fez Deus.

Foi assim que me tornei um ótimo aluno. Mas um aluno meio esquisito, admito. Além da introspecção, do excesso de timidez, havia os transes frequentes, o sonambulismo e as línguas estranhas faladas durante o sono. Eu carregava comigo vergonha dessas coisas e da minha origem. Na época eu não sabia que tinha vergonha, só fui me dar conta depois. Mas guardava essas questões para mim e me sentia um tanto diferente. Tanto que não levava meus amigos à minha casa, porque não queria que descobrissem o que se passava ali. Meu estranhamento era ainda maior quando eu visitava algum deles. Na casa dos meus vizinhos não acontecia nada estranho, só na minha. Tudo parecia normal, exceto na minha casa. Restavam-me o recolhimento e o silêncio.

Mergulhada no evangelismo, minha avó resolveu que eu tinha de virar pastor. E lá estava eu, mal saído dos 10 anos de idade, posto na frente de todo mundo aos domingos para que eu falasse algo e treinasse minha verve de pastor. Eu ouvia o pastor tratar no culto sobre o amor, a paz, a união e eis que, num momento de intimidade, eu o vi brigando com a esposa. Resumindo, ele dizia uma coisa no culto e praticava outra, bem distinta. Havia algo errado ali. Como contei no primeiro capítulo, esse desconforto ao ver a incoerência entre o dizer e o fazer consumaria uma das minhas mais profundas crises existenciais.

Aos 12 anos, encontrei um registro de batismo escondido numa gaveta. O meu nome era Janderson Fernandes de Oliveira, mas no registro de batismo constava Janderson Manente. "Quem sou eu? O que esconderam de mim?", questionei minha avó, que ficou pálida. Ela chamou minha mãe, que também ficou lívida, sem resposta. Então resolveram me contar a verdade: eu era filho de outro homem, não daquele que tinha como pai. Quando minha mãe engravidou, ele não aceitou e não assumiu a paternidade. Não quis casar-se com minha mãe e sumiu. Meu avô sacou do bolso o DNA de nordestino-cabra-de-Lampião e foi tirar satisfação. E meu pai, acostumado a só fazer o que bem entendesse, disse que não iria se casar com minha mãe, muito menos assumir que era o pai. "Você não vai casar com minha filha?", insistiu meu avô. "Não, não vou casar com a sua filha", insistiu meu pai diante do meu inconformado avô, que não hesitou em pegar um revólver e dar um tiro no garoto decidido. Acertou o fígado do meu pai. Felizmente não o matou, mas foi por pouco. De todo modo, não teve jeito, e foi assim que cheguei ao mundo – em meio à raiva do meu avô, à tristeza da minha mãe e ao abandono do meu pai.

Costumo brincar que tudo começou quando eu nasci. E, como contei antes, minha mãe era praticamente uma criança quando engravidou. Aos 17 anos, era uma jovem muito talentosa e trabalhadeira, estava se preparando para ser lançada como cantora e sanfoneira. Havia sido descoberta por alguém do mundo da música depois de fazer uma apresentação numa rádio – e estava encantada com a possibilidade de se tornar uma artista. Uma talentosa cantora. Mas eis que aconteceu essa surpresa em sua vida – a gravidez mudaria radicalmente o seu destino. Para completar o abalo, juntamente com a gravidez, houve a paixão não correspondida pelo meu pai, algo que geraria nela um buraco emocional muito grande.

Minha mãe foi alguém que amei muito, e posso dizer sem medo que era um amor totalmente correspondido. Porém, ao mesmo tempo, era um amor que enfrentava os desafios naturais de uma mãe que precisava trabalhar para ganhar a vida e, simultaneamente, ainda tinha muito o que viver e se descobrir. E ela resolveu descobrir a vida, namorando e conhecendo outros homens. O fato concreto é que ela tinha mesmo pouca condição de ser mãe naquela idade. Foi quando acabou aceitando que a segunda mulher da minha vida – minha avó – me assumisse como filho.

Minha avó havia tido um aborto espontâneo e teve uma visão de que aquele filho perdido era eu. E lá estava eu, na barriga da minha mãe, chegando como enviado dessa nova chance para ela. Assim, devido às circunstâncias, meus avós naturalmente me assumiram como filho.

Minha relação com o meu pai, que na verdade era padrasto, não era das melhores. Era fria, complicada, distante. Ele mexia comigo, incomodado com a minha timidez. Ao lado do meu tio, também fazia *bullying* por causa da minha voz, que era bastante fina. Diziam que eu era uma "bichinha enrustida", algo assim. Uma perversidade sem par. Com o tempo, ele e minha mãe tiveram uma filha, minha irmã Eliane (de quem gosto muito; somos grandes amigos), e percebi a diferença de tratamento. Era, afinal, filha legítima dele; eu, o filho que ele assumira. Mais tarde minha mãe teria mais dois filhos: o Marcos e o Ricardo, cada um com um homem diferente.

A notícia sobre o meu pai foi de fato uma grande revolução na minha cabeça. Tentando entender a razão de ele não ter me assumido e se afastado, o que antes era timidez virou extroversão. Fui praticar arte marcial. Fui aprender a brigar. Queria lutar como o Bruce Lee. Brigava na rua, na escola, onde desse eu arrumava uma briga e exercitava meus dotes marciais. O sentimento de revolta aflorava no mesmo compasso do gosto pela luta e pela admiração por Bruce Lee. Só anos depois fui compreender que aquilo era um direcionamento da raiva guardada. Virei rebelde. Desacatava os adultos. Mas pelo menos não deixava de estudar. Ao contrário, entendi que a única possibilidade para mim eram os estudos. Isso nunca se perdeu.

Assim, continuei a estudar para ser cientista e reafirmei meu interesse pela busca de respostas. "Por que minha família é de um jeito e a família do vizinho é de outro jeito?"; "Por que comigo é assim?"; "Por que tanto sofrimento para uns e não para outros?". Essas perguntas enchiam meus pensamentos, até que meu tio me trouxe um livro, recebido no Círculo Esotérico da Comunhão do Pensamento, do qual participava. Chamava-se *Entre os monges do Tibete*. O autor era Lobsang Rampa, o pseudônimo de Cyril Hoskins, escritor que alegava ter sido um lama tibetano, com vinte livros publicados. Um de seus principais livros, chamado *A terceira visão*, tem na capa um olho no centro da testa.

Entre os monges do Tibete era sua terceira obra. O livro falava sobre o dia a dia de um monastério tibetano e experiências paranormais que aconteciam lá. Falava de pessoas que saíam do corpo e faziam viagem astral com telepatia e telecinesia. Não sei explicar, mas era como se eu conhecesse o dia a dia daquele monastério descrito no livro. Eu simplesmente conhecia tudo aquilo – das viagens astrais aos registros akáshicos – o registro, como diz o livro, "que narra tudo com relação ao passado e presente imediato, em qualquer parte, e todas as probabilidades para o futuro". Eu me identificava com o narrador: "As mensagens telepáticas nada tinham de estranho para mim, eu as achava mais comuns do que um chamado telefônico". Ou o que dizia o velho abade para ele: "Até mesmo no Ocidente, no que chamam de crença cristã, existe o registro de numerosos exemplos de 'possessão'. Que tantos casos sejam encarados como males [...] é um fato deplorável, demonstra apenas a atitude dos que pouco sabem a respeito".

Eu sabia. Ou parecia saber. E, se não sabia, o livro me inspirava a procurar saber, despertando meu interesse para que pudesse desenvolver "superpoderes". O livro abriu um quadrante da minha consciência. Foi aí que meu professor de taekwondo, Teodoro, me levou para conversar com seu mestre budista. Depois de questionar os pastores, de questionar a própria Bíblia (o único livro da Bíblia que realmente me fascinou foi o Apocalipse, pois tudo nele é simbologia), de pôr em dúvida a contradição explícita entre o ensinamento e a prática, depois de todos esses embates da minha busca, o encontro com o mestre budista pareceu diferente. Ele me trouxe respostas que pareciam fazer mais sentido para a minha alma inquieta.

"Esse garoto está cheio de inquietações", disse o professor Teodoro para o mestre, ao me apresentar. O mestre falou sobre meditação, sobre nirvana, sobre autoconhecimento – tudo de uma forma muito rudimentar, afinal eu tinha 12 anos de idade. Mas falou de um jeito que não só parecia fazer sentido para a minha pouca idade e pouca cultura, como também fazia sentido diante do que me intrigava. Comecei então a visitá-lo com frequência, sempre em companhia do meu professor de arte marcial, que na época tornou-se uma espécie de tutor.

Do mestre budista fui para um centro kardecista, com a necessidade de confrontar os ensinamentos que eu tinha recebido. As questões do espiritismo, dizia minha avó, eram coisa do diabo. Mas eu não acreditava nisso, a começar pelo fato de que uma mulher espírita morava perto de casa e ela parecia ser uma pessoa do bem. De vez em quando até dava doces para as crianças. No entanto, falavam que ela incorporava espíritos e recebia mensagens que, no fundo, eram do diabo, e nos proibiam de chegar perto de sua casa. Assim, eu fui confrontar essas lições com minhas inquietações. Fui e gostei. O que ouvi no centro kardecista também me deu mais respostas do que eu tinha encontrado na igreja evangélica. A palestra falava sobre reencarnação, sobre o karma – palavra sânscrita que significa "ação", ou seja, um princípio que se refere a causa e efeito, intenções e ações de um indivíduo que influenciam o futuro. Em outras palavras, o que vivemos no presente é efeito de ações que fizemos antes. Na minha cabeça de 12 anos, aquilo pelo menos mostrava alguma lógica para entender as disfuncionalidades do meu presente e mostrar que precisamos fazer boas ações para poder equilibrar a balança em relação aos erros do passado e ter um futuro melhor.

Foi tudo muito rápido – das artes marciais ao mestre budista, passando pelo espiritismo. E havia Bruce Lee. Como contei no capítulo anterior, minha fixação pelo ídolo era tão grande que eu precisava fazer as mesmas voadoras que ele. A chave era a abertura pélvica, que eu não era capaz de fazer. No entanto, me contaram de um tal yoga, com o qual as pessoas conseguiam dominar o corpo, usando a mente. Com o yoga, me prometiam, eu conseguiria ter a elasticidade de um Bruce Lee. Aquilo me encantou e fui conhecer. Foi quando se deu o laço imediato com o mantra indiano em sânscrito, e aquela voz que me pedia para ir à Índia, precisamente a Rishikesh, quando fizesse 33 anos. Sem saber da Índia, muito menos de Rishikesh, o fato é que me apaixonei pelo yoga. Aprendi a prática da respiração, me aprofundei na meditação. Tornei-me vegetariano – e ao longo da minha vida seriam diversas idas e vindas, transitando por diferentes tipos de vegetarianismo.

Minha avó, coitadinha, começou a enlouquecer com as minhas mudanças. Eu não comia mais carne, não ia aos cultos, acendia vela para meditar, visitava mestre budista e frequentava centro espírita. Ela ficou preocupada. Seu lamento, no entanto, a levava a ignorar um fato novo: as brigas cessaram. Meu interesse saiu das brigas na rua e na escola para buscar compreender como eu poderia sair do meu corpo e fazer uma viagem astral; como desenvolveria telepatia; como me dedicaria mais ao yoga.

Fui forjado desde pequeno nesse ambiente de sincretismo religioso e sinto que isso foi abrindo a minha cabeça para compreender que existem muitos caminhos diferentes para Deus. Eu até percebia que cada pessoa sentia que o seu caminho era o melhor e mais correto. Minha avó também tinha seus sonhos do que seria o melhor para mim, mas eu tive esse bom karma de ser um curioso desde pequeno, de mergulhar por diferentes caminhos e beber o melhor de cada um, promovendo uma união eclética dentro de mim.

Yoga é união. União com a fonte, com o nosso ser verdadeiro. É o cessar das flutuações da mente. Meu mundo mudava, minha mente mudava. Minhas inquietações espirituais passavam aos poucos a ganhar algum sentido, e as buscas – isso parecia claro – estavam apenas começando. Com muitos aprendizados e sacrifícios, como você verá a seguir.

Capítulo 3

Um vegetariano num matadouro frigorífico em busca de viagens astrais

Bruce Lee não chegaria a ter inveja. Mas alguma alegria ao me ver ele haveria de sentir. O fato é que, mal chegando à adolescência, o meu mergulho no yoga já era total e, com isso, adquiria também o domínio do corpo usando a mente. Mais do que conseguir elasticidade, eu havia avançado bastante nas práticas de respiração e meditação. Estava apaixonado por tudo aquilo, inclusive pelos cantos de mantras indianos, desde a primeira escuta, incluindo aquele momento em que ouvira a voz dentro de mim com a ordem: "Quando você fizer 33 anos, venha para a Índia, venha para Rishikesh". Como eu já contei, ouvi e esqueci aquele aviso-ordem-pedido, mas segui cantando os mantras, visitando o mestre budista, tentando desenvolver viagens astrais, meditando e respirando – e lendo muito, num pacote de atividades que me preenchia e respondia às minhas vastas inquietações espirituais.

Não deixava de ser ainda uma criança, recém-chegado à adolescência, mas o preenchimento era nítido: aos poucos, as respostas chegavam e as inquietações se reduziam. Minha personalidade sofreu uma metamorfose radical. Como contei, o menino tímido e curioso que eu era antes deu lugar a um adolescente expansivo, cada vez mais faminto por conhecimento. Foi então que, como se guiado por um ímã, encontrei primeiro nas artes marciais e, especialmente, no taekwondo, um caminho para canalizar essa energia incontrolável que fervilhava dentro de mim. Depois, no yoga. No meio de ambos, o conhecimento espiritual.

Como em muitos episódios de minha vida, as sincronicidades davam o tom. Meu professor de taekwondo, Teodoro, era budista e, desde o início, compartilhou comigo tanto os movimentos físicos relacionados à luta – cujo nome é formado pelas palavras coreanas *tae* (pés), *kwon* (mãos) e *do* (caminho) – quanto os princípios filosóficos que embasavam a prática. Assim, aos poucos, fui absorvendo tanto as técnicas de combate quanto os ensinamentos sobre disciplina, respeito, autocontrole e busca pela harmonia interior. A filosofia por trás do taekwondo começou a ecoar profundamente em mim, oferecendo respostas e direcionamento para as questões que me assombravam naquela época turbulenta da vida. Foi por meio dessas lições que aprendi a canalizar minha energia de forma positiva, a encontrar equilíbrio entre corpo e mente, a buscar a paz interior.

As artes marciais não apenas moldaram meu corpo, me permitindo aprimorar meus movimentos *à la* Bruce Lee, mas também minha mente e meu espírito. O taekwondo me proporcionou um caminho para a autodescoberta e a transformação pessoal, me ensinando que a verdadeira força reside na capacidade de domar nossos impulsos. Guardo com carinho a lembrança de quando minha tia Ana me incentivou, dando o meu primeiro quimono. Além disso, pelo fato de meu professor de taekwondo ser budista, nas aulas, além de *kihap* (grito de energia), *kyorugi* (combate), *chagi* (chute) e *jireugi* (soco), comecei a ouvir falar de meditação, iluminação, nirvana, *samsara*, *dharma*, *sangha*. O *dojang*, mais que um lugar para praticar o taekwondo, tomou a forma de um santuário, onde pude explorar e entender melhor a mim mesmo. Aquele novo mundo era repleto de possibilidades.

A memória já me falha, e bastante. Com o lapso imperdoável do tempo e dessa falha, não me recordo do nome do mestre budista que o professor Teodoro me apresentou. Mas eles foram marcantes, não tanto para meu desenvolvimento como lutador ou como budista (nunca fui nem uma coisa nem outra, como sabemos), mas aqueles dois homens incríveis e hoje infelizmente anônimos foram, acima de tudo, minha porta de entrada para o mundo do autoconhecimento. Foi com eles que passei a aprofundar minhas perguntas sobre a vida e a espiritualidade.

Muitas das conversas marcantes que tínhamos eram sobre vida após a morte. A visão budista é muito diferente da cristã, segundo a qual eu fui criado. No cristianismo, a visão é centralizada na crença da vida eterna em comunhão com Deus. Os cristãos acreditam que, após a morte física, a alma é julgada por suas ações e sua fé durante a vida terrena. Aqueles que aceitarem Jesus Cristo como seu Salvador e viverem de acordo com seus ensinamentos serão destinados ao céu, onde desfrutarão da presença de Deus para toda a eternidade. A morte física não seria o fim, mas o início de uma existência eterna em um plano espiritual.

Em contraste, no budismo, a principal crença está na reencarnação, em que a consciência ou alma passa por uma série de renascimentos (samsara). Nesse ciclo interminável, os indivíduos experimentam o sofrimento resultante das ações passadas (karma). O objetivo último é alcançar a iluminação, estado conhecido como nirvana, transcendendo esse ciclo de renascimentos e atingindo, enfim, a libertação do sofrimento. Não há um conceito de um Deus julgador ou de uma vida eterna em comunhão com uma divindade pessoal. No centro de tudo está a compaixão, o desapego e a busca pela verdadeira realização espiritual.

Foi tudo isso que me levou ao centro espírita kardecista. *Que grande mistura!*, você poderá pensar. E com razão. De fato, era uma grande mistura, uma mescla de tradições espirituais que, à primeira vista, pode parecer improvável e sem sentido, mas para mim era uma jornada natural de exploração e aprendizado. O taekwondo me ensinou a disciplina física e mental; o budismo me trouxe ensinamentos sobre a natureza da mente e a busca pela paz interior. As duas práticas se complementavam. Era como se uma alimentasse a outra. Mas eu sabia que ainda havia muito mais a descobrir, outras facetas da existência a explorar.

As ideias de Allan Kardec sobre a vida após a morte, a reencarnação e a comunicação com os espíritos atiçavam minha curiosidade. Eu queria muito descobrir como esses conceitos iriam se encaixar na minha busca por autoconhecimento e compreensão do universo. Eu sabia que também estava ali, em parte, por causa do meu passado, da minha história familiar, do que havia acontecido – e também do tanto que não havia acontecido – durante minha infância. Em outras palavras, se eu quisesse avançar, precisaria confrontar certos medos e preconceitos herdados.

Cresci ouvindo que o espiritismo era maligno, mas, desde o meu primeiro contato com essa doutrina, tudo que encontrei foi bondade e luz. Fui acolhido com calor humano em uma atmosfera serena. Aprendi sobre a importância da caridade, da solidariedade e do amor ao próximo, ampliando minha visão sobre a vida e as relações entre os seres. Além disso, pela primeira vez enxerguei uma lógica na existência. As palestras a que assistia chamavam atenção para a ideia de que nossas ações de hoje são resultado de ações passadas e que, ao realizar o bem, podemos equilibrar a balança para um futuro mais positivo. Essa perspectiva começou a ressoar profundamente em mim, reforçando o sentido da minha busca espiritual.

Nada do que aprendi ali negou o que o budismo e mesmo o taekwondo haviam me ensinado. Foi, pelo contrário, um grande somatório. Há, sim, certas visões discrepantes, mas o choque entre elas só aumenta a gama de perguntas a serem feitas. E só temos a ganhar quando isso acontece. A grande verdade é que, em nossa busca espiritual, quanto mais encontramos, mais longo se torna o caminho que temos pela frente. Isso porque não existe fim: o sentido de tudo é a busca, sempre. A busca é a minha maneira de ampliar a consciência. Cada ensinamento, cada prática, cada encontro contribuiu para o meu crescimento interior e minha compreensão do propósito da vida.

Entre os golpes precisos do taekwondo, as meditações do budismo e as reflexões profundas do espiritismo kardecista, eu seguia em minha rota, guiado pela busca constante da verdade, pelas muitas e múltiplas verdades da vida. Ali, no início da adolescência, a busca por compreensão e por respostas começou a se ramificar em diferentes direções. Se aprendi muito naqueles anos, a lição mais importante foi ter aprendido a aprender sempre mais. E foi assim que, na adolescência, as artes marciais cederam de vez espaço para a exploração do mundo metafísico.

Com todo esse vasto campo, eu já havia abandonado a companhia da minha avó nos cultos evangélicos semanais. Mesmo cercado por familiares evangélicos, eu não tinha mais como fazer parte daquele universo, desde o início dos meus questionamentos sobre a incoerência entre o discurso e a prática dos pastores. Podia não ser a regra, mas era o que eu enfrentara. Minha dedicação, meu foco, minha energia haviam passado para outro plano, reconhecendo todo o sincretismo de quem fora católico e evangélico e já namorava o kardecismo e o budismo.

E – importantíssimo – eu abolira a carne vermelha do meu dia a dia. Aos 13 anos era vegetariano, com muito orgulho. Aquela decisão de eliminar o consumo de proteína de origem animal e passar a consumir apenas verduras, frutas e legumes também me garantia mais energia, mais concentração, mais leveza, mais saúde. Cuidava, assim, do corpo e da mente de maneira completa.

Mas a realidade financeira me trouxe de volta ao solo: viagens astrais e amplitudes espirituais não rendiam milhas que pudessem ser trocadas por pontos que pagassem minhas contas. Era hora de encontrar um emprego.

O yoga era minha prioridade, mas nunca deixei os estudos de lado. Cheguei a passar nos exames para cursar Eletrônica no Senai. Era o que eu queria estudar, mas naquele semestre não havia mais vagas. A opção seria estudar Mecânica. Por um momento, cheguei a imaginar que esse seria o meu futuro, e estava tudo pronto para eu iniciar o curso para me tornar torneiro mecânico. Um dia antes do primeiro dia de aula, permiti que uma reviravolta acontecesse na minha vida: disse "sim" quando uma vizinha me ofereceu uma vaga de *office boy* na empresa em que ela trabalhava. Não fazia ideia de que empresa se tratava, só queria uma desculpa qualquer para não seguir a carreira de torneiro mecânico. Tenho total respeito aos trabalhadores dessa profissão, mas na época era dessa forma que eu julgava, o que acabou me levando para outros caminhos.

Naquela época, com 14 anos, eu já era um vegetariano convicto. E, ironia das ironias, o lugar em que o destino me levou a trabalhar era um frigorífico. Exatamente: um lugar onde corpos de bois e porcos recém-abatidos eram armazenados para posterior consumo humano. A especialidade eram os suínos, que se convertiam em produtos de uma fábrica de embutidos. Eu me sentia um estranho no ninho. Mas, de novo, precisava pagar as contas. Pensava: *Se essa é a alternativa a seguir a vida como torneiro mecânico, vamos nessa!* Era uma situação um tanto desconcertante para alguém que havia adotado o vegetarianismo, mas eu estava determinado.

Com o tempo, avancei na empresa, alcançando a posição de assistente da diretoria financeira. Cada dia era um desafio, mas eu encarava com determinação, mantendo-me fiel aos meus princípios éticos e alimentares. Era um teste constante da minha resiliência e capacidade de adaptação. O odor penetrante da carne, os ruídos das máquinas, o frenesi do trabalho

– tudo isso era uma realidade que contrastava com o que eu buscava em minhas práticas espirituais.

Apesar das dificuldades, porém, encontrei ali um propósito. Não apenas como uma maneira de sustentar minha vida, mas também como uma oportunidade de crescimento pessoal. O novo cargo me permitiu vislumbrar aspectos do mundo corporativo que eu nunca havia imaginado antes. Aprendi sobre gestão, planejamento financeiro e relações interpessoais, habilidades que nunca são demais no mundo contemporâneo e que seriam valiosas para o meu futuro.

O frigorífico foi importante na minha vida não apenas pela ironia ou curiosidade de um vegetariano no meio de um abatedouro de animais. Sua relevância também não se deve somente ao aprendizado profissional e aos longos anos de evolução – de *office boy* à responsabilidade financeira. Embora eu não possa negar o lado risível e, por que não, desafiador daquela combinação, aquele espaço teve um significado maior.

Ali caiu em minhas mãos, emprestado por uma colega de trabalho, o livro *A terceira visão*, de Lobsang Rampa – o mesmo autor de *Entre os monges do Tibete*, que já citei e que também me marcou. O livro inclui relatos sobre visita de alienígenas, civilizações antigas, *yetis* e outros fenômenos escondidos nas montanhas do Tibete. Tudo fascinante.

Publicado originalmente na Inglaterra, no início da década de 1950, o livro tornou-se rapidamente um fenômeno de vendas. Nas referências à obra, consta sempre a informação de que o público ocidental, que acompanhava as primeiras notícias da invasão chinesa no território tibetano, descobriu na obra de Lobsang Rampa uma fonte extraordinariamente viva e detalhada de informações sobre a cultura e o misticismo do Tibete. Encontrei mais um maravilhoso convite para explorar os reinos da mente e da espiritualidade. E de novo reacendia o meu desejo de querer sair do corpo, fazer uma viagem astral e mudar minha percepção sobre a vida e a mente.

Cada capítulo revelava ensinamentos profundos sobre meditação, projeção astral e o poder da consciência além do corpo físico. As descrições das viagens astrais de Lobsang Rampa me transportaram para lugares exóticos e dimensões desconhecidas. Página após página, como um explorador intrépido, navegando por paisagens surreais e entrando em contato com seres de luz e sabedoria ancestral. Cada palavra parecia abrir uma porta para novas possibilidades de compreensão do mundo e de mim mesmo.

Tanto em *A terceira visão* quanto em *Entre os monges do Tibete*, Lobsang Rampa mostrava a possibilidade de um mundo situado acima do puramente físico, governado por leis imprevisíveis ou desconhecidas, que mostram que a nossa capacidade mental "faz parte de uma realidade transcendente cuja extensão e cujos fenômenos excedem tudo o que pode sonhar a imaginação mais delirante". Tudo isso costuma ser admitido de vez em quando, embora seja uma tendência de pensamento historicamente condenada ou vista como mero desvario.

À medida que avancei na leitura, experimentei uma espécie de despertar espiritual, uma sensação de conexão profunda com o universo e com todas as formas de vida. Os ensinamentos de Rampa não eram apenas teoria, eram também um convite para uma jornada interior de autodescoberta e expansão da consciência. Eu não era o mesmo. Podia sentir, dentro da minha cabeça, como se um chip houvesse sido implantado, um quadrante da consciência até então desconhecido. Ali se deu a nova colisão de ideias que marcou o início de uma jornada espiritual ainda mais profunda. Sublinhei muitas frases daquele livro. Mas uma se destacou das demais: "Tudo é apenas eletricidade e magnetismo; tudo é apenas uma ilusão. A realidade é no plano espiritual". Li, reli, sublinhei. Li de novo.

Minha amiga e eu tentamos então realizar viagens para além das palavras. Junto com ela passei a tentar sair do corpo, desenvolver poderes psíquicos e realizar viagens astrais. Foi uma verdadeira obsessão.

Aqui vale dizer que eu não era a única pessoa para a qual minha avó pedia perdão em todas as orações. Minha tia Janete era uma figura interessantíssima, com sede de conhecimento. Ela fazia parte da Ordem Rosacruz, organização que, existente até hoje, combina misticismo e filosofia para ensinar seus membros sobre os mistérios do mundo e sobre si mesmos. Quando contei a ela tudo o que aquele livro havia me revelado, ela sem titubear me inscreveu na Ordem Rosacruz Juvenil.

A Rosacruz me ofereceu uma quantidade enorme de conhecimento. O mestre budista me abrira, o espiritismo me abrira mais um pouco, mas foi a Rosacruz que arrematou tudo, e de um modo mais científico. Sim, foi a partir dali que passei a contar com uma abordagem mais científica e cognitiva para complementar todo o entendimento que o budismo, o espiritismo e o yoga já me haviam proporcionado. Tudo isso, somado ao meu trabalho no frigorífico, trouxe equilíbrio à minha vida, marcando o início de uma fase de crescimento e aprendizado.

Passei muito tempo refletindo – e acho que não é exagero dizer que estou refletindo até hoje – sobre a natureza essencial da existência.

Com o que aprendi na Rosacruz, pude retomar sob outros vieses aquela citação de Lobsang Rampa que dizia que tudo é energia, tudo é magnetismo, tudo é ilusão, que a única realidade está no plano espiritual. Pensei em Albert Einstein, que descreveu a realidade como uma ilusão persistente, uma manifestação intricada de energia e matéria interagindo em um vasto cosmos. Sob essa perspectiva, tudo que percebemos como sólido e tangível é, na verdade, uma dança complexa de partículas subatômicas e campos de força.

Essa visão científica da realidade, combinada com a afirmação de Rampa sobre o plano espiritual, me sugeriu uma interconexão mais profunda entre os reinos físico e metafísico. Mas também pude ir além nos ensinamentos do budismo, que muitas vezes descreve a realidade como uma ilusão criada pela mente. De acordo com essa tradição, nossa percepção da realidade é distorcida por nossas mentes condicionadas e nossos desejos insaciáveis. Somente ao transcender essas ilusões e alcançar a iluminação podemos perceber a verdadeira natureza da existência.

Essas referências, juntamente com a mensagem de Rampa, me fizeram ter certeza de que a realidade que experimentamos é apenas uma pequena parte de um panorama muito maior e mais complexo. O plano espiritual, invisível aos olhos físicos, é onde a verdadeira essência da vida reside, onde as fronteiras entre o eu e o universo se desvanecem e onde a conexão com o divino enfim se dá.

Tais aprendizados corriam em mão dupla, porque do outro lado havia a lição e os sacrifícios enxergados naquele universo de animais que eu frequentava. E não só por causa do meu vegetarianismo: tomei contato ali com a crueldade com que os animais são tratados no mundo. No caso dos matadouros, isso é especialmente perverso, mesmo quando há técnicas e práticas destinadas a evitar (ou minimizar) a dor do animal, ou as reconhecidas regras que proíbem crueldade contra os animais – no Brasil e no mundo.

Como ouvi uma vez de um vegano, não há matadouro mágico, onde os animais são alimentados com sua comida favorita, fazem uma última ligação para um ente amado e voluntariamente prendem a respiração até morrer. Não há o que dizer, senão admitir que o abate é violento, perverso, sanguinário. Os animais não sacrificam a si mesmos por tradição, eles são forçados a isso, gritando até o último suspiro. Essa é uma das mais do que legítimas razões para que cada vez mais pessoas se tornem adeptas do veganismo. É a compaixão e a grandeza de quem deseja permanecer desconectado dessa violência.

Naqueles anos, porém, o frigorífico foi o único trabalho que se abriu para mim, aquele que supria minhas necessidades materiais. Com uma vida que nunca foi simples, nossas contradições e incompletudes sempre ficaram e ficarão mais expostas.

Eu era já naquela época um buscador espiritual, mas com os pés bem fincados na matéria também. Ao mesmo tempo que eu procurava pelo propósito e pelos mistérios da existência, eu precisava dar conta da vida e atender às minhas necessidades materiais. Por mais desafiador que fosse, naquele momento, conciliar minhas aventuras espirituais com um ambiente de trabalho relacionado a uma atividade cruel, com a qual eu não concordava, essa fase, inclusive amparado pela minha visão espiritual, foi muito importante para a minha formação. Digo isso, pois compreendo que o caminho espiritual nunca pode ser uma fuga de uma vida frustrada, mas sim a fonte de inspiração e amparo divino para a própria vida em si. Se naquele momento eu ainda não podia trabalhar com algo que estivesse ligado a um propósito positivo, eu tinha um propósito claro de me desenvolver profissional e materialmente. Compreendo que ser um buscador espiritual não é abandonar a vida material.

Capítulo 4

Da paixão não correspondida ao matrimônio perfeito

Dois anos após ser admitido, o *office boy* vegetariano do frigorífico especializado em suínos já era auxiliar de escritório. Mais algum tempo depois, tesoureiro. E, avançando mais um tanto, tornou-se responsável por todo o financeiro da empresa. O crescimento ali se devia a um conjunto favorável de circunstâncias: minha disciplina, meu esforço, a vontade de crescer financeiramente e a confiança que depositaram em mim. E, enquanto seguia meu aprendizado profissional, subindo de cargo no administrativo do frigorífico, eu também avançava no aprendizado espiritual.

O desejo de ser cientista não tinha ido embora, era complementar e talvez ponto de partida para os caminhos mais plenos de minha busca pela essência da vida. Ser cientista seria uma forma de ultrapassar aquelas fronteiras que separavam nosso eu e o universo. Entender a física parecia fundamental para superá-la, para tornar visível o que parecia invisível. Então, meus desejos passavam pela física nuclear, pela engenharia aeroespacial, por qualquer disciplina com a qual eu me tornasse capaz de explorar o universo. Enquanto isso não fosse possível, a Rosacruz revirava minha cabeça em torno da busca da conquista do universo.

Até que percebi que a física e eu não parecíamos feitos um para o outro. Essa constatação começou a ganhar forma no segundo ano do curso colegial – o que hoje chamamos de ensino médio –, e com a contribuição (ou não contribuição) do meu professor de Física na época. A verdade é que ele era um ótimo cientista e um péssimo professor. Ele sabia muito, talvez até demais, mas tinha uma dificuldade crônica de dividir seus conhecimentos com os estudantes. Em parte por isso, em parte pelas minhas próprias deficiências, o fato é que levei bomba em Física. E comecei a me questionar se eu era tão bom assim na matéria.

Adolescência já não é fácil para ninguém, e, não bastasse o revés em Física, a dedicação ao trabalho paralelamente à vida escolar e minha cabeça voltada para as leituras e práticas espirituais – e ainda todas as inquietações e buscas de que era capaz na época –, me apaixonei perdida e fulminantemente, aos 16 anos de idade. Ela se chamava Mércia e trabalhávamos no mesmo escritório. Essa era a boa notícia. A má: estava noiva, de casamento marcado e tudo, o que só ampliava o sofrimento pela paixão não correspondida. Foi uma paixão arrebatadora, daquelas que fazem a gente perder o chão.

E com a paixão veio o sofrimento. Muito sofrimento.

Naquele momento eu ainda não havia aprendido o que depois ensinei muitas vezes para meus alunos, discípulos, amigos e leitores: o sofrimento é proporcional ao tamanho da resistência; quanto maior o apego àquilo que precisa ser desconstruído, maior é o sofrimento. Existem condicionamentos tão arraigados no sistema que uma vida inteira parece pouco tempo para descondicionar. Existem imagens de reencarnações que nos acompanham há muitas vidas e estão registradas em nossas células – e uma mudança de comportamento envolve uma reprogramação celular. Só percebemos a crise se avançarmos no trabalho de auto-observação. A terapia é um desses trabalhos úteis. E ela foi essencial para mim.

Vendo aquela paixão dolorida e suas consequências, minha tia Janete – a mesma que me apresentara à Ordem Rosacruz – me levou para a psicoterapia. Na época, eu não queria admitir que estava mergulhado naquela situação, mas ela conseguiu me convencer a fazer terapia. "Pelo menos faça uma tentativa", recomendou. Atendi, fiz a tentativa, ingressei na terapia e aquilo se transformou num novo divisor de águas. Mais do que uma terapia de apoio em razão de um amor não correspondido, foi uma terapia destinada a me ajudar a buscar um novo propósito de vida – às reflexões sobre meus sentimentos e desejos acrescentamos a análise sobre minha carreira e o que de fato eu gostaria de fazer na vida.

César era o meu terapeuta. Devo-lhe muito. Naquele momento, ele passou a ser um norte na minha vida. Uma figura maravilhosa, muito humano, cuidador e carinhoso. Coube ao César integrar tudo em minha vida, me ajudar a integrar tantas facetas, tantos interesses, tantos projetos e tantas necessidades. E aí juntei tudo: o evangelismo, o yoga, o budismo, o espiritismo, a Rosacruz... Tudo foi se juntando dentro de mim, se organizando naquele processo terapêutico. E compreendi que o fato de estar sofrendo daquele jeito devia-se aos buracos emocionais que existiam dentro de mim.

Foi aí que decididamente dei início ao meu processo de autoconhecimento, avançando nas buscas espirituais, mas combinando-as com processos internos de descoberta. Comecei a buscar as origens das minhas mazelas pessoais. E fiz essa busca não lá fora, não nas religiões, não nas artes marciais ou no trabalho, e sim dentro de mim. Estavam ali minhas carências, minhas fraquezas, minhas dores emocionais. Foi uma terapia bastante profunda.

E que mazelas eram essas? A síntese estava numa palavra-sentimento: vergonha. No fundo, eu carregava uma vergonha muito grande – a vergonha do meu passado, da minha origem. Voltamos ao que eu considerava ser uma disfunção da minha família. E aí vinha a forma como eu nasci, a rejeição do meu pai, o quase assassinato cometido pelo meu avô, a criação amorosa dos meus avós combinada com a distância da minha mãe, que precisava trabalhar, a vida humilde, as confusões dentro de casa, as cenas de possessões, as idas e vindas de meu sincretismo religioso, até a minha timidez em relação às mulheres (afinal, não podemos esquecer o fator motivador da minha psicoterapia: a paixão platônica, com quem eu não teria a menor chance nem no presente nem no futuro, o que ampliava meu sentimento de frustração que já experimentava no plano religioso).

Aquele processo foi reafirmado muitas vezes no futuro: é a compreensão de que a grande dificuldade está na primeira fase da mudança, pois fomos condicionados a acreditar que toda desconstrução é negativa. Ocorre que, quando estamos num ciclo de mudanças, a desconstrução é positiva, apesar de dolorida – isso é natural, pois o ser humano se apega. Às vezes esse ciclo é um relacionamento, um trabalho, uma paixão não correspondida da qual é preciso se desapegar, pois algo interno está sendo dissolvido.

Você pode acreditar que essa desconstrução é negativa se estiver muito apegado, mas inevitavelmente, quando chegar o momento certo, esse ciclo se fecha, da forma mais fácil ou da mais difícil, e você entra em uma segunda fase – a da espera, em que nada acontece. Esse pode ser um tempo de descanso, de abastecer as baterias, de observar a natureza, ou pode ser um período de muita inquietação e desespero, pois o novo ainda não se revelou. Da mesma maneira, inevitavelmente, quando chega a hora, esse ciclo se reinicia. É a terceira fase. Isso vale para qualquer coisa: é verdadeiro tanto para um ciclo pessoal como para um ciclo cósmico.

O sofrimento nasce do controle, o controle do medo, e o medo, da falta de confiança em Deus.

Naquele vasto rol de lacunas emocionais e medos estava, claro, minha relação com a sexualidade. Tinha 14 anos de idade, já estava trabalhando no frigorífico, e os colegas de trabalho resolveram que eu precisava perder a virgindade. Como seria de esperar, escolheram um prostíbulo para que isso ocorresse. Apesar de ser algo comum na iniciação sexual de muitos meninos, não deixa de ser um triste sintoma da distorção a que estamos submetidos como sociedade. Mas fui um menino como muitos da minha época.

Quando lá cheguei, levado pelos colegas, achei tudo muito, mas muito deprimente. Entrei num pequeno quarto com a prostituta, com a estética mais clichê dos quartos de prostíbulos, passamos a tentar um toque aqui e ali, e não consegui seguir adiante. Nem um mínimo desejo, nenhuma atração, nenhum prazer. Nada. Simplesmente nada, ou uma certa indiferença, quase repulsa. O que seria a minha primeira transa se tornou, na verdade, meu primeiro fracasso, pois não consegui transar. Ela foi muito tranquila comigo, tentando me mostrar que aquilo era comum.

O problema, porém, foi além daquele encontro: comecei a achar que tinha problemas sexuais e que não conseguiria ter relações. O sentimento de que havia algo estranho era a tônica. Eu me assustei, por exemplo, ao ejacular pela primeira vez quando experimentei a masturbação dois anos antes, aos 12 anos. Comecei a rezar para Jesus naquele mesmo instante. Era um prazer tão grande, algo tão arrebatador, e ao mesmo tempo algo muito estranho de ver e de sentir. "O que está acontecendo comigo?", me questionei. E chamei Jesus: "Me ajuda, Jesus. Me salva disso!".

A terapia foi me ajudando a refletir sobre isso e a criar relações de causa e efeito, a pensar em princípios de causalidade e origem. As feridas emocionais exigiam que eu fizesse as pazes com meu passado, e a terapia com o César me ajudava a colocar os meus sentimentos para fora e iniciar essa cicatrização. Era um processo profundo, sério e verdadeiro de autoconhecimento. A mudança seria inevitável, e levou alguns anos até sair da total razão do pseudocientista para a total emoção.

Naquele momento passei a questionar, de fato, os caminhos do meu trabalho. Um dia, voltei a ter uma visão de mim mesmo no futuro. Agora não era mais o futuro torneiro mecânico. Eu me imaginei um homem rico, careca, obeso e infeliz. Compreendi de novo que precisava mudar.

A terapia ajudou a me aprofundar ainda mais no yoga, a estudar medicina natural, a pesquisar mais e mais sobre as religiões ocidentais e orientais. Escrevi poesia e comecei a estudar piano e teatro.

O teatro se transformaria na segunda melhor terapia da minha vida. Ingressei num grupo de teatro maravilhoso, que inclusive desenvolvia um trabalho social importante em Guarulhos, de resgate de jovens. Eles viram em mim um grande potencial, porque exibia grande capacidade de concentração advinda do yoga e da Ordem Rosacruz. Eles viram que eu tinha algo diferente. Foi um bálsamo, inclusive em minha expectativa de me sentir pertencente a um grupo.

Esse mesmo pertencimento eu sentia entre os jovens buscadores do yoga e da Rosacruz. E foi entre esses jovens – oriundos de diferentes escolas e formações espirituais – que descobri mais um livro marcante em minha formação espiritual: *O matrimônio perfeito*, do grande mestre gnóstico Samael Aun Weor. Assim como para muita gente, o livro foi a porta de entrada de minha iniciação ao gnosticismo – a obra é considerada a pedra fundamental de todo o gnosticismo moderno.

Samael Aun Weor escreveu o livro em 1950, dando origem à nova gnose do século XX, e moldou distintas escolas e lojas esotéricas da América do Sul. Viriam duas novas edições, em 1960 e em 1966, que trariam revisões, atualizações e correções significativas feitas pelo autor, as quais demarcariam sua fama posterior. As traduções para o português na década de 1960 sacramentariam o movimento gnóstico estabelecido no Brasil, mais especificamente na cidade de São Paulo.

Além de seu conteúdo doutrinário e filosófico, *O matrimônio perfeito* oferece inúmeras práticas espirituais, para que cada leitor comprove tudo que é dito ao longo dos seus mais de trinta capítulos.

Para quem não conhece, o gnosticismo (da palavra grega *gnosis*, "conhecimento") é um conjunto de correntes filosóficas e religiosas que tem origem no helenismo (na época, o termo foi associado aos cultos dos mistérios). Nasceu e floresceu em seitas judaicas e entre os primeiros cristãos. Epistemologicamente, a gnose é entendida como a teoria do conhecimento. Metafisicamente, ela é a via do intelecto, da inteligência. O gnosticismo significa, assim, um conhecimento espiritual ou percepção da verdadeira natureza da humanidade como divina, levando à libertação da centelha divina dentro da humanidade e de suas restrições na existência terrena.

Os textos gnósticos do início do cristianismo são especialmente fascinantes. Encontrados numa região do Egito em 1945, são um conjunto de textos antigos que revelam aspectos até então desconhecidos do cristianismo, incluindo evangelhos, tratados, epístolas e apocalipses, alguns datados da mesma época dos escritos canônicos da Bíblia, mas que chegaram a ser proibidos e queimados pela igreja ortodoxa de Roma. O cristianismo ortodoxo os rejeitaria em grande medida por se referirem muito pouco a histórias da vida de Jesus e muito mais a questões doutrinárias e metafísicas, distantes da linha seguida pela Igreja Católica Romana.

"É lamentável que os sacerdotes católicos tenham destruído tantos documentos, tantos tesouros valiosos da Antiguidade", escreve Samael Aun Weor em *O matrimônio perfeito*, mencionando também livros maravilhosos perseguidos pelo clero, incluindo obras de Dante Alighieri, Boccaccio, Petrarca, Erasmo e Homero – "verdadeiros livros de ciência oculta e magia sexual", segundo ele.

Weor continua: "É lamentável que alguns ignorantes abandonem a gnose para seguir sistemas e métodos que ignoram a Magia Sexual e o Matrimônio Perfeito. [...] Nós investigamos todos os grandes tesouros gnósticos, esquadrinhamos o fundo de todas as religiões arcaicas e encontramos a chave suprema da Magia Sexual no fundo de todos os cultos. Agora entregamos este tesouro, esta chave, à humanidade doente. Muitos lerão este livro, mas poucos o compreenderão".

O matrimônio perfeito, no caso, está na síntese trazida na própria capa da obra: é a união de duas almas; uma que ama mais, outra que ama melhor. Para o autor, "o Matrimônio Perfeito é a união de dois seres que verdadeiramente sabem amar. Para que haja verdadeiro amor é preciso que o homem e a mulher se adorem em todas as sete grandes regiões cósmicas. Para que haja amor é necessário que exista uma verdadeira comunhão de almas nas três esferas: pensamento, sentimento e vontade. Quando os dois seres vibram afinados em seus pensamentos, sentimentos e vontades, então o Matrimônio Perfeito se realiza nos sete planos da consciência cósmica".

As sete grandes regiões cósmicas, os sete planos da consciência cósmica de que fala o trecho citado são: físico, astral, mental, búdico, espiritual, divino e, por fim, logoico e monádico. O físico diz respeito à realidade visível de espaço e tempo, energia e matéria. O astral é aonde a consciência vai após a morte física, ou aquele plano que pode ser visitado conscientemente por meio de projeção astral, meditação e mantra. O plano mental é aquele que pertence à consciência, funcionando como pensamento. O búdico é descrito como o reino de consciência pura. O plano espiritual envolve aqueles momentos de sintonia com a centelha da energia divina, possibilitando a fusão da consciência com o plano seguinte, que é o divino. No plano divino, as almas podem ser abertas à comunicação consciente com a esfera do divino, com o Absoluto. Já o plano logoico e monádico é o plano de total unidade com Deus.

Sobre esses planos estão assentados os ensinamentos religiosos e esotéricos, como as linhas da vedanta, xamanismo, hermetismo, gnosticismo, cabala, antroposofia, cristianismo esotérico e tantas outras que propõem a ideia de existência de planos, mundos ou dimensões invisíveis, superiores ou internos.

Aquela leitura foi algo muito forte para mim – na verdade, algo poderoso se abateu ali sobre mim. O livro me tirou do chão e gerou um profundo questionamento em torno da dimensão sexual. Jovem, eu estava no auge da masturbação e fiquei chocado com a informação de que eu não deveria ejacular, mas, sim, guardar a energia. Descobri que existia algo sagrado naquilo que era ao mesmo tempo tabu e fonte de tantas distorções socialmente aceitas – o sexo. Não vou me aprofundar sobre esses ensinamentos da sexualidade sagrada neste livro, mas o conhecimento sobre não desperdiçar a energia sexual no sêmen nada tem a ver com repressão ao prazer, e sim sobre determinadas práticas sagradas que pouco se assemelham ao ato sexual comum. Refere-se a uma experiência íntima com a outra pessoa, promovendo uma alquimia física e energética de substâncias, potencializadas pelo poder da meditação. Nessas práticas, a ejaculação não é recomendada.

Como décadas depois eu lembraria no livro *Amar e ser livre*, a sexualidade não se refere somente ao ato sexual em si, mas sim ao conjunto de aspectos internos (memórias, projeções, fantasias e desejos) e externos (culturais e sociais) que acabam influenciando na escolha dos parceiros e no nosso comportamento nas relações.

"É preciso compreender", escrevi no livro citado, "que a energia sexual é um aspecto da energia vital. Na verdade, elas são a mesma coisa. A energia vital permeia tudo que existe, tanto a vida humana quanto os reinos mineral, vegetal e animal. Ela materializa a própria vida e é responsável pelo impulso básico de atração física e biológica entre corpos, que também podemos chamar de energia sexual. O sexo é um fenômeno que ocorre através deste impulso, porém sexo sem eros é sexo animal, cuja função é somente a procriação da espécie. Desprovida de eros e amor, a energia sexual é puramente biológica".

Compreendi mais tarde, como já escrevi em muitos dos meus livros, que despertar o amor é a razão mais profunda de estarmos aqui. Isso é o que nos move neste plano, é o que nos faz levantar de manhã e fazer o que precisamos fazer. Alguns estão conscientes disso e sentem alegria de viver. Outros estão tendo vislumbres da unidade. Porém a maioria não está consciente disso e, por isso, carrega uma profunda angústia por não conseguir ver sentido na vida. Para essa maioria, no fundo não há motivo para acordar de manhã. Isso gera depressão, angústia e sentimento de não pertencimento.

Eram esses sentimentos que eu enfrentava naquela adolescência de busca e descobertas. A leitura de *O matrimônio perfeito* realinhou as minhas buscas originadas no evangelismo, no budismo, no yoga, na Rosacruz, na poesia, no piano, na terapia, no teatro... No fim do livro, vi uma referência a um centro gnóstico em São Paulo e escrevi para lá. Eu queria um contato com eles para mergulhar fundo no gnosticismo, aprender e viver tudo aquilo. Infelizmente, porém, nunca me responderam. Eu precisaria encontrar tais ensinamentos e práticas por outros caminhos. Despertaria o amor por outras vias.

E, como também escrevi em *Amar e ser livre*, despertar o amor equivale a iluminar todas as sombras que nos habitam. Significa acordar do encantamento da matéria e libertar-se do apego a ela. Nesse contexto, matéria é tudo aquilo que o desvia do amor; é tudo aquilo que o mantém sonhando o sonho da separação.

Despertar o amor é também uma possível tradução do mantra que resume a missão da linhagem espiritual a que pertenço, a linhagem

Sachcha: PRABHU AAP JAGO PARMATMA JAGO MERE SARVE JAGO SARVATRA JAGO – "Deus, desperte, Deus, desperte em mim, Deus, desperte em todos e em todos os lugares". Deus é amor, por isso oramos e cantamos para que o amor desperte.

Voltarei mais vezes a esse tema ao longo dessas memórias, mas de início é importante afirmar e reafirmar: a chave, o solvente universal que supera as distinções, transcende julgamentos, divergências e dogmas, é o amor. Essa jornada do amor é cheia de desafios, e é por meio deles que avançamos. Quando os desafios dos relacionamentos começam a aparecer, muitas vezes somos completamente tragados pela descrença, pela desesperança, pelo medo. Foi o que senti com aquele amor não correspondido que me levou à terapia. Ali tive um pequeno vislumbre de uma compreensão que no futuro me habitaria muito profundamente, que é: para vivenciarmos o êxtase do amor divino (incondicional), inevitavelmente precisaremos viver as alegrias e as misérias do amor humano (condicional).

Relacionamentos, bem ou malsucedidos, nos levam a pensar se vale a pena esse jogo. Eu era jovem, muito jovem, e só com a terapia e as reflexões com aqueles jovens buscadores foi que comecei a descobrir que de fato havia um jogo – o jogo do amor, da união e da alegria, os melhores remédios contra o sofrimento, a descrença e a desesperança. Tornei-me parte de um grupo de jovens destinados a buscar e encontrar os caminhos desse jogo e a compartilhar as descobertas. Viramos uma família, unidos nessa busca admirável, como conto a seguir.

Capítulo 5

Preparação para a Era de Aquário com yoga, aulas, descobertas e o primeiro casamento

Aos 19 anos promovi uma das mudanças mais significativas de minha vida. Era mais uma mudança em pouco tempo, mas essa se tornou especialmente relevante: demiti-me do frigorífico, onde parecia ter uma rota de crescimento traçada, profissional e financeiramente. Era bem jovem, mas já tinha passado por muita coisa – inclusive ingressara no Exército, prestando serviço militar, fazendo Tiro de Guerra.

Mesmo tão jovem, eu ganhava um bom salário no frigorífico, fazia o trabalho de vários especialistas em finanças e parecia recompensado por isso. Tinha chegado a iniciar um curso de economia (algo de que logo desisti), à minha disposição colocaram carro e telefone, numa época em que ambos eram artigos de luxo. Mesmo com esse aparente sucesso, de novo eu carregava uma pesada insatisfação. E, como já contei, passei a me ver no futuro como um homem mais velho, careca, endinheirado e infeliz.

Comecei a pensar: *Não vou aguentar*. Chamei então um dos donos da empresa e tive uma conversa direta com ele, contando do meu incômodo meio impreciso, meio indefinido, mas com uma certeza: não queria prosseguir por muito mais tempo naquilo. Ele foi maravilhoso na resposta: "Janderson, eu vejo que você é uma pessoa especial, uma pessoa que tem um sonho a mais na vida. E sinto que esse é o momento para você viver esses sonhos. E acho, no fundo, que você não vai perder muita coisa.

Se é esse o sonho, que seja. Vá em frente. Confie na sua intuição e nos seus sonhos. Se você não for agora, depois ficará pior. Por enquanto, você é jovem. Se der errado, você vai ter tempo de reconstruir o que perdeu". Ele próprio reconheceu que havia algo a perseguir e me deu o empurrão necessário. E garantiu: "Você vai fazer muita falta, mas se eu estivesse no seu lugar faria o mesmo". Foi muito amigo e generoso.

No meu último dia de trabalho, depois de cumprir o aviso prévio, eis que toca o telefone. Era uma moça, dizendo que me conhecia da escola de yoga. "Meu nome é Izilda, você certamente não se lembra de mim", ela me disse. De fato, eu não lembrava, nunca havia falado com ela. Foi uma surpresa, demorei a saber de quem se tratava. Eu a tinha visto poucas vezes na escola de yoga, pois ela dava aula em outro horário e nunca havia chamado minha atenção. Mas Izilda me contou a razão do telefonema: "Estou abrindo uma escola de yoga e pensei que você poderia me ajudar nisso. Quer ser meu sócio?". Eu estava saindo do frigorífico, tinha dinheiro a receber, parecia o convite perfeito para aquele momento. Sem pensar muito, respondi: "Quero". Só depois pensei direito: *O que foi que eu fiz? Nem conheço essa pessoa e aceitei ser sócio dela...*

Assim mesmo, virei seu sócio. Foi naquele momento que me tornei professor de yoga. Até ali eu era um aluno graduado que às vezes dava aulas. A partir de então, comecei a dar aulas com mais frequência, o que me impulsionou a completar a formação de professor de yoga.

Paralelamente a isso, passei a trabalhar com o teatro. E, junto com o teatro, houve as descobertas do matrimônio perfeito e o aprofundamento na psicologia gnóstica, na psicologia dos ensinamentos budistas e naquilo que hoje chamamos de psicologia transpessoal.

Vendo com os olhos de hoje, parecia muito para um jovem de apenas 19 anos. Parecia, e de fato era. Passei a integrar uma equipe de jovens buscadores, oriundos de diferentes escolas e unidos pelo sonho de fazer com que mais e mais pessoas tivessem acesso às respostas que estávamos encontrando. Eu conheceria aqueles jovens no primeiro Encontro de Cultura Alternativa (Encal) e logo me tornaria parte da família.

A poesia, o teatro, a arte de uma forma geral era um meio essencial para aquele despertar. A arte, afinal, é um sinal do despertar. É difícil descrever a experiência da verdade de maneira concreta. Só por meio da arte conseguimos expressar um pouco da verdade, justamente porque ela não exige compromisso com aquilo que é concreto e lógico. A verdade é muito grande e as palavras são muito pequenas.

Esse grupo se preparava para a Era de Aquário, que chegara à década de 1960 – a década em que nasci, não custa lembrar. Uma nova era pedia uma nova consciência. Aqueles anos 1960 iluminaram o entendimento da humanidade em relação à sexualidade e aquele grupo começava a ter consciência dessas mudanças.

Até aquela década, a sexualidade estava contaminada pelo ódio, pelo medo. A entidade humana não tinha maturidade para lidar com seus conteúdos sombrios a fim de realizar a purificação desse ódio, desse medo. Era uma época de muito abuso, de agressividade.

Não é à toa que um dos pontos mais delicados para o desenvolvimento espiritual, que nos leva à plenitude e precisa ser transformado, é a sexualidade. Anos mais tarde escrevi sobre isso em meu livro *Plenitude*, destacando que esse é um aspecto da consciência que se move em direção à fusão com a nossa mandala do coração, que, no entanto, acabou se transformando num veículo da sombra, por não ter sido devidamente integrado. Justamente por essa razão a sexualidade foi proibida em ashrams, escolas espirituais e mosteiros. Por dar passagem a esse aspecto sombrio, transformou-se num poder gerador de catarse e agitação, e isso mostra que o ser humano não está suficientemente pronto para lidar com ela em ambientes espirituais.

A sexualidade, escrevi, pode ativar conteúdos sombrios com os quais o buscador ainda não está preparado para lidar – são poucos os seres humanos preparados para lidar com essa parte obscura do sexo. A sexualidade é um poder da consciência que precisa ser direcionado e sabiamente alinhado ao dharma. É a energia primitiva que se move em direção à fusão, possibilitando a perpetuação da nossa espécie no planeta. Mas é também uma forma de celebrar a vida, de partilhar o prazer. Se esse aspecto importante da nossa existência estiver harmonizado com a consciência da ação correta (ou seja, do dharma), poderá se transformar numa forma de prática espiritual profunda. A sexualidade é algo simples, que ao longo da história humana foi reprimida e condenada, e por isso tornou-se tão complexa.

Muitos anos seriam necessários para o amadurecimento coletivo e uma melhor condição para admitir que se tenha mágoa e ódio do gênero oposto. A abertura que nos possibilita criar os alicerces de uma nova consciência, uma consciência amorosa, não é mais a da sexualidade – a força erótica faz seu movimento em direção ao amor. Se você não pode desfrutar disso, é porque ainda guarda padrões dessas feridas antigas e precisa de dedicação para curá-las.

A Era de Aquário é a era da integração real, uma conexão do ser humano, individual e direta, com seu poder pessoal e espiritual, a fraternidade e... o amor incondicional. Razão pela qual nos conduz a uma maior conscientização em relação à realidade planetária e ao humanitarismo. Uma atenção cada vez maior às questões sociais. Compaixão e humanismo ancorados no amor.

Naqueles meus 19 anos, eu e o grupo de jovens ao qual eu me integrara estávamos longe, muito longe dessa compreensão. Mas descortinávamos algumas janelas de descoberta – e queríamos compartilhar esse aprendizado. Criamos, então, um movimento de cultura alternativa e o consolidamos num grande encontro nacional. Conseguimos uma escola municipal em Guarulhos para ser a sede do encontro, cuja primeira edição ocorreu em 1983.

A mobilização não foi pequena, valeu a pena. Conseguimos reunir ali os maiores expoentes de suas áreas – cada um falaria sobre o que era sua escola, sua entidade, suas premissas e ensinamentos espirituais e sobre a Era de Aquário. Foram para lá um mestre da Maçonaria, o grande mestre da Rosacruz, o grande mestre da Eubiose, assim como mestres da Filosofia, da Astrologia e do yoga. Conseguimos todos os principais nomes envolvidos com o autoconhecimento e a espiritualidade. E fomos nós, jovens buscadores, que batemos à porta de cada um deles para convidá-los a estar presentes no nosso encontro de cultura alternativa.

O evento foi um sucesso, e por Guarulhos passaram milhares de pessoas. Tivemos matérias em jornais, rádios, revistas. Ainda ocorreriam pelo menos mais duas edições consolidando o nosso trabalho.

Éramos como uma família. Tínhamos o grupo, estudávamos, discutíamos as descobertas, saíamos para nos divertir. O grupo se encontrava sistematicamente numa lanchonete alternativa chamada Rancho Silvestre. Era alternativa porque não tinha *fast-food* no cardápio, e sim comida vegetariana, uma das razões pelas quais se transformou em nosso ponto cativo de encontro.

Eu estava me curando daquela paixão não correspondida por Mércia. O sofrimento da paixão passava, mas a sexualidade ainda era um problema para mim naquela época. Eu precisava lidar com uma dificuldade crônica com as mulheres em geral. Já não era tão tímido quanto antes, mas pode-se dizer que me faltava talento na aproximação para mergulhar profundamente no mundo das relações sexuais e amorosas.

Curiosamente, a lanchonete Rancho Silvestre ajudaria a mudar tudo aquilo. A irmã do dono era uma moça linda, que havia sido capa da badaladíssima revista *Playboy*. Naquela época, e durante muitos dos anos seguintes, a *Playboy* era um ícone da cultura nacional e uma referência para jovens iniciantes na sexualidade. Essa revista masculina, como sabemos, condicionou por muito tempo homens e mulheres a um padrão estético de beleza e objetificação dos corpos femininos. E para mim, nessa época, tão jovem, não poderia ser diferente. Tinha aquela mulher como uma deusa inatingível.

Certo dia, do nada, meu grupo estava na lanchonete conversando, como fazíamos com regularidade, quando a tal ex-*Playboy* surge – bela, deslumbrante, atraindo todos os olhares possíveis e imagináveis. Ela atravessa a lanchonete, passa por nosso grupo, afasta delicadamente um, depois outro, e chega até mim. E?

E me dá um beijo na boca. Isso mesmo, para meu espanto e para espanto de todo o grupo, a mesma moça que posara para aquela revista, a irmã do dono do estabelecimento que se transformara em nosso lugar cativo de união, conhecimento e diversão, a mulher linda, cobiçada, desejada por todos os homens e, por que não, invejada por muitas mulheres, ali resolveu que precisava beijar a boca do Janderson. Assim mesmo, do nada.

Todos ficaram chocados, sem entender nada. Eu, mais ainda, pois não só não conseguia cogitar um beijo daqueles, dado o meu reconhecido fracasso nesse terreno, como ela jamais havia demonstrado interesse por mim.

Um mundo novo se abriu para mim a partir daquele momento. O sapo se transformou num príncipe, na minha versão particular do conto de fadas dos irmãos Grimm. Se é verdade que, na versão dos dois irmãos responsáveis por algumas das mais marcantes fábulas infantis, o feitiço do sapo é quebrado quando a princesa o atira contra a parede, enojada com ele, o fato é que o conhecimento comum atrela o fim do feitiço ao beijo da princesa. Assim se deu comigo: bastou o beijo surpreendente daquela princesa da *Playboy* para que eu me tornasse um namorador desejado por muitas.

Desabrochei com aquele beijo. Meu ego inflou, me senti poderoso como nunca, e o beijo se converteu numa cura para a minha timidez, um remédio contra meu sentimento de inferioridade e minha baixíssima autoconfiança. Foi um presente que recebi dela. Só mais tarde a moça me contaria a razão do gesto que surpreendeu a todos, sobretudo a mim: ela era praticante de yoga. Uma devota de Shiva (não custa lembrar que Shiva é uma das principais divindades do hinduísmo, uma das mais poderosas, e também é o criador do yoga, com poder de gerar transformações na vida dos seus devotos). Pois naquele dia, ao entrar na lanchonete do irmão, ela viu Shiva em mim e não resistiu.

Pois viva Shiva e mais um feito extraordinário que o yoga produziu em minha vida. Virei um namorador a partir dali. Vivi uma fase de exploração da sexualidade, das relações sexuais e dos encontros.

Foi nesse mesmo período que eu e minha sócia na escola de yoga começamos a nos envolver. Eu com 19 anos, ela com 33 e duas filhas. Ambos unidos pelo interesse no yoga e na escola. Eu me dividia entre yoga e teatro, entre Guarulhos e Santana, na zona norte de São Paulo, onde ficava a escola. Foi com Izilda que conheci as belezas do sexo. Namoramos tanto que a escola faliu, afinal estávamos encantados com as descobertas da sexualidade.

Moramos juntos durante três anos e a considero minha primeira esposa, meu primeiro casamento. Mais uma decepção para a minha avó. Como se já não bastasse eu não ter seguido a igreja evangélica da qual ela fazia parte, também não tive o casamento formal imaginado. Além de não ter me tornado um pastor, como ela esperava, agora eu também estava ali, envolvido, apaixonado e vivendo intensamente com uma mulher bem mais velha, que inclusive já tinha sido casada. Na visão da minha avó, eu seguia um caminho completamente errado nas vidas amorosa e religiosa.

Mas não teve jeito. Saí de casa e fui morar com a Izilda, num apartamento que alugamos em Guarulhos. Minha avó chorou por três dias e três noites, sem parar. Ela havia assumido por completo o papel de mãe, pois minha mãe biológica havia se casado e vivia numa cidade distante. Eu pouco a via. Lamentei por minha avó, mas entendi que tinha de ir embora, não podia ficar. Era preciso seguir minha vida, seguir meu coração. Aprendi desde cedo a seguir meu coração – e logo cedo descobri que ele me apontava o caminho. E foi assim que fui morar com a Izilda.

Mas havia outros interesses. O yoga, mais tradicional, e o Swasthya Yoga eram as duas linhagens mais populares no Brasil na época. Enquanto eu me aprofundava no yoga, me especializei no Swasthya – que, em sânscrito, significa autossuficiência, saúde, bem-estar, conforto, satisfação. O mestre

DeRose sistematizou o yoga antigo ainda na década de 1960 e trabalhava intensamente para a sua popularização no Brasil e nas Américas. Eu me especializei nele, fazendo curso com DeRose, em São Paulo inicialmente e depois cursando uma especialização em Florianópolis. E bem jovem ainda, como sempre, lá estava eu dando aulas – substituindo um professor experimentadíssimo, o Valdir Júnior. Ele era espírita e ministrava aulas de yoga. Calmo, sereno, homem de palavras medidas e pausadas. Eu o achava o máximo, e foi um orgulho dar aulas em seu lugar.

Curiosamente, um dia peguei carona com aquele sereno professor, um ídolo para mim, de tão sábio e calmo, e, vendo-se fechado no trânsito, soltou o verbo de maneira descontrolada, intempestiva; chamou o outro para a briga! Admiti comigo mesmo: *Esse mundo não tem jeito; mais um exemplo de contradição, como aqueles pastores que pregavam o amor e tratavam mal suas esposas.* A hipocrisia era a sina. Assim eu julguei aquele que eu admirava, pois projetava nele uma imagem de perfeição, e, quando não correspondeu aos julgamentos do meu ego, atirei minhas pedras em pensamento (mal sabia eu que décadas adiante alguns alunos meus fariam o mesmo comigo).

E havia a escola gnóstica, que eu conhecera por meio do grupo do teatro, quando me apresentaram o livro *O matrimônio perfeito*. Durante o primeiro encontro de cultura alternativa, em Guarulhos, conheci o professor René, diretor da escola gnóstica. Ele viria a se tornar o principal professor da escola, e futuramente se tornaria meu discípulo, reconhecendo-me como mestre.

Comecei a dar aula de yoga na escola gnóstica depois de um certo tempo – estava já formado em Swasthya Yoga com DeRose e em yoga tibetano na escola gnóstica, além das aulas na Rosacruz e do teatro. E assim me dividia entre todas essas atividades e estudos e a vida intensa com Izilda. Foi uma época muito rica, de grandes experiências e muitas conquistas.

Foi o período também em que comecei a fazer práticas gnósticas, desenvolvendo poderes internos através de mantras, respirações e outras técnicas para realizar viagens astrais. Veio a telepatia, a capacidade de comunicar (ou receber comunicação) sem utilização de nenhuma comunicação direta verbal ou não verbal. Eu já havia tido uma primeira experiência extracorpórea: fiquei no teto vendo meu avô dormindo em sua cama, se levantando para ir ao banheiro, em seguida assistindo ao que se passava dentro de casa – e eu fora do meu corpo, vendo tudo aquilo.

Quando voltei ao meu corpo, me dediquei a praticar, exercitar, a sair conscientemente do meu corpo.

Até que o grupo de jovens do qual eu participava – aquele que se reunia na lanchonete Rancho Silvestre – assistiu a outra cena protagonizada por mim, e não era simplesmente um beijo da ex-garota da *Playboy*. O grupo realizava passeios conduzidos, acampamentos no interior de São Paulo. Um dia, fizemos um acampamento no sítio do namorado de uma das pessoas do grupo. No sítio havia uma grande mata preservada, e foi lá que montamos nossas barracas.

Naquele acampamento, durante os dias em que estaríamos reunidos, decidimos que cada um conduziria uma harmonização, uma espécie de meditação guiada. Cada um faria a seu modo, de acordo com sua orientação e sua escola. Quando chegou a minha vez, nos reunimos em torno de uma fogueira e fiz um mantra, com uma prática que eu aprendera na gnose. Era um relaxamento com mantra. Então, eis que o fogo subiu, subiu enormemente e depois baixou. Quando baixou, a floresta silenciou. Nenhum barulho, nenhum pássaro, nenhum movimento de árvores ou da noite. Foi por um instante, mas para todos ali presentes pareceu uma eternidade. Não parou aí, porém. Na sequência, toda a floresta falou simultaneamente. Isso mesmo, todos os bichos começaram a reagir. Não víamos nenhum animal, mas ouvíamos, e pareciam muitos e variados.

Não foi uma fantasia, porque as pessoas estavam lá. Não era um grupo pequeno: cerca de trinta pessoas assistiram àquele fenômeno. Mesmo acostumados a situações de espiritualidade elevada, apesar de todas as leituras do grupo sobre viagens astrais e outros fenômenos, as reações foram intensas e de enorme surpresa. Todas com um misto de encanto, choque, crença e descrença simultâneos. Eu mesmo me assustei, pois foi minha primeira demonstração efetiva de poderes paranormais.

No dia seguinte, quando acordamos, havia pegadas de animais e muitos olhares diferentes para mim. Já não bastava aquele beijo na boca do nada na lanchonete, de uma mulher que todos desejavam? O episódio no sítio de Atibaia, naquela floresta, com fogo e animais, agora era demais. E muitos começaram a fazer projeções em mim, a me ver como uma espécie de mago, um bruxo. Foi um atalho fácil para a subida e, posteriormente, para a minha primeira grande queda espiritual. Um empurrão no abismo, dado pela soberba e pela vaidade.

Capítulo 6

Dos poderes paranormais ao sucesso das terapias holísticas

Eu já não era qualquer um. Ainda era Janderson, sem dúvida, mas não mais aquele modesto, tímido, inquieto e inseguro buscador. Era um Janderson diferente, capaz de escalar uma espécie de montanha do conhecimento, da espiritualidade, do despertar da consciência. Era também um Janderson capaz de se credenciar como um inspirador daqueles que estavam ao meu redor. A modéstia, naquele período, não era um dos meus atributos mais fortes: sim, eu já não era qualquer um.

Havia nessa constatação, porém, uma presunção dupla, a união ao mesmo tempo magnífica e aterradora entre um grau especial de espiritualidade – crescente à medida que também avançavam meu conhecimento, minhas práticas e minhas múltiplas atividades em meio a tantas matérias e interesses simultâneos – e o peso da soberba e da vaidade, alimentadas pelos meus próprios feitos naquela juventude recém-modificada. E os feitos não se resumiam às aulas, ao aprofundamento da consciência e à demonstração da sabedoria, que avançavam conforme avançavam meus estudos. Eles iam além e chegavam também aos meus poderes paranormais.

Como contei no capítulo anterior, tudo havia começado com o episódio no sítio de Atibaia, para onde nosso grupo tinha ido numa das séries de encontros espirituais que promovíamos. Aquele fogo alto e ardente se unia ao barulho e às pegadas de animais na memória e na admiração dos jovens que lá estiveram. O grupo passou a crescer a cada viagem. De um começo razoavelmente modesto, formado por 10 ou 12 pessoas, àquelas 30 em Atibaia, novos encontros passariam a ter 40, depois 50 buscadores.

Era mais ou menos esse o número de pessoas que foram para Silveiras, município que fica no Vale do Paraíba, interior de São Paulo, cheio de lentidão e paz, como muitas das cidades do Vale Histórico, entre as serras da Mantiqueira e da Bocaina. Ali a família de uma amiga nossa cedia um sítio para nossos acampamentos, um lugar bacana e propício para os encontros. Depois até o prefeito, que era parente dessa mesma amiga, cedeu-nos uma escola do município.

Os acampamentos eram disputados, mas eu e Izilda não estávamos bem. Havia um descompasso fadado a uma crise conjugal: ela, no auge da maturidade, com duas filhas e todas as questões inerentes ao processo individual de dúvidas e reflexões, se debatia entre os seus próprios questionamentos e a vida comigo – um moleque, podia-se dizer. Izilda estava em dúvida se prosseguia ou não nosso relacionamento.

Naquela época, motivado pela escola gnóstica, eu usava no pescoço um colar com um pentagrama esotérico que ficava à altura do peito. Era um tetragrammaton, diferente do pentagrama comum, pois tem outros símbolos ligados a ele. Os primeiros cristãos tinham o pentagrama como símbolo das cinco chagas de Cristo, já para os esotéricos e pagãos, é a representação de cinco elementos: terra, ar, água, fogo e espírito. Na Idade Média, o pentagrama era um amuleto contra os espíritos malignos e os efeitos das bruxarias. No ocultismo, que ganharia força na contracultura dos anos 1960, o pentagrama invertido era uma representação do plano espiritual que se manifestava no material.

Eu usava o pentagrama típico dos primeiros cristãos. Raramente tirava o símbolo do meu pescoço, e foi assim que todos passaram a me reconhecer com ele. O pentagrama passou a ser símbolo da minha presença, a imagem que me representava. E Izilda sentia isso mais do que ninguém.

No dia da grande crise entre nós, em Silveiras, ela saiu correndo pelo mato – sozinha, chorando, angustiada por não saber direito o que fazer, se ficava comigo, se me abandonava e seguia a vida sem mim, ou alguma alternativa não claramente apresentada para si mesma. Na mata, perguntando para o universo o que deveria fazer, Izilda achou um pentagrama feito de madeira. Era enorme, com cerca de um metro de altura. Parecia ser a resposta que buscava. "Olhe o que achei na mata quando perguntei se eu deveria ficar ou não com você", disse-me ao voltar. A resposta havia chegado até ela: sim, deveria ficar comigo.

Parecia, e ainda hoje parece, quase impossível não se envaidecer diante de situações assim, que se repetiam com enorme frequência. *Sou poderoso mesmo*, eu pensava comigo a cada sincronicidade desse tipo. A ideia de que eu era "o cara" se reafirmava tanto nos exemplos de superpoderes como no próprio exercício da liderança sobre aquele grupo de jovens buscadores, na euforia das minhas aulas e no despertar da atração que eu inspirava, em todos os sentidos.

A vaidade me deu trabalho, e também barrou o avanço do meu relacionamento com Izilda. Passou-se um bom tempo daquele episódio do pentagrama encontrado na mata em Silveiras, mas no fim das contas ela desistiu e me deixou. E a sua decisão reabriu em mim a ferida da minha primeira paixão – Mércia –, que eu julgava estar curada. Eu tinha feito terapia e, durante anos, achava que tudo estava superado, que as feridas estavam cicatrizadas e esquecidas. Tanto que eu mesmo me dera alta na terapia que fazia com César. Tudo parecia de fato esquecido, mas que nada... Velhos fantasmas ressurgiram.

O fim do relacionamento com Izilda reabriu a ferida em tal grau que o sofrimento chegou muito, muito maior. Uma dor profunda de rejeição, uma depressão difícil de lidar, um sentimento daqueles que nos deixam com a sensação de vazio; eu me sentia um nada. A depressão é um sintoma do amor represado, do amor guardado no cofre, do coração fechado. Esse fechamento, esse bloqueio da energia, acaba por mudar a química do cérebro. O amor é a própria seiva da vida, pois faz tudo crescer e prosperar. Se o amor não está circulando no sistema, inevitavelmente os níveis de dopamina e serotonina, entre outros hormônios, ficam baixos, e, portanto, ficamos deprimidos. Esse estado vai dificultando cada vez mais a abertura do coração e a busca de saídas para o problema. Entra-se em um círculo vicioso.

Um denominador comum entre os quadros depressivos é o sentimento de solidão, de desencaixe, de falta de sentido na vida, e, no mais profundo, de uma tristeza sem causa. Existe um isolamento, pois a pessoa não consegue se relacionar com o mundo. Ela faz as coisas porque está no automático, mas não está ali. A alma não está presente porque está aprisionada, encontra-se numa redoma: não se relaciona nem se expande. Parece que um dos pilares da angústia existencial que permeia a vida humana é não se sentir pertencente, é se sentir isolado, separado. Nisso reside o fracasso, o sentimento de que *eu não dei certo*. O sofrimento que se carrega está relacionado a esse fechamento.

Era assim que eu me sentia. Do grande poderoso para muitos, mago ou bruxo para outros, querido e admirado por todos, converti-me na pior das criaturas, rastejando-me no chão, como um rejeitado empurrado para a sarjeta. Acima de tudo, senti-me sozinho e triste. A queda foi profunda mais uma vez. E, assim, tudo passou a dar errado novamente na minha vida. Não conseguia mais trabalhar, não ganhava dinheiro, não fazia nada além do básico. Desci ao fundo do poço.

Anos mais tarde, eu refletiria mais sobre isso e escreveria sobre o que chamo de "bendita crise". Chega um momento em que os amortecedores deixam de ser eficazes, assim como a droga que gera tolerância e requer doses cada vez maiores para produzir o efeito desejado. Nesse caso, os efeitos colaterais passam a ficar insuportáveis, e o risco de uma overdose se torna iminente. Parecia ser o meu caso diante daquele sofrimento após o abandono de Izilda – e logo depois de eu me achar tão poderoso. No entanto, muitas vezes é necessário chegar a esse nível de sofrimento para que, por meio de um impulso de vida, encontremos as forças necessárias para a transformação. Ao chegar a esse ponto, vemos que existe apenas uma escolha: ou mudamos ou morremos.

Quando me refiro à morte, nesse caso, é no sentido de viver sem alegria e sem prazer – isso é o mesmo que morrer. Eu estava assim naquele momento em que as feridas foram reabertas e revividas. Sem ânimo, sem energia, sem alegria e sem prazer, com um vazio existencial, eu mergulhava num sofrimento profundo. Há momentos em que só o sofrimento gera o impulso da transformação. Quando escrevi meu livro *Propósito*, muitos anos mais tarde, ressaltei que, no sentido mais profundo, as crises podem ser positivas. Não importa se é um câncer, uma dor de estômago ou uma crise existencial profunda. Se existe uma crise agora, é porque alguma coisa já estava errada muito antes de ela se manifestar. Até o momento em que a crise vem à tona, tudo parece estar bem, tudo parece "normal". Antes que os sintomas surjam, você aparenta estar saudável, mas a verdade é que a doença (que também é uma forma de crise) já estava em processo de instalação no seu sistema havia muito tempo. Portanto, a crise é uma eclosão, a exposição de algo que estava submerso, mas que vinha se fortalecendo por maus hábitos, condicionamentos e comportamentos contaminados pelo medo.

Vendo por esse ângulo, descobrimos que a crise é uma bênção: se examinarmos o que está por trás dos sintomas, teremos a chance de reconhecer e tratar a doença em sua origem. Portanto, ela é uma oportunidade de cura e crescimento.

Minha doença naquele momento tinha muito a ver com a vaidade, e estava igualmente relacionada com feridas ancestrais abertas e não cicatrizadas. Como eu perceberia mais tarde, quanto maior o império construído pelo ego, maior o estrondo. Quanto maior a conquista material, maior a comparação entre o que se conquistou fora e o que não se conseguiu alcançar internamente. Se há um império fora, mas ainda não há nada dentro do seu ser, você cai em desespero. No meu caso, meus grandes poderes paranormais ajudaram a alimentar a falsa sensação de poder em outras esferas da vida. São caminhos distintos, porém.

A vaidade é perigosa. Uma vez citei o filme *Advogado do diabo*, com Al Pacino, Charlize Theron e Keanu Reeves. Há uma frase nele dita pelo próprio diabo: *a vaidade é meu pecado predileto*. Se formos sinceros com nós mesmos, talvez consigamos perceber que o que nos impede de nos arrepender e perdoar aqueles que de alguma forma nos machucaram é a vaidade que carregamos. Podemos traduzi-la como uma obstinação, um apego profundo a um ponto de vista. Ela funciona como uma grande distração, fazendo-nos acreditar que somos melhores do que os outros, que estamos certos e eles errados, alimentando nossa autoimagem distorcida. Junto à obstinação e ao medo, ela dá voz a uma intencionalidade negativa, que faz com que criemos – sem nem nos darmos conta – situações de sofrimento. É ela que diz que sabe o que é bom para nós e quer seguir na contramão, em vez de se render ao fluxo da vida. É ela que impede a nossa entrega ao mistério.

Como todas as manifestações do eu inferior, a vaidade – que é um aspecto do orgulho – está a serviço de proteger dores com as quais não queremos mais ter contato. O curioso é que a única forma de conseguirmos ser felizes de verdade é justamente entrando em um acordo com nosso passado, com todas essas marcas dolorosas que geraram uma profunda ferida em nosso sistema. Somente conseguindo perdoar e agradecer de verdade tudo de bom e tudo de ruim que vivemos, é que poderemos nos libertar desses mecanismos de defesa, dessa necessidade de nos defendermos da vida. Mas para isso acontecer é preciso admitir que a única pessoa que impede a felicidade somos nós mesmos. E é justamente nessa hora que a vaidade entra em ação, sustentando a mentira de que os outros é que são os culpados da nossa miséria.

Precisamos compreender que, enquanto não pudermos perdoar verdadeiramente quem nos feriu, precisaremos do orgulho para nos proteger. E precisaremos também fingir ser quem não somos para ter reconhecimento, nos sentirmos importantes, chamar atenção, buscando aliviar as mágoas de não termos sido reconhecidos e amados como precisávamos no passado. Como se libertar dessa criança ferida e ajudá-la a se livrar do passado? Cada caso é um caso, mas a necessidade é a mesma: encontrar seu lugar no mundo. E como isso é possível? Colocando nossos talentos a serviço do amor, podendo, assim, nos sentir verdadeiramente pertencentes, verdadeiramente preenchidos e alegres.

Busquei ir atrás do meu lugar no mundo, mas naquele momento ainda faltaria muito para encontrá-lo. Consciente da queda profunda naquele abismo da vaidade, resolvi pesquisar outras coisas. Joguei tarô, joguei búzios, fui ao candomblé e à umbanda, tudo em busca de conforto e respostas. Buscava no tarô ou nos búzios a energia que me faltava. Até que, passando de terreiro em terreiro, visitando, jogando, buscando, conheci um pai de santo especial. Minha memória me prega peças, por isso só me lembro de seu primeiro nome: Otávio.

Pois Otávio, um homem de cabelos brancos, palavras firmes e gestos generosos, era um vidente muito bom e passou a ser uma espécie de mentor em meio àquele período de sombras. Melhor: ele já tinha lido todos os livros que eu lera em meu caminho de estudos, buscas e descobertas. Otávio me ajudou muito, inclusive a me segurar para não fazer uma magia sombria a fim de trazer Izilda de volta para mim. Eu queria isso a todo custo, não conseguia viver sem ela, estava mesmo desesperado. Mas ele me conteve e me deu sustentação. Apesar disso, o desespero persistiu, durou bastante tempo. Um tempo que hoje não sei precisar, mas foi longo. Voltei para a terapia do César, que me ajudou novamente.

O fato é que Izilda foi embora, e entregamos o apartamento que alugávamos juntos em Guarulhos. Voltei então para São Paulo e fui morar com minha tia Janete, aquela que me apresentara anos antes à Rosacruz. Não contei antes, mas tia Janete era lésbica, morava com uma mulher, frequentava boates que hoje chamaríamos de LGBTQIAPN+, e me apresentou um novo mundo. Queria que eu conhecesse o universo gay, junto com ela e com sua companheira. Aquela diversão foi interessantíssima e me ajudou a esquecer o desespero e a superar a falta de energia. Eu não tinha motivação, embora avançasse no yoga e ainda estivesse dando aula de ocultismo na escola gnóstica, onde me consagraria sacerdote muito jovem.

Tia Janete me distraía para eu me recuperar da paixão e da dor, arrumava namoradas para mim, e foi só aos poucos, muito aos poucos mesmo, que comecei a sair das sombras e daquela fossa brutal. Mas o buraco emocional estava lá, como meu parceiro preferencial. Um dia, minha tia viajou para a Suíça com a companheira e fiquei sozinho na casa dela. Na verdade, eu e o gato delas. E eu sem energia, sem motivação e também sem comida. Isso mesmo, os dias foram passando e a comida foi acabando, no mesmo compasso da minha depressão e falta de atitude. A certa altura, só havia um pedaço de cebola na geladeira. Mais nada. Era uma cebola para mim e para o gato. Naquele momento, bateu um desespero ainda maior. Simbolicamente, então, realizei um ato de entrega e honestidade dentro de mim: tirei a roupa e, nu, fiz uns mantras para Lakshmi, a deusa hindu da riqueza, da prosperidade, da abundância, da fortuna.

Terminada a prática, tocou o telefone. Era uma amiga chamada Silvia, que fazia aniversário naquele dia. "Joga tarô para mim?", pediu-me. Eu aprendera sobre o tarô com o pai de santo Otávio e passara a jogar para pessoas conhecidas. Também fazia atendimento com medicina gnóstica, chamada elementoterapia, que é a medicina esotérica com uso de plantas, chás, tinturas, além de mantras, energias curativas e poderes paranormais. Eu ajudava muitas pessoas, e fazia isso de graça, como algo do coração ou como *hobby*. No entanto, era incapaz de ajudar a mim mesmo.

"Joga tarô pra mim? Quem sabe isso me dá alguma luz no dia do meu aniversário", insistiu minha amiga, diante do meu silêncio deprimido do outro lado da linha. "Vou ter de cobrar por esse tarô, porque estou sem um tostão", respondi. "Não tenho dinheiro sequer pra comer", emendei, torcendo para ela não achar que era desculpa. "Tá bem", ela concordou.

Eu tinha um vale-integração, que era o que se usava na época para pegar metrô e ônibus numa só viagem. Ocorre que eu já tinha usado o trecho do metrô – só restava então o passe para pegar um ônibus, o restante da viagem eu teria de fazer a pé. Pois fui pegar o ônibus e encontrar minha amiga para jogar o tarô para ela. E não é que, no chão do ônibus, meio escondido embaixo de um assento, encontrei um bolo de dinheiro? Não chegava a ser uma fortuna, mas era o suficiente para comprar comida e passar o restante da semana, até a minha tia chegar de viagem.

Fui salvo pela cebola solitária, pelos mantras, por Lakshmi, pelo tarô da minha amiga, pelo dinheiro encontrado no ônibus ou por tudo isso ao mesmo tempo, numa sucessão de alívios. Cheguei à casa de minha amiga e vi que ela não estava sozinha. Havia mais cinco pessoas, e joguei tarô para todas elas. Cobrei das cinco, sem prurido de consciência. Voltei melhor para casa.

Certo dia, minha amiga Silvia me apresentou uma cafetina, dessas que eram contatadas por grandes políticos e empresários. Chamava-se Renata, uma gaúcha que tinha uma agenda repleta de garotas de programa. Renata gostou de mim e me pediu que eu ajudasse suas meninas. Passei a atender aquela mulherada toda, que todos os dias se relacionavam com homens poderosos em busca de prazer.

A cafetina virou minha amiga e, como tal, era chegada a uma boa sinceridade. "Olha, Janderson", ela me cutucou um dia, "se essas coisas que você faz funcionassem mesmo, você daria um jeito nessa puta da sua vida". Foi um tapa na minha cara, com um grau bastante inédito. "Você aí na pindaíba e ajudando outras pessoas. Por que não se ajuda?", questionou. Curiosamente, na semana seguinte apareceram mais pessoas pedindo que eu jogasse tarô. E depois mais cinco...

E assim segui em frente. Meus caminhos continuavam a ser variados. Do yoga e da medicina gnóstica, passando pelo tarô, passei a percorrer outros caminhos no universo das terapias alternativas. Aprofundei-me no estudo do tantrismo, com o professor Levi Leonel, e me preparei para virar instrutor em terapias tântricas. Leonel também trabalhava no Instituto de Pesquisa de Fenômenos Parapsicológicos, que funcionava no bairro da Aclimação, na região central de São Paulo. O instituto estudava fenômenos parapsicológicos e era também uma clínica de medicina psicossomática. O professor estava deixando seu posto para criar um centro próprio. Precisava, então, achar um substituto e me perguntou se eu topava ficar em seu lugar.

Topei, claro. E fui lá conhecer o dono da clínica, um hipnólogo que trabalhava com regressão de vidas passadas chamado Max Nascimento. Eu era um jovem de 22 anos, ele, um senhor que já passara dos 70 e experientíssimo no assunto. O homem era uma sumidade, e em sua ficha constava que já havia atendido cerca de 30 mil pessoas. O fato é que aquela sumidade gostou de mim e me contratou. Ali passei a trabalhar com terapia tântrica, fazia massagem tântrica, trabalhava com alinhamento de chacras, aromaterapia e tudo aquilo que eu aprendera a fazer e fazia de graça, por amor àquelas atividades e às pessoas conhecidas. A partir dali, porém, começava de fato a cobrar.

E deu-se então outra guinada na minha vida.

Um dos clientes do Max Nascimento era Luiz Gasparetto, conhecido psicólogo e médium. Gasparetto havia conquistado reputação mundial no fim da década de 1970 e, naqueles anos 1980, por excursionar pela Europa com Elsie Dubugras, tentando mostrar que trabalhos de artistas plásticos famosos – como Renoir, Da Vinci, Rembrandt, Toulouse-Lautrec, Modigliani, Picasso, Monet, entre outros – teriam sido realizados através de sua mediunidade. O médium depois romperia com a doutrina espírita e se dedicaria a projetos ligados à psicologia, à autoajuda e à espiritualidade, escrevendo livros e ministrando cursos. Gasparetto tinha um programa de rádio naquela época, que era um sucesso absoluto. Fui a esse programa para ser entrevistado pelo médium e psicólogo famoso. A convite dele, falei da minha terapia.

Foi um estrondo. O programa tinha uma audiência fantástica, e, pelo visto, meu desempenho na entrevista pareceu arrasador para o público de Gasparetto. Resultado: tinha fila de gente para ser atendida por mim na clínica do Max Nascimento. Tanta gente que eu não dava conta. Criei um curso em que eu ensinava coisas que aprendera na gnose, no yoga, na Rosacruz. Falava sobre chacras e terapias das quais eu entendia e atendia. Formei muita gente com aquele curso.

Com o sucesso recém-adquirido, a revista *Planeta* – uma publicação da época que abordava temas como esoterismo, ufologia, parapsicologia e política ambiental e cujo primeiro editor foi o grande escritor Ignácio de Loyola Brandão – resolveu escrever sobre mim, uma reportagem de cinco páginas sobre meu trabalho. Mais um resultado imediato: nas semanas seguintes, novas filas se formavam, com centenas de pessoas querendo ser atendidas por aquele terapeuta de tantos métodos e práticas. Bombei, passando a fazer mais de dez atendimentos por dia.

Quando surgia alguma folga, ia para a mata com um professor de elementoterapia para fazermos fitoterápicos. Tínhamos trabalhos mágicos com elementais. Enquanto esse professor encantava uma cobra cascavel, eu cantava mantras. Ele tirava da cobra o veneno para fazer remédio para nossos pacientes que tinham câncer. A ciência natural se juntava à ciência do sobrenatural, práticas, métodos e conhecimento se uniam num amálgama heterodoxo de saberes.

Depois da grande fossa e de descer ao fundo do poço empurrado pela vaidade e pela soberba, minha energia havia voltado. A alegria e a intensidade, também. Eu subira às alturas e a queda fora igualmente enorme, mas a volta à vida me reservava sucesso e luz. Naqueles vinte anos e mais descobertas, eu abriria caminho para uma poção mágica que seria responsável por novas e contínuas mudanças em minha vida. E poderia voltar a dizer mais uma vez: *não, decididamente eu não era qualquer um.*

Capítulo 7

Descobrindo a Ayahuasca e os muitos estágios da consciência

Havia muita magia nos trabalhos realizados com elementais da natureza naquele ano de 1988. Toda semana deixávamos nossos trabalhos, nossas aulas e estudos para ir até alguma floresta, ir à mata e lá colher plantas, que logo se convertiam em remédios, na arte de curar e de despertar entidades espirituais relacionadas com os elementos da natureza.

O grande mestre Samael Aun Weor já havia nos alertado sobre a Ayahuasca, ao afirmar que ela nos ajudaria tremendamente em nosso estudo de elementoterapia. Certo dia, o professor René, na época diretor da escola gnóstica de São Paulo, e um instrutor e médico gnóstico chamado Eider, realizaram o primeiro preparo de Ayahuasca, inspirados por uma receita deixada pelo mestre Samael. Não funcionou. Foi então que René seguiu buscando e descobriu que duas religiões eminentemente brasileiras – a União do Vegetal (UDV) e o Santo Daime – utilizavam a mesma medicina espiritual.

A palavra *Ayahuasca* é de origem indígena. Vem do quéchua, família de línguas indígenas dos Andes e da Amazônia. *Aya* quer dizer "pessoa morta, espírito"; *waska* significa "corda, liana, cipó ou vinho". O chá da Ayahuasca consiste na infusão do cipó *Banisteriopsis caapi* e das folhas do arbusto *Psychotria viridis*. Segundo as tradições xamânicas, o cipó é o elemento masculino; a folha, o feminino. Seu uso ancestral remonta à medicina popular de povos rurais do Peru e da Colômbia. Mais tarde, religiões reelaboraram as tradições antigas, com influência do cristianismo, do espiritismo kardecista e de religiões afro-brasileiras.

Naquele momento, porém, no Brasil, apenas a União do Vegetal e o Santo Daime faziam uso desse chá, e tinham rituais bastante definidos. A União do Vegetal foi fundada em 1961 por José Gabriel da Costa, mais conhecido como Mestre Gabriel. O Santo Daime foi criado bem antes, em Rio Branco, no Acre, pelo seringueiro neto de escravos Raimundo Irineu Serra, o Mestre Irineu, no início da década de 1930.

Na fronteira entre o Brasil e a Bolívia, nos seringais dessa região da Amazônia, a doutrina da União do Vegetal foi selada quando Mestre Gabriel reconheceu sua missão espiritual ao beber pela primeira vez o chá que chamaria de Vegetal. Seus primeiros trabalhos de consolidação da sociedade que criou se deram em Porto Velho, no estado de Rondônia. Já Mestre Irineu tomou a bebida na região de Brasiléia, no Acre, quando ouviu uma voz mandando entrar na floresta e passar oito dias se alimentando apenas de macaxeira insossa, sem contato com mulheres e apenas bebendo o chá. Cumprindo fielmente as instruções, a certa altura lhe apareceu Nossa Senhora da Conceição, com um pedido claro que se converteria na sua missão a partir daquele momento: desenvolver trabalhos espirituais utilizando a bebida como meio de cura e elevação espiritual. Mestre Irineu foi aos poucos estabelecendo uma nova doutrina espiritual, incorporando à bebida original o Raio Crístico, ou seja, fazendo com que a egrégora espiritual ligada ao Mestre Jesus Cristo estivesse a serviço dos trabalhos espirituais com o chá, diferenciando-a, portanto, da sua forma original, não apenas na forma ritualística, mas também nos planos sutis.

Em ambas as religiões – União do Vegetal e Santo Daime –, o chá é o instrumento de acesso ao mundo espiritual, servindo de cura e conhecimento.

O uso ritualístico de substâncias enteógenas é parte da tradição dos povos indígenas – da Amazônia ao sul dos Andes. A Ayahuasca é utilizada por mais de setenta etnias indígenas da Amazônia, como Puyanawá, Shanenawa, Shawãdawa, Kaxinawá, Yaminawa, Sharanawa, Ashaninka, Airo-pai, entre muitas outras de cultura xamã. Na cultura indígena, quando se está em um estado normal da percepção, só é possível ver os corpos e suas utilidades. Já nos estados expandidos de consciência é que se descobre o outro lado da realidade, percebendo os espíritos que habitam as plantas e os animais. Não é só a percepção do lado oculto da realidade que o consumo da Ayahuasca permite; ela possibilita também a percepção da igualdade e da unidade entre os seres. Entre as culturas indígenas, o verdadeiro aspecto da vida na Terra é aquele contemplado nas visões sob o efeito do chá. A planta revelaria as coisas como realmente são – a essência, portanto, dos seres.

Havia, naqueles anos 1980, algumas iniciativas das duas religiões de levar seus rituais e suas doutrinas para além da Floresta Amazônica. O professor René, da escola gnóstica, não só descobrira que as duas instituições religiosas faziam uso do chá, como viu que existia uma comunidade do Santo Daime pertinho de nós, em Itapecerica da Serra, chamada Flor das Águas. Dirigida na época por Pedro Malheiros, a Flor das Águas foi a primeira igreja do Daime em São Paulo. E ele queria que um grupo da escola conhecesse o Daime e a Ayahuasca.

René foi na frente conhecer e depois me levou junto. Primeiro conheci o Daime. Mais adiante, conheceria a União do Vegetal e, em seguida, a Ayahuasca. O mesmo chá é utilizado em diferentes egrégoras espirituais e, portanto, em diferentes liturgias.

Foi o início de uma longa história que vivi e vivo com o chá. Deu-se ali, na Flor das Águas, em Itapecerica da Serra, meu primeiro contato com a bebida, e tomei o chá pela primeira vez em 1990. Nada aconteceu, porém. Nada senti de especial ou diferente naquela primeira sessão. Ao contrário, fiquei observando a experiência dos outros, os gestos, os movimentos, os atos de cada pessoa naquele ritual. Não deixou de ser frustrante aquela experiência – que se deu no nível do ego, porque, como sabemos, a natureza do ego é julgar. E, quando julgamos, a razão impede o acesso e o afloramento do verdadeiro *ser*, do amor.

Não parei de julgar naquela primeira visita a Itapecerica da Serra. Incomodei-me com a roupa diferente que as pessoas usavam – era, afinal, uma tradição religiosa, e, segundo essa tradição, os homens usam uma farda, com terno branco e gravata, enquanto as mulheres usam saia e coroa na cabeça. Tudo isso no meio do mato, o que me pareceu uma imagem um tanto ridícula. Eu, que me achava o máximo como professor de yoga tântrico, pensei: *se eu posso fazer um bem para esse povo, é chamar a polícia.*

Para mim, com o meu julgamento ignorante da época, todos estavam apenas se drogando no meio do mato, uma cena da qual eu precisava escapar na primeira oportunidade. *Nunca mais volto aqui*, pensei também. Fiquei decepcionado com meu amigo da escola gnóstica, por me conduzir ao que eu julgava, naquele momento, ser uma roubada. Para o professor, seria uma forma de termos acesso a um processo de expansão da consciência, que possibilitasse ao grupo se aprofundar nos mistérios da natureza, já que frequentemente íamos à floresta colher ervas para fazer medicina alternativa. Aquilo, segundo ele, permitiria que entrássemos no mundo mágico, e nos ajudaria tremendamente. Mestre Samael, o inspirador da escola gnóstica, já não estava vivo, mas deixara uma receita para enxergarmos o sutil da natureza, entrar em contato com o espírito das plantas e descobrir uma verdade oculta.

A meu ver, no entanto, tudo não passava de uma seita formada por pessoas fanáticas, um ritual careta e piegas que tão somente incorporava uma droga alucinógena. Eu pensava: *estamos em busca de algo sagrado que nos ajudará a entrar em contato com o mistério da vida. É isso o sagrado?* Era um questionamento típico de quem fizera uma viagem no nível do ego. De quem se achava muito superior a todas as outras pessoas. Eu não tinha ainda humildade suficiente para respeitar aquela prática religiosa, seus símbolos, a sacralidade da bebida, para poder acessar também outros estágios de consciência e conexão com o divino. E foi assim que, naquele momento, fiz a promessa de nunca mais voltar.

Um "nunca" que não durou mais do que um mês, visto que pouco tempo depois estaria eu usando a mesma farda. A ida a Itapecerica da Serra pela primeira vez foi em junho de 1990. No início de julho, porém, aconteceu algo que até hoje não consigo explicar, por mais que tente. Eu morava no bairro de Higienópolis, próspero bairro da região central de São Paulo, para onde minha tia, sua companheira e eu havíamos mudado pouco antes. Estava no apartamento, sem fazer nada especial, lendo um livro qualquer, e essa é a minha última lembrança concreta. Depois disso, quando dei por mim, lá estava eu numa estrada de terra, já próximo a Itapecerica da Serra, com uma mochila nas costas, caminhando em busca de carona para fazer minha segunda visita à igreja Flor das Águas. Até hoje, como eu disse, não sei como fui parar naquela estrada. Era uma tarde de início de inverno, e eu ia a pé, rumo ao meu segundo trabalho de Daime. Lembro que peguei carona com um senhor que seguia para lá, numa Brasília de cor creme, um dos carros populares da época. Era Marco Antônio da Silveira, um pai de santo do candomblé que fazia parte do grupo e que, meses depois, se tornaria um bom amigo.

Fiz, então, minha segunda sessão e percebi que havia algo de especial ali. Não entendi direito ainda o que era, mas sabia que havia algo. A consciência expandiu-se um pouco, é fato. E naquela segunda visita constatei que precisava voltar mais uma vez. Se na primeira ida eu havia sido um convidado, e na segunda alguma força externa me levara de maneira incerta, na terceira retornei movido pela minha própria escolha, vontade e consciência: combinei com Marco Antônio e ele próprio me levou de volta a Itapecerica.

Na terceira sessão fiquei de "ponta-cabeça", termo usado para tentar explicar a intensidade da experiência. Até hoje me faltam palavras para descrevê-la. Nada de julgamento, nada de mais do mesmo, nada de nada – apenas tudo. Vomitei muito (às vezes, algumas purificações podem se dar por meio de vômitos), pus muito para fora, vi muito de mim e do meu passado ali. Purifiquei-me de sentimentos e questões mal resolvidas, passei minha vida a limpo, meu passado, meu pai, minha mãe, me libertei de feitiçarias e de um passado que transcende esta biografia. Abri minha consciência como em nenhum outro momento até ali.

O chá abriu minha visão de tal ordem que virei do avesso: naquele dia, meu canal se abriu e comecei a cantar hinos que eu não conhecia; comecei a falar línguas que eu não falava; retornei à infância, enxergando problemas e cicatrizando feridas que eu, aparentemente, só aparentemente, já esquecera. E tudo ressurgiu com clareza, com entendimento, reabrindo uma nova fase em minha vida. Foi um encontro profundo comigo mesmo. Numa só sessão, revisitei as escolas por onde eu tinha passado, reli todos os livros que eu tinha lido, voltei aos trechos de *A terceira visão* e de *Entre os monges do Tibete*, de *O matrimônio perfeito*, de todos os livros do Mestre Samael e tantas outras obras que haviam ancorado meus estudos nos anos anteriores.

Então, tudo aquilo começou a fazer sentido – um só sentido. O yoga, a Rosacruz, a escola gnóstica, as experiências tântricas, o esoterismo, o cristianismo, o ocultismo, as religiões afro-brasileiras, todas as frentes de conhecimento e autoconhecimento nas quais eu havia mergulhado, a partir dali, pareciam mais unidas entre si, como uma teoria única e ao mesmo tempo diversa, múltipla. Comecei a juntar todas as peças, e aquele conhecimento que havia adquirido foi se transformando em entendimento, em compreensão.

Justamente naquele momento eu estava sendo preparado para assumir a direção da escola gnóstica em São Paulo, pois o professor René ia se mudar para outra cidade e precisava encontrar um nome para substituí-lo e assumir o centro. Seria uma promoção e tanto, em todos os sentidos. No entanto, abri mão dessa mudança em favor de outra, que no momento considerei muito maior. Tive de seguir meu coração mais uma vez, e ele dizia para eu abandonar tudo e ficar só com o Daime. Eu só não abandonaria o yoga, já àquela altura absolutamente incorporado ao meu dia a dia, ao demarcar a conjugação entre a filosofia teórica e a filosofia prática da vida que ele representa: os exercícios psicofísicos, os exercícios respiratórios, as meditações, os mantras e, especialmente, a filosofia de vida. Nada disso do yoga eu abandonaria, mas sim todas as outras atividades e compromissos. Eu não teria mais condições de me dedicar a outros estudos ou atividades que exigissem tempo e esforço.

Fui tomado ali pelo Daime. O Daime tocou meu coração com tal profundidade que não fazia mais sentido eu me dividir com qualquer outra coisa. Mergulhei fundo no que ele representava em termos de transcendência, de autorreflexão e autoconhecimento. Encantei-me com a forma com que o chá promove o estado de miração – a experiência visionária que a bebida provoca. O verbo "mirar", vale dizer, corresponde a olhar, contemplar.

Reconheço as dúvidas, os mitos, as polêmicas e, por que não, os riscos do uso inconsciente e distorcido dessa sagrada bebida. Não é à toa que o seu consumo no Brasil é autorizado pelo Conad, o Conselho Nacional de Políticas sobre Drogas, somente em cerimônias religiosas e assistidas.

O efeito psicotrópico da Ayahuasca inclui experiências visuais e auditivas, resultado da combinação de substâncias presentes nas ervas, que têm ação direta no sistema nervoso central. Os alcaloides presentes nas plantas utilizadas na sua preparação são poderosos. O chá de Ayahuasca contém a chamada DMT (dimetiltriptamina), princípio ativo que age no sistema nervoso central e pode provocar visões psicodélicas.

Desde a sua popularização para além dos rituais indígenas, muito se tem estudado sobre os efeitos da Ayahuasca e, em particular, da DMT. Não são poucas as pesquisas que apontam riscos, por exemplo, para quem já tem transtornos neurológicos, como epilepsia e esquizofrenia, casos em que pode favorecer o desenvolvimento de surtos e paranoia. Tomar o chá em tratamento com alguns medicamentos antidepressivos pode gerar efeito potencializado e desencadear convulsões. Cardiopatas podem ter aumento de arritmia cardíaca. Hipertensos podem enfrentar aumento da pressão arterial.

Muitas outras pesquisas mostram seus efeitos positivos, como, por exemplo, em pacientes com depressão resistente a medicamentos tradicionais. Uma pesquisa sobre os efeitos da DMT, conduzida pela Universidade Complutense de Madrid (Espanha) e publicada no jornal *Translational Psychiatry*, chegou a apontar que a DMT promove não apenas a formação de novos neurônios como também a de outras células neurais, como astrócitos e oligodendrócitos, que têm importantes funções no sistema nervoso: os astrócitos são responsáveis pela sustentação e nutrição dos neurônios; os oligodendrócitos, por sua vez, são responsáveis pela produção da bainha de mielina, que funciona como uma capa isolante de proteção dos neurônios. Ou seja, o que a ciência está hoje podendo comprovar é que essa substância, quando corretamente administrada, promove transformações neurais, permitindo ao indivíduo, que faz uso dela em ambiente seguro e não recreativo, realizar mudanças profundas em seu mundo interior.

Ciência tradicional à parte, mas certamente considerando as explicações científicas de como seus elementos agem no cérebro, a Ayahuasca conduz a uma modificação no estado usual de consciência – daí a razão de falarmos em expansão da consciência. Nesse processo, temos acesso a imagens, cheiros, cores, símbolos geométricos, que nos levam a uma experiência com estágios e níveis diversos. O psiquiatra Stanislav Grof, um dos pioneiros da pesquisa psicodélica nos anos 1950 e 1960 e um dos criadores da psicologia transpessoal, explica isso nos seus trabalhos sobre as cartografias da consciência. Conforme essa cartografia, há diferentes estágios de consciência, que são atingidos conforme os acessos que vamos tendo, como vigília (conteúdos usuais do cotidiano), pré-consciente (aqueles conteúdos mais facilmente acessados), inconsciente psicodinâmico (ou o inconsciente freudiano), inconsciente ontogenético (vivências intrauterinas, incluindo experiências de morte e nascimento), inconsciente transindividual (experiências ancestrais, coletivas e arquetípicas), inconsciente filogenético (experiências além das formas humanas), inconsciente extraterreno (consciência para além do planeta, experiência de estar fora do corpo, percepção extrassensorial, encontro com entidades espirituais), superconsciente ou supraconsciente (êxtase existencial, percepção ampla da realidade) e o vácuo (estado de puro ser, o nirvana, estágio além do tempo-espaço, em que a consciência se funde à mente universal). Grof ressaltou que, para abarcar todos esses estados, é imprescindível ampliar a dimensão da psique humana para além do nível biográfico.

Nas sessões com a Ayahuasca, podemos acessar diversos níveis de conteúdo e diferentes estágios de consciência. Podemos acessar conteúdos relacionados à nossa personalidade que estão mal resolvidos em nossas vidas. Podemos acessar questões abertas com o passado, com o pai, a mãe ou nossos pares e amores mal resolvidos. Podemos acessar feridas emocionais não cicatrizadas. Podemos acessar pessoas que já morreram. Podemos acessar experiências perinatais ou intrauterinas, revivendo momentos desde o nascimento, período em que ocorrem traumas dos mais severos e profundos. Por exemplo, o enroscamento do cordão umbilical no pescoço pode gerar efeitos significativos sobre a construção da personalidade.

O chá nos leva a toda essa memória, a coisas e pessoas que deixaram em nós um vácuo, mas que podemos ressignificar, a fim de soltar esse passado e seguir adiante. É a chance de olhar, revisitar, liberar sentimentos guardados, compreender tramas e desfazer nós emocionais. São questões psicoemocionais trabalhadas como um raio de orientação que nos leva a fazer as conexões de causa e efeito e a entender coisas que até então não entendíamos, nos conduzindo a uma cura emocional. Essa cura pode se dar por meio da aceitação, do perdão, do entendimento. Então, a experiência pode promover a expansão da consciência e uma percepção muito maior de si mesmo e da realidade.

Pode-se, numa cerimônia com o chá, alcançar a experiência da unidade, que é muito próxima daquilo que o yoga chama de *samadhi* – a experiência de transcendência do tempo, do espaço, do ego, momento em que perdemos temporariamente a consciência humana e somos levados a um outro mundo, livre de distrações e perturbações externas. É onde experimentamos a bem-aventurança, a satisfação, a alegria, sem depender de nada lá fora. Um estado de se reconhecer como parte da divindade. A experiência da plenitude, a consciência do ser, do amor divino.

Essa é uma tentativa de descrever, em palavras, coisas que são quase indescritíveis. O fato é que a experiência enteógena, deflagrada pelo Daime, nos leva para diferentes dimensões e/ou quadrantes de consciência. É algo que também podemos alcançar pela meditação e por meio da respiração – a diferença é a velocidade. O chá encurta o caminho, digamos assim. Embora o Daime ou a Ayahuasca possam abrilhantar e encurtar a jornada, é importante saber que em algum momento se faz necessário alcançar estados supramentais sem ele, e sim por meio da meditação e da prática de *japa* (repetição de palavras sagradas). A meditação é fundamental para sustentar o estado de consciência.

A dimensão e a potência dessa transformação fizeram com que eu nunca mais parasse, depois daquela terceira sessão em Itapecerica da Serra. A partir dali, seria uma vida inteiramente dedicada a essa doutrina, o que me tornaria não só um desbravador do neoxamanismo, como também um dos responsáveis por trazer a Ayahuasca para fora do contexto ritual tradicional e para dentro do contexto urbano – e, particularmente, o contexto urbano da maior cidade da América do Sul –, mas sempre mantendo os rituais que promovem a conexão espiritual do sacramento. Nesse percurso, incluem-se algumas passagens e experiências que se transformariam numa verdadeira saga, digna de Indiana Jones. Sim, a busca espiritual também é uma aventura.

Capítulo 8

A construção de pontes entre hinários na floresta e uma viagem quase sem volta

Aquela terceira sessão em Itapecerica da Serra, na igreja Flor das Águas, abriu meu canal mediúnico, um canal de comunicação com dimensões paralelas. A dimensão e a potência dessa transformação fizeram com que eu estabelecesse um elo permanente e estável com esse poder da floresta, depois daquela sessão. Foi a partir dali que comecei a receber lindas mensagens de outras dimensões: os hinários.

Cada hinário é um conjunto de hinos, canções, mensagens musicais, mensagens espirituais que servem para conduzir a miração, essa experiência transcendental provocada pelo chá. Os hinos são instrumentos da prática ritual, que é toda baseada nessas músicas especiais recebidas, com ensinamentos e doutrinação. Se os católicos têm a Bíblia, os judeus têm a Torá e os muçulmanos têm o Alcorão – todos livros sagrados por meio dos quais a palavra de Deus é revelada –, os daimistas têm seus hinários.

A "miração", convém lembrar, é um termo que foi cunhado na tradição do Santo Daime pelo Mestre Irineu para designar o estado visionário que a bebida produz. Do verbo "mirar" – que corresponde, repito, a olhar, contemplar – deriva-se o substantivo "mirante", aquele que, como muitos sabem, é um local alto e isolado de onde se pode descortinar uma vasta paisagem. A tradição dos hinos também vem do Mestre Irineu, que recebeu seu primeiro hino mediunicamente, por revelação, da divindade que o orientou no desenvolvimento da doutrina do Daime. Seu hinário, "O Cruzeiro", que é a raiz e a fonte de todos os demais hinários, tem 132 hinos.

Depois daquela sessão, comecei a receber hinos de forma mediúnica. Hoje tenho três hinários – um deles (o primeiro), "O Caminho do Coração", tem 46 hinos. Se cada hino tem uma história, é de se imaginar quantas dúzias de histórias eu teria para compartilhar.

Eu havia me aprofundado naquele caminho e, em julho de 1991, fui para a Amazônia. Naquele momento, havia duas claras vertentes associadas ao Santo Daime. Uma delas se fixara em Rio Branco, no Acre, e era liderada pela viúva de Mestre Irineu, Peregrina Gomes Serra. Sua visão mais ortodoxa a tornaria mais restrita a Rio Branco. A outra vertente tinha uma visão mais expansionista, que havia possibilitado, inclusive, que a doutrina chegasse a São Paulo, Rio de Janeiro e Brasília: a Iceflu, linha daimista fundada por Sebastião Mota de Melo (que inicialmente a batizara de Cefluris), um dos mais conhecidos seguidores de Mestre Irineu. A sede dessa vertente expansionista ficava no estado do Amazonas, numa vila, na floresta chamada Céu do Mapiá, comunidade localizada na Floresta Nacional do Purus.

A vila Céu do Mapiá passou a ser considerada um local de peregrinação espiritual, como sede desse movimento religioso. Chegar à vila saindo de São Paulo era uma verdadeira saga: um avião que passava por Brasília, Manaus e Rio Branco, depois um par de horas de carro ou de ônibus e mais 12 horas por meio fluvial – primeiro pelo rio Purus e depois subindo o igarapé Mapiá em uma canoa – até chegar à comunidade. O trajeto se tornava ainda mais difícil devido à quantidade de troncos caídos no leito do rio. Fui e passei um mês por lá.

Vale também mencionar que, durante minhas buscas para compreender os mistérios do chá, experimentei a Ayahuasca com povos indígenas da Amazônia e explorei outras vertentes e usos da bebida praticados na União do Vegetal, na Barquinha e no Umbandaime – uma corrente que integra a linha da umbanda com a consagração do chá. Se na minha primeira experiência com o Daime eu era um jovem cheio de julgamentos, posteriormente já havia adquirido uma qualidade que considero essencial para qualquer buscador: estar livre de preconceitos.

Retornando para São Paulo, participei ainda por um tempo regularmente dos trabalhos na Igreja Flor das Águas. Também me aproximei do trabalho do grupo Luz do Vegetal, uma dissidência da UDV, comandada por Elza Carolina Piacentini, uma grande amiga e professora que me ensinou muito.

Mais ou menos dois anos depois de ter ido ao Mapiá pela primeira vez, recebi o comando espiritual de abrir um centro próprio. Eu já havia passado por uma experiência profunda e sabia que meu destino estava atrelado a essa bebida, por isso deveria eu mesmo abrir um centro. Voltei novamente à floresta para conversar com o líder do movimento, Alfredo Gregório de Melo. Padrinho Alfredo, como é conhecido, assumiu o comando do trabalho após a morte de seu pai, Sebastião Mota de Melo, em 1990. Expliquei ao Padrinho as visões que eu havia tido e as experiências que passara. Queria confirmar com ele se aquilo tudo era verdade ou se estava apenas delirando. Ele me confirmou: sim, era verdade, eu poderia começar meu trabalho, e indicou o Padrinho Alex Polari, líder da comunidade Céu da Montanha, em Mauá (RJ), para me supervisionar.

Alex se tornou um grande amigo, e foi através de um hino dele que tive uma experiência que revelou mais do meu propósito, ainda antes de conhecê-lo. Isso aconteceu quando participei do primeiro ritual de feitio do Santo Daime em São Paulo, no final de 1990, que é o ritual de preparação da bebida. Em dado momento, eu entrei em um estado de miração muito intenso e ouvi o pranava "Om", que é o som primordial da criação do universo na tradição védica. Esse "Om" fez meu sistema nervoso todo vibrar, numa intensidade que eu nunca tinha sentido. Ao mesmo tempo, um grupo de pessoas começou a cantar o seguinte hino:

ALIANÇA
Hino de Alex Polari, que abre o hinário "O Caminho do Coração", de Sri Prem Baba

Oxalá, Shiva, Juramidam
Nesta noite vão se reunir
Para firmar esta aliança
Eterna para os tempos que hão de vir

Eu sinto o perfume desta flor
Jesus Cristo é meu Mestre Imperador
O Oriente veio pro Ocidente
E foi nele que tudo se encontrou

Eu saúdo os Budas e Orixás
E à glória deles todos dou louvor
No Himalaia, nos Andes, na Floresta
Se escuta o rufar de mil tambor

Oxalá, Shiva, Juramidam
São João foi quem me revelou
E o Mestre no final dos tempos
No Santo Daime todos os três unificou

Naquele momento, eu tive uma visão muito profunda da minha vida. Vi a trajetória que me conduzira até esse ponto e o desenrolar da minha vida a partir dali. Tive mais clareza do meu propósito, do porquê e para que eu nasci. Eu vi o meu futuro, trabalhando como criador de pontes entre o Ocidente e o Oriente. Vi Ganesha, deus hindu da sabedoria e da prosperidade e removedor de obstáculos, reconhecido por sua cabeça de elefante, e percebi que a Índia estava no meu caminho, mesmo sem me lembrar naquele momento do comando que tinha ouvido em meditação na minha primeira aula de yoga, na adolescência. Anos depois, o Padrinho Alex me autorizou a utilizar esse hino na abertura do meu hinário "O Caminho do Coração", já que o hino me deu notícias importantes de quem eu sou e o que estou fazendo aqui neste mundo.

Continuei seguindo meu coração e dei passagem para uma linha de trabalho. A ideia inicial foi criar um centro de estudos em que as cerimônias de Daime e o trabalho terapêutico se complementassem, cada um oferecendo suporte e profundidade ao outro na jornada de autoconhecimento. Nunca deixei de praticar o yoga nem deixei de estudar outros campos. Compreendi que poderia unir todos esses universos. Senti que deveria criar um centro de estudos e pesquisas unindo a tradição da floresta com a cultura védica do Oriente e as medicinas complementares. Um centro diferente, pois não haveria algumas características da religião que tinha, por exemplo, a igreja Flor das Águas. Seria um centro capaz de receber todas as pessoas, de todos os lados, todas as frentes, todas as áreas, todas as vertentes. Eu próprio era a tradução dessa diversidade, e pensava em receber meus alunos de yoga e de esoterismo, passando por minhas influências orientalistas e da umbanda, escolas espirituais com as quais eu tinha afinidade havia bastante tempo.

Nascia ali a base do Caminho do Coração, o método gestado do encontro entre a tradição védica do hinduísmo, o estudo psicoespiritual e o xamanismo brasileiro representado pelo Santo Daime. Meu centro de estudo e pesquisas seria um espaço marcado pelo sincretismo que alia culturas e filosofias de diversas origens.

Não tardaria, porém, para que esse caldo complexo envolvendo diferentes culturas enfrentasse resistência, mesmo entre as pessoas mais heterodoxas, que já haviam se afastado da ortodoxia original. Em dado momento, pessoas ligadas ao movimento religioso começaram a me pressionar para que eu seguisse as normas do ritual que costumavam praticar em suas cerimônias. Para elas, o meu centro tinha de ser como os demais, seguindo todas as normas estabelecidas para o ritual religioso que a organização determinava, ou seja, meu trabalho não poderia ter um formato diferente. E, por mais que o líder já tivesse me autorizado a seguir conforme minha visão, o entorno do movimento tornava a minha vida difícil com suas pressões.

Aquela situação foi um estímulo para eu encontrar meu propósito relacionado a essa escola espiritual, até que decidi me desvincular oficialmente da igreja central, para evitar conflitos que pudessem atrapalhar tanto o comando que eu estava recebendo e estabelecendo quanto o trabalho original da igreja, que precisava continuar seguindo a ritualística tradicional. Embora diferentes em alguns aspectos da forma, somos, em essência, caminhos para o divino, ligados à mesma Luz da floresta.

Como já está claro a esta altura do livro, confio na minha intuição e me lanço confiante para realizar os comandos que acredito virem do plano superior.

Sempre fui muito cuidadoso com as inovações dentro do caminho espiritual. Sinto que inovar apenas por querer fazer algo diferente não é o caminho correto. No entanto, quando a inovação vem por meio de um comando espiritual nítido, ela precisa ser respeitada, pois certamente vai servir ao propósito de permitir que mais almas possam se beneficiar.

Vivi muitas aventuras desbravadoras nesse caminho, que merecem um livro à parte. Mas todo esse período marcou o início de uma nova fase da minha vida, muito forte e especial. Um presente da floresta. Foram alguns anos em que me dediquei a explorar esse universo e recebia instruções espirituais de como conduzir as sessões de uma forma adaptada ao contexto urbano de São Paulo. Eu seguiria o trabalho em um novo formato. Influenciado pela marcante cultura védica do Oriente e por todo o meu passado esotérico e ocultista, eu tinha a certeza de que estava abrindo caminho para algo novo no campo da espiritualidade, ainda que guiado pelo mesmo poder que guiava as igrejas. Na tradição do Daime, esse poder se chama Juramidam. Entendi, assim, que estava contribuindo na criação de pontes – pontes entre mundos, pontes entre pessoas. Embora não seguíssemos um calendário fixo nessa nova vertente de trabalho, as cerimônias tradicionais, como os trabalhos de cura, festejos e celebrações, foram mantidas. Além disso, foram incorporadas cerimônias extraoficiais, nas quais as pessoas poderiam deitar-se, por exemplo, ao som de mantras e músicas universais.

Do mesmo modo que eu trabalharia firmemente com o propósito de acordar o amor em toda a humanidade, eu também trabalharia firmemente para fazer pontes entre mundos distintos: entre o Ocidente e o Oriente, entre a ciência e a espiritualidade, entre a Floresta Amazônica e o Himalaia. De São Paulo a Alto Paraíso, de Nazaré Paulista ao epicentro, Rishikesh, receberia pessoas à procura de conhecimento, paz e alegria ou em busca de respostas para os enigmas da vida. Não à toa, depois do afastamento inicial, eu voltaria a me conectar com as igrejas tradicionais e a estreitar laços de amizade com as principais lideranças daimistas e ayahuasqueiras do Brasil.

A espiritualidade é isto: colocar o amor em movimento. Espiritualidade é a prática do amor, a capacidade de amar aos outros conscientemente. É quando você pode manifestar a consciência amorosa onde quer que esteja. Quando digo que a prática da espiritualidade é sinônimo de prática do amor, digo que seu exercício é se mover em direção à união, razão pela qual seria tão importante desfazer barreiras e construir pontes entre universos aparentemente distintos e inconciliáveis.

Aquele seria meu caminho, o caminho do coração que eu resolvera seguir.

Capítulo 9

Caminho do Coração, ou o caminho que me levou à Índia

Os anos 1990 sedimentaram as bases do que eu batizaria de Caminho do Coração, meu método de autoconhecimento e autotransformação. Chegando perto dos meus 30 anos de idade, eu poderia dizer que era um estudioso da vida. O aprofundamento dos estudos era vasto e múltiplo, fruto da minha obsessiva busca pela construção de pontes entre mundos e pessoas: a psicologia gnóstica, a psicologia dos budas, o evangelismo, o espiritismo, a Rosacruz, a psicologia transpessoal, o yoga. Aquilo tudo era uma soma de conhecimentos e saberes que eu tentava unir com a prática espiritual.

Como eu escreveria anos depois no livro *Plenitude – A vida além do medo*, acredito que a plenitude é alcançada quando conseguimos equilibrar conhecimento e prática. Esse ponto de equilíbrio é essencial para o buscador ficar consciente da jornada que está empreendendo. Só o estudo não será suficiente para clarear o caminho rumo à plenitude, assim como só as práticas também não serão. A união (*yoga*) entre estudo (*adhyayana*), ação (*karma*) e disciplina (*sadhana*) aumentará as possibilidades de o buscador alcançar o seu objetivo.

Costumo contar para os meus alunos a comparação feita por Sidarta, no seu caminhar ao estado desperto de Buda, para ilustrar a importância do equilíbrio na vida espiritual. Ele disse que um violão que tiver as cordas frouxas não emitirá as notas musicais; no entanto, se estiverem esticadas em demasia, acabarão se arrebentando, não emitindo som algum. Para que as cordas do instrumento emitam uma sonoridade agradável, é preciso que estejam ajustadas: nem tensionadas nem relaxadas demais. Esse equilíbrio se tornou conhecido como o caminho do meio, a base do budismo.

Gosto também da lição do mestre Samael Aun Weor, segundo a qual quem só estuda e obtém conhecimento, mas não o coloca em prática, acaba se tornando um ignorante ilustrado. Isso porque adquire muita informação que não será transformada em sabedoria. A sabedoria, diz ele, só pode vir pela experiência que a prática proporciona. Da mesma forma, uma pessoa que só pratica, mas não tem conhecimento, acaba se tornando um santo ignorante. O autor fazia, ainda, uma analogia com a simbologia da cruz usada pela antiga fraternidade mística da Ordem Rosacruz. A haste vertical representa o ser; a horizontal, o saber. O que buscamos é o ponto onde as hastes se encontram, a interseção entre saber e prática, onde nasce a rosa, que é o símbolo desse ponto de equilíbrio entre ser e saber, entre intuição e razão, entre asas e raízes – um símbolo místico da interação em equilíbrio entre os dois hemisférios cerebrais.

Depois de um período de experimentações, passei a consolidar o método de trabalho, tendo nas cerimônias com o Santo Daime um potencializador para os processos terapêuticos de autoconhecimento que as pessoas já vivenciavam. Com isso, dentro do meu centro em São Paulo, os buscadores encontravam diferentes ferramentas para apoiar seu processo de despertar. No entanto, as cerimônias com a medicina da floresta eram indicadas somente para aqueles que buscassem essa vertente. Uma premissa que eu valorizava era a de que não seria possível participar dos grupos de Daime sem estar amparado e comprometido com o trabalho de autoconhecimento. Sinto que as experiências místicas vividas em uma sessão ganham mais força quando podem ser integradas à vida prática, promovendo uma transformação verdadeira, que se manifesta no dia a dia.

Meu primeiro grupo de Daime foi batizado com o nome de "Estrela do Oriente". Com a minha sensibilidade e a minha formação anterior, fui vendo surgir algo que se mostrou muito positivo para o desenvolvimento espiritual das pessoas. Fui conduzindo os buscadores a acessar, por meio dos hinos, mantras e músicas universais, lugares da consciência que normalmente não alcançariam, ou que levariam muitos anos para acessar. Encontrei um atalho, mas amparado por um amplo trabalho de autoconhecimento e por terapias complementares, que davam suporte para o processo.

A transformação era evidente, e, mesmo sem fazer propaganda do trabalho com o Daime, que é algo que eu sempre prezei, naturalmente mais pessoas iam chegando, pois sentiam que ali havia algo de que precisavam. E, de fato, havia. Esse trabalho foi crescendo, até que, por uma série de questões, fiz uma pausa. Passei nove meses sem consagrar o Santo Daime, num momento de autoavaliação, para sentir qual seria o caminho. Até que retomei o trabalho, mas agora fazendo as sessões em um sítio no interior de São Paulo. Ali começava o trabalho que foi batizado de Caminho do Coração.

A base do Caminho do Coração era formada pela cultura védica, pelo Santo Daime e pelo trabalho psicoespiritual. Isso significa mesclar técnicas orientais e xamânicas, incluindo meditação, terapia junguiana, Reich, bioenergética, além de incorporar símbolos e conceitos vindos de diversos conhecimentos filosóficos ou espiritualistas, como o budismo, o gnosticismo e toda sorte de ressignificados de cada um.

O Pathwork também faz parte desse caminho, sendo um desdobramento da psicologia junguiana – e, na verdade, um passo além. Na sua tradução literal, um "trabalho do caminho". Um método essencialmente prático, aplicável ao dia a dia por aquelas pessoas que estão buscando um caminho espiritual ou que gostariam de entender a razão de certos acontecimentos em sua vida. Uma das minhas inspirações para mergulhar no Pathwork foi o livro *Não temas o mal*, dos terapeutas transpessoais Eva Pierrakos e Donovan Thesenga. Nesse livro, eles afirmam que a inconsciência a respeito de nossas falhas é a fonte de todo sofrimento humano, de todos os conflitos – internos, entre pessoas e entre nações.

O Pathwork nos mostra como trazer esses aspectos à consciência, lidar com eles, aceitá-los sem ser coniventes, reconhecer seu efeito sobre nossa vida e transformá-los. O método nos ajuda a encontrar a direção da plena responsabilidade, a perceber que não somos vítimas, que as situações de nossa vida foram criadas por nós, consciente ou inconscientemente, e que, assim como as criamos, podemos mudá-las e tornar nossa existência cheia de alegria, paz, prazer e realização. Donovan Thesenga seria uma das principais referências na minha formação acadêmica.

Esse estudo se mostrou um pilar importante do meu trabalho espiritual de forma geral. Percebo que muitos buscadores se perdem no caminho espiritual, focando na busca da luz, pois se esquecem de enfrentar uma realidade dura, mas necessária: são nossas sombras que causam os problemas em nossas vidas. Então, encarar o inimigo interno, nossa maldade, nosso eu inferior, é o que chamei de ABC da Espiritualidade. Ou seja, antes de adentrar a espiritualidade propriamente dita, é essencial compreender como o mal atua através de nós. Assim, pouco a pouco, conseguimos redirecionar nossa força de vontade e deixar de alimentar a maldade que nos habita.

Compreendi a importância de as pessoas buscadoras alcançarem um grau de autoconhecimento tão significativo que pudessem finalmente reconhecer as nove matrizes do eu inferior atuando, que são: gula, preguiça, avareza, inveja, ira, orgulho, luxúria, medo e mentira. Ao desmascarar a maldade atuando na vida, a pessoa buscadora tem a chance de recuperar as rédeas do autocomando e utilizar o livre-arbítrio para escolher um novo caminho, criando uma nova realidade. A transformação é real e prática, mas não é para qualquer um. Requer muita coragem.

Osho também foi essencial para mim. Infelizmente não o conheci em pessoa, mas tive acesso aos seus ensinamentos pelos livros e especialmente por meio de uma de suas discípulas: Elza Carolina Piacentini. Elza era admiradora dos ensinamentos de Gurdjieff, místico e mestre espiritual greco-armênio. George Ivanovich Gurdjieff já não estava vivo havia bastante tempo (falecera em 1949, na França), por isso ela foi para a Índia e se entregou ao mestre Osho. Viveu com ele durante muitos anos na Índia, e coube a seu irmão a tarefa de criar o primeiro centro do Osho no Brasil, em São Paulo.

Elza foi minha terapeuta, amiga e mestra. Fiz com ela muitos grupos de crescimento seguindo a linha de Gurdjieff e Osho. Depois de um tempo, tornei-me um de seus assistentes na terapia do grito primal, no renascimento e nos grupos de sexualidade tântrica. Ela também dirigia um centro da União do Vegetal. Fizemos muitas coisas em conjunto.

Mesmo sem me dar conta, fui discípulo de Osho durante muitos anos. O líder espiritual Rajneesh Chandra Mohan Jain era um defensor da meditação, da celebração e da criatividade. Nos anos 1980, a força de seus discursos reuniu legiões de adeptos em um movimento internacional, mas ele também acabou atraindo a ira de conservadores ao criticar a ortodoxia das religiões e as amarras das tradições, além de pregar a liberdade sexual, o que lhe rendeu o apelido de "guru do sexo". Ele se tornou uma referência que me impulsionou na busca da verdade e da espiritualidade.

Em Osho, passei a admirar a busca da liberdade por meio da meditação, suas interpretações originais de livros sagrados e das religiões tradicionais, bem como a defesa incansável do autoconhecimento, da liberdade e da busca por um novo homem. Nessa busca, ele ensinou, seria imprescindível acabar com as repressões – inclusive as sexuais. Ele falava que o sexo é a semente, a flor é o amor e o perfume da flor é a compaixão. Se você condena a semente, não haverá flor, portanto nem amor, nem compaixão. Assim, se alguém distorcer o princípio da sexualidade, acabará se tornando vítima do desejo e da culpa, porque tudo aquilo que é proibido também se torna desejado, aprisionando a mente em fantasias sexuais que impedem a ascensão para estágios mais elevados da evolução.

Toda essa mistura entre autoconhecimento, autotransformação, entre saber e prática, toda a mescla entre Oriente e Ocidente, enfim, tudo isso se transformou numa combinação comprovadamente eficaz, com inúmeros relatos de pessoas que tiveram suas vidas transformadas por esse trabalho. Eu me tornei ali um líder espiritual para muitas pessoas que confiavam na minha guiança, uma tarefa de muita responsabilidade. Apesar de alguns poderem julgar que o papel de líder espiritual tem muito *glamour*, vivendo isso na pele posso dizer que não é bem assim. Lidar com a responsabilidade de ter a confiança das pessoas para ajudá-las a enfrentar seus maiores desafios internos é talvez o papel mais arriscado em que um ser humano pode se colocar. E sempre estive muito atento a isso.

Tudo parecia dar certo para mim. Minha comunidade se expandia, com a dedicação e o serviço de muitos que se sentiam gratos pelo trabalho e queriam contribuir para que mais pessoas pudessem ter acesso a ele. Conseguimos inclusive um terreno em Nazaré Paulista para ser a sede do trabalho, com a doação de uma aluna muito dedicada, que segue comigo até hoje, Vânia Parise. Esse seria o embrião do Sachcha Mission Ashram.

No entanto, o sentimento de realização externa se mostrava tão intenso quanto o meu sentimento de vazio e frustração. Eu me questionava se não estava apenas repetindo aquilo que tinha ouvido dos professores que haviam cruzado meu caminho e lido nos livros que me inspiravam. Assim, mesmo diante do sucesso, mesmo com o consultório lotado, mesmo com as filas lá fora, passei a questionar o que fazia. Inclusive o Daime.

Lembrei-me daquele momento em que, sem dinheiro algum, só restou uma cebola na geladeira para dividir com o gato dentro de um apartamento vazio. Desta vez, a depressão era diferente. O vazio se dava não no plano material, mas no espiritual. Do ponto de vista material, eu estava bem, repito: trabalhava com um propósito nobre, tinha minhas necessidades materiais atendidas e satisfação. Estava apaixonado, tinha um relacionamento com um companheirismo verdadeiro e eu era admirado por todos. Mas meu emocional não seguia no mesmo compasso. O desencaixe era evidente, por mais que eu estivesse consciente de estar prestando um serviço espiritual. Eu pensava: *Eu falo de iluminação, mas não sei que iluminação é essa, que verdade é essa.* Minhas experiências com o Daime haviam sido maravilhosas, muitas incríveis, mas a verdade é que dúvidas pairavam sobre minha cabeça. Achava que tudo não passava de criação da mente – o ser humano inventando histórias para si mesmo e para os outros, de modo a ser reconhecido e aceito. Não me via como um líder. Todo o meu processo de desenvolvimento interior me levou até uma espessa parede que me separava da minha verdadeira essência.

Hoje, olhando para essa situação, eu percebo que conquistei no meu caminho de desenvolvimento até ali tudo que eu pude fazer sozinho. Mas entrei numa crise de angústia existencial que foi providencial, ao mesmo tempo que também me colocava num lugar de humildade, de reconhecer que havia chegado ao fim da linha. Eu precisava de ajuda para seguir com a minha missão, se é que aquela era mesmo a minha missão. Fiquei confuso por um tempo. Foi aí que, no auge dessa crise, fiz aquela oração sincera ao universo e surgiu a visão do velho de longas barbas brancas, dizendo: "Você fará 33 anos. Venha para a Índia. Venha para Rishikesh".

Foi assim que, mesmo angustiado, me casei e fui para a lua de mel na Índia. E, mesmo naquele turismo de recém-casado, acabei encontrando não só a Índia sagrada, mas também o meu guru, o mesmo velho de barbas brancas da visão que eu havia tido: Sri Hans Raj Maharajji, da linhagem Sachcha, aquela cuja missão é despertar o amor em todos e em todos os lugares. "Eu estava te esperando", ele me disse, rindo, após me ver caindo de joelhos.

Para seguir para os próximos passos da minha jornada, precisei viver o grau completo da entrega: a rendição. Rendi-me por completo para Maharajji, entreguei toda a minha vida a seu serviço. Absolutamente tudo.

Inclusive o meu trabalho com o Daime e também o meu papel de líder espiritual que eu já tinha para muitos da minha comunidade. Tudo. Foi quando Maharajji, do alto da sua sabedoria, me disse: "Isso que você faz é bom para a espiritualidade das pessoas. Pode continuar". O Caminho do Coração, meu caminho espiritual, estava dado e sacramentado, inclusive abençoado diretamente por Sathya Sai Baba, um grande mestre do sul da Índia que passei a visitar após ter aparecido para mim internamente. Com o direcionamento de meu guru, passei a visitá-lo anualmente antes de ir para Rishikesh. Foi o ponto de virada definitivo. Ainda iriam se passar três anos até que, enfim, se desse a minha iluminação, quando Maharajji colocou a mão na minha cabeça e disse: "Você é um guru e, como guru, está livre para ensinar como quiser. Só peço uma coisa: que você conduza todos para Deus".

E aí começava uma jornada que eu não conhecia nos livros e para a qual ninguém nunca me havia preparado: eu me iluminara, me tornara um guru, mas ainda era um homem como outro qualquer, com minhas responsabilidades, teria uma filha, tinha um relacionamento com seus desafios, meus alunos e meus pacientes. Os livros espirituais sempre apontam o estado de iluminação como o estágio final, o objetivo, mas eu pude descobrir que o jogo não terminava ali. Na verdade, era apenas o começo de uma nova jornada.

Capítulo 10

Desmistificando o guru

Nunca ganhei na Mega-Sena nem em qualquer outra loteria. Mas, naquele ano de 2002, quando pude manifestar a presença divina de Sri Prem Baba, quando tive consciência do que havia ganhado de Maharajji e me tornei um mestre de mim mesmo, foi como se eu tivesse recebido um prêmio de milhões e milhões de reais – um único apostador vitorioso, desses que são anunciados como alguém que ganhou sozinho na Mega-Sena. Foi um momento de plenitude, de um perfeito contentamento, em que tive a sensação de que o mundo é suficientemente grande e maravilhoso e que eu poderia dar conta dele. Encontrei-me fora do tempo e do espaço. Um êxtase indescritível por ter chegado aonde cheguei, sobretudo depois de tanto tempo à espera daquele momento e daquele estado. Afinal, sempre fui um buscador, e a busca parecia ali ter atingido seu ápice.

Somente aos poucos fui me acostumando a conciliar aquele estado de êxtase e a vida prática. Se eu fizesse uma analogia, seria como uma criança que começa a aprender a andar. Era o meu caso, aprendendo a ser um mestre espiritual e ter a vida para levar. Tudo era novo e eu parecia viver numa dimensão paralela, mas ao mesmo tempo precisando viver no mundo material, lidando também com as coisas práticas do cotidiano. Foi uma grande descoberta, a descoberta de um novo jeito de viver na Terra. Durou um tempo, mas, felizmente, fui me acostumando.

Passei aos poucos a me horizontalizar para viver as coisas nesta dimensão. Horizontalizar-se significa utilizar o ego de forma consciente para se comunicar com o mundo e resolver situações práticas. Para isso, a pessoa rebaixa um pouco a consciência e se coloca na dimensão das coisas práticas, para, quando possível, se verticalizar novamente, de modo a entrar no estado de bem-aventurança.

É como realizar um movimento intencional, consciente. Se vou ao banco, é o Janderson quem vai; é o Janderson quem conversa com a gerente, quem assina um documento. Quando estou na solidão da minha casa, me verticalizo, expando o meu estado de consciência e entro na esfera do Prem Baba – que, obviamente, também é somente um símbolo, um nome, porque, quando você realmente expande a consciência, não há nome, não há forma, não há história.

E foi assim que fui aprendendo a manejar as diferentes dimensões da vida e a dominar esse estado unificado – a capacidade de conciliar as diversas dimensões, unir corpo e mente e me dissolver na graça divina do todo. Descobri na iluminação que essa foi minha busca desde sempre, estar na graça divina, entrar nesse lugar intencionalmente. Jesus chamou isso de reino dos céus. A teoria por trás de tudo isso é que o reino dos céus está dentro de nós, e não fora. Ao longo da minha vida, não raro precisei enfrentar a angústia de "entrar" no reino dos céus e voltar dele. Esse retorno me angustiava. Ao aprender o caminho, porém, tudo mudou.

No Ocidente, em especial, não é fácil entender a existência de um guru. É preciso tempo e disposição para compreender, afinal, a cultura ocidental ora trafega pelo ceticismo, pelo niilismo, pela negação da espiritualidade e de qualquer figura que seja líder ou referência nessa dimensão, ora chega à mitificação. A cultura ocidental cristã, em particular, trabalha com a visão do santo. Mas há enorme diferença entre o santo na cultura védica e o santo católico, por exemplo. E, mesmo na cultura védica, há complexidades na relação de um discípulo com o guru. É preciso ter cuidado.

Um buscador que se transforma em discípulo acaba vendo uma porta no seu mestre espiritual. Uma porta que, se aberta, pode fazê-lo libertar-se do labirinto de sofrimento. E, evidentemente, esse processo se dá com muita projeção, com muita expectativa, o que pode se transformar num grande problema. Assim como o terapeuta, o psicólogo, o psicanalista, o mestre precisa estar atento para o momento de devolver essa projeção. Isso significa não deixar que o paciente – no caso, o discípulo – viaje em demasia na fantasia. Há técnicas para isso, que incluem entrar em contato com essas emoções e sentimentos reprimidos que são a base dessas projeções. Fiz uso dessas técnicas unindo a abordagem da psicologia transpessoal e da psicologia dos budas.

Como contei anteriormente, quando Maharajji chegou à minha vida, enveredei para a meditação e uni o conhecimento acumulado da psicologia à espiritualidade. Integrei ambas, de modo a ajudar as pessoas a entrarem em contato com as próprias sombras, com suas imperfeições. Buscar o que está adormecido e provocar, de modo a não deixar o discípulo cair em autoengano. Isso só é possível para iniciados, pessoas que estão dentro de um caminho e que compreendem essa linguagem.

No caminho espiritual, já escrevi isso de diferentes formas: se o mestre estiver realmente desperto, vai em algum momento devolver essa projeção para o aluno. É como escrevi no livro *Plenitude*: "O ego tem que estar cristalizado para poder ser quebrado. Assim, o mestre alimenta essa projeção do discípulo até perceber que está na hora de retirá-la". Essa projeção vem na forma da noção de que o mestre é o pai, a mãe dele, que precisa acolhê-lo e atender aos seus desejos, expectativas e caprichos. Mas o verdadeiro mestre não está em busca de seguidores, e sim de ensinar e ajudar aqueles que chegam até ele, sejam muitos ou poucos. Ele espera que as pessoas adquiram o conhecimento que fez dele um mestre desperto.

A transmissão do conhecimento entre mestre e discípulo é o caminho para a iluminação. Nesse processo, existe uma sucessão: só pode ser mestre quem já foi discípulo. Ninguém pode ensinar sem antes aprender. É essa dinâmica do jogo divino que mantém o conhecimento vivo para que não se perca, permitindo que continuemos com essa porta aberta para o céu, que está aqui e agora. O reino do céu está dentro de cada um; é a descoberta e a identificação com o Ser que nos levará ao estado de plenitude.

Certa vez, num satsang em Rishikesh, respondi à pergunta de uma discípula que vinha de uma trajetória de estudos em relação à espiritualidade – uma trajetória no nível do conhecimento, e não da experiência. Eu disse à discípula: *iluminação* significa acordar, deixar de sonhar. Se estiver sonhando com a iluminação, você não pode se iluminar. Ela só é possível para quem está acordado, só é possível quando você tiver deixado de sonhar. E, por sonho, eu me refiro às fantasias a respeito de quem é você.

Às vezes, você sonha com coisas bem mundanas ou com aquilo que considera ser mundano e, às vezes, sonha com aquilo que considera espiritual. Mas sonho é sonho; independentemente de estar sonhando em se tornar uma pessoa famosa ou uma pessoa espiritual, você está sonhando. A iluminação ocorre quando você está acordado. E, para acordar, você precisa abrir mão desse conhecimento. O conhecimento tem um papel no jogo: ele o ajuda a se mover até um determinado estágio da jornada, mas, a partir de um determinado ponto, ele começa a intoxicá-lo. O conhecimento se torna um alimento para a mente. Se você não estiver atento nesse momento, em vez de trabalhar para se colocar totalmente na sua ação, você vai adquirir mais elementos para continuar sonhando.

Chega um momento em que você precisa abandonar tudo que sabe sobre Deus para poder experienciá-Lo diretamente. Só é possível experienciar Deus diretamente se estiver acordado. Se você estiver adormecido e sonhando, perderá essa oportunidade, e Deus será somente uma crença, uma ideia sobre a qual você leu em algum lugar. Chega um momento em que o seu trabalho é se esvaziar, inclusive do conhecimento emprestado, que vem de fora.

O saber é uma fase da jornada, mas chega a hora em que você precisa ser, para encontrar o equilíbrio entre o ser e o saber, como expliquei anteriormente. E, para isso, precisará de um quê de humildade. Saber pode ser um poderoso mecanismo de defesa: você sabe tudo, tem resposta para tudo, disputa com o Google, é um oráculo ambulante. Isso é uma maneira de se proteger de alguma coisa. Porém, acaba caindo em um círculo vicioso, que é o labirinto dos conceitos e das teorias. Nesse labirinto, não há espaço para o coração, não há espaço para você. Só para aquilo que você acredita saber.

O que sugiro a meus alunos é algo bem prático: espiritualidade prática. Talvez comprometer-se com a austeridade de renunciar à reclamação. Essa é uma maneira de se manter atento, porque, quando começa a reclamar, é sinal de que está perdendo altitude. Você começou a cair. E, se não interromper a reclamação, continuará caindo, caindo, caindo e não saberá quando chegará a algum lugar. Isso acontece porque você está se identificando com a vítima e segue entrando nos jogos de acusação – e aí começa a se envolver com a lama.

Se você estiver atento a esse compromisso de interromper a reclamação, estará fazendo uma grande sadhana, uma grande e poderosa prática espiritual. Estar atento para sustentar a presença e manter o coração aberto enquanto se relaciona, evitando dar passagem aos impulsos inconscientes que envolvem os joguinhos de perde e ganha, de intimidar o outro para obter algo dele, de fazer o outro se sentir inferior ou superior, ou de se colocar abaixo ou acima – se você puder estar verdadeiramente inteiro –, isso é uma poderosa prática espiritual.

Meu guru Maharajji é um grande santo. Quando ele estava no corpo físico, irradiava luz e amor indescritíveis. Mas era uma pessoa muito simples; guiava-nos nos mistérios da existência só com a energia e, às vezes, com poucas palavras. Certa vez, eu estava com um livro na mão e ele perguntou: "Prem Baba, o que é que você está lendo?". Eu expliquei e ele disse: "Eu não leio nada. Para que você está lendo?". Ali, ele tirou todo o meu conhecimento. Compreende o que estou dizendo? Comecei a me esvaziar, até um ponto em que cheguei a ele realmente vazio. Era como se eu dissesse: "Eu não sei nada". Cantei aquela música que diz: "Eu não sei nada sobre tantra, eu não sei nada sobre puja, eu não sei nada sobre mantra. Eu só sei do seu amor. Preencha meu pote vazio com o néctar do seu amor. Pegue a minha mão e me leve".

Voltando à idealização dos discípulos em relação ao seu mestre, a iluminação é uma entre as idealizações mais comuns, sobretudo para os buscadores espirituais. É preciso desmistificar esse assunto. Os textos iniciáticos clássicos mostram apenas o estado supremo que o iogue atinge ao alcançar a meta, mas não o que vem depois. Raros são os que revelam o dia a dia de um iluminado. Então, vemos uma estátua dourada do Buda e acreditamos na perfeição imutável. Mas não é assim. A estátua revela o divino de Buda, mas o homem Sidarta, que alcançou o estado de Buda, teve momentos de alterações na sua vida cotidiana. Uma pessoa iluminada também tem sentimentos ruins. Pode, por exemplo, ficar com raiva de coisas do cotidiano. A diferença é que ela não se identifica com esses sentimentos e com a história do que aconteceu. Pouco tempo depois ela se atualiza novamente para o momento presente e a paz volta a inundá-la.

Maharajji vivia num quarto, praticamente sem sair. Ele entrou em reclusão em 2007, mas, em 2011, um pouco antes de abandonar seu corpo, ele disse: "Não é possível estar na esfera espiritual 24 horas por dia". Você está no corpo humano e se horizontaliza para viver as coisas da matéria. É preciso lembrar-se das diferentes faces do eu e das múltiplas dimensões da realidade. Aliás, um dos últimos ensinamentos de Maharajji foi dado quando uma pessoa o questionou quanto a uma confusão que estava acontecendo no ashram Sachcha Dham, construído por ele: "Se houver algum erro, é do humano", disse Maharajji.

Por isso, como escrevi em *Plenitude*, quero evitar que os buscadores criem idealizações a respeito do fenômeno da iluminação espiritual. O mais importante é concentrar-se em se tornar uma pessoa boa e purificar o próprio coração. Dessa maneira, é possível abrir caminhos para a expansão, a ponto de alcançar o autodomínio necessário para se verticalizar espiritualmente no momento que quiser.

Quando alguém alcança a autorrealização e está fazendo um trabalho no mundo, é necessário se cercar de uma comunidade que vibre positivamente ao seu redor. Também é preciso continuar sempre rezando, cantando e meditando, para dar sustentação ao trabalho de transmutação das frequências negativas. A outra opção é se isolar numa caverna. A história nos conta que, nos tempos antigos, era isso que os seres iluminados faziam, isolando-se em cavernas ou na floresta. O grupo de discípulos rezava, cantava e levava comida para o mestre isolado. Mas hoje já não é assim. A humanidade vive um momento de urgência, e o ser iluminado precisa fazer coisas práticas, muitas vezes envolvidas com a matéria. Portanto, para os seguidores de alguém que tenha alcançado a autorrealização, não é mais suficiente apenas cantar e rezar; eles precisam sustentar na matéria o trabalho do mestre. Caso contrário, é muito peso para o ser iluminado lidar sozinho.

Tanto em satsangs, em contatos face a face no dia a dia, quanto em livros, busquei explorar bastante a reflexão sobre a relação entre guru e discípulos. O guru é o poder espiritual atuando através do mestre para remover a ignorância do discípulo sincero. A partir de determinado momento, não é possível progredir no processo de autoconhecimento sem a bênção e a instrução de um guru. É isso que nos ensina o "Sanatana Dharma", que é o caminho da religião eterna que inspirou diferentes religiões orientais. Dentro da tradição védica, o caminho da liberação espiritual do ciclo de morte e nascimento foi codificado nas Shastras, escrituras que contêm os ensinamentos originais sobre como devemos viver na Terra para alcançar a plenitude máxima. Esse conhecimento está escrito, mas só pode ser transmitido através da relação guru-discípulo. O guru ilumina o entendimento do buscador a respeito das verdades maiores da vida e da morte. É um amigo eterno, que, por sucessivas vidas, instrui e conduz a alma, até a sua liberação. Ele pode usar diferentes métodos, mas o conhecimento que liberta é o mesmo.

O estudante maduro sabe que o seu progresso espiritual depende não só dos seus próprios esforços, mas também das bênçãos do seu guru. Se não for assim, não haverá progresso real na senda espiritual. Esse é o único poder que pode destruir o nosso egoísmo, a nossa ignorância e o nosso sofrimento. Por isso, digo para aqueles que de fato querem progredir na senda espiritual: orem com sinceridade, para que o seu guru se revele.

A relação entre mestre e discípulo é a coluna vertebral do caminho da iluminação espiritual. As escrituras são claras ao afirmar que somente a graça do guru pode fazer brotar as sementes das austeridades realizadas, às vezes ao longo de vidas inteiras. Austeridades são práticas de disciplina física, mental e espiritual que são adotadas para purificar o corpo e a mente e para alcançar maior desenvolvimento espiritual. E eu tive o merecimento de experimentar essa verdade na minha jornada. Como diz um trecho da *Guru Gita* (escritura que narra como o Senhor Shiva explica o que são o guru e a liberação):

Om ajñana-timirandhasya jñanañjana-salakaya
caksur-unmilitam yena tasmai sri-gurave namah
Saudações ao mestre virtuoso, que, com o colírio do conhecimento,
abriu os olhos daquele que estava cego devido à escuridão da ignorância.

As religiões tradicionais ocidentais criaram um muro em relação à divindade viva. Muitas vezes, preferem acreditar em algo projetado em um futuro inexistente e impalpável a crer em alguém que pode surgir em determinado momento de nossa vida para nos mostrar o caminho para a plenitude. Projetam Deus exteriormente, como algo que só é possível alcançar depois da morte, e, ainda assim, dependendo do cumprimento de dogmas religiosos determinados por autoridades eclesiásticas.

Um guru verdadeiro nada mais é do que um espelho para reconhecermos a divindade que nos habita. Por outro lado, gurus também têm suas porções humanas, apesar de todo o conhecimento, e isso tem causado muita confusão. Se um mestre comete algum erro advindo de sua humanidade, acabam tentando invalidar todo o conhecimento transmitido por ele. Como eu disse, é preciso entender que alguém, para ser guru, tem de receber esse atributo de outro guru. Não é possível se autodeterminar um guia antes de ser guiado, ser um mestre antes de ser discípulo. Então, nesse processo de transformação, é possível que falhas aconteçam.

Assim, um guru atuando no mundo terá de lidar também com a sua humanidade – e reconhecer suas falhas. Eu tive as minhas. Mas, em toda a minha trajetória de "explorador" da consciência, considero que nunca tenha me faltado a ética espiritual, que é universal e atemporal. Assemelha-se ou se encaixa perfeitamente no conceito de dharma. Mas é verdade também que em muitos momentos fui amoral. Desafiei códigos, regras, para constatar o que era "verdade" e o que era criação da mente humana. Carrego um pouco do estigma de São Tomé: preciso ver para crer. Embora seja um místico, nunca deixei de lado minha porção cientista, que a princípio é sempre cética, até que, por meio das experiências diretas (algumas delas dolorosas), concluo do que se trata.

Considero que a condição de quem atua no mundo e lida com sua humanidade é de uma beleza infinita. Gurus são pontes entre o humano e o divino para o entendimento no aqui e agora, algo palpável, que nos oferece a oportunidade de experienciar o mistério em ação, capaz de nos guiar da ignorância à realização da plenitude. O guru é capaz de nos despertar para o conhecimento de quem verdadeiramente somos.

A palavra sânscrita *guru* é composta pelas sílabas "gu" e "ru". "Gu" significa "escuridão" e "ru" é a luz do conhecimento supremo. Ou seja, o guru é aquele que dissipa a ignorância da escuridão com a luz do conhecimento. Segundo a milenar escritura védica *Advaita Upanishad*, o mestre que tem o poder de dissipar a escuridão da ignorância é chamado de guru. Na *Guru Gita*, lemos: "A sílaba 'gu' é a escuridão, e se diz que a sílaba 'ru' é a luz. Não há dúvida de que o guru é, de fato, o conhecimento supremo que absorve as trevas da ignorância".

Quando esse mestre aparece em nossas vidas, toda a imensa escuridão desaparece pela luz do conhecimento que ele nos transmite. É como o medo que sentimos ao acreditar que há uma serpente na escuridão do quarto; ao acendermos a luz, percebemos que era apenas uma corda.

Capítulo 11

Os primeiros passos como mestre

Quando alcancei a autorrealização, deu-se um longo processo até eu compreender o que tinha acontecido comigo. As pessoas ao meu redor não tinham passado pela mesma experiência, e não foi simples explicar isso. A autorrealização não é algo que se vê, e sim o que se vivencia. Por isso comecei a me colocar no lugar dos que estavam à minha volta e desenvolvi empatia, pois eu já estivera nesse lugar. Aparentemente tudo está igual, mas o estado de percepção, não. Isso aflorou uma profunda compaixão pelas pessoas, entendendo que eu precisava ser cuidadoso ao compartilhar o que havia acontecido. Havia um grupo próximo a mim que me tinha como terapeuta e professor, além de termos uma relação próxima e de amizade. Eles começaram a notar a diferença na minha forma de ser ao longo do tempo, pois a minha presença se tornava mais evidente, isso era real e perceptível. Assim, conduzi para que esse reconhecimento ocorresse naturalmente, e cada um percebesse por si mesmo, no coração, pois isso não é algo que se compreende com a mente ordinária.

Durante esse processo, em dado momento, Maharajji comentou com uma pessoa que eu estava iluminado, e essa informação começou a circular. As pessoas vinham me perguntar se era verdade. E de fato era, mas não era algo que eu deveria sair espalhando por aí. Por um tempo, continuei atendendo como terapeuta, dando aulas e conduzindo grupos. Comecei a dar satsangs um ou dois anos após a minha iluminação.

Foi um período em que fui aprendendo a dominar os processos de expansão e contração da consciência.

Como descrevi anteriormente, foi na viagem de lua de mel com Mara que ocorreu a fatídica e luminosa viagem à Índia, momento em que conheci Maharajji, experiência que transformou por completo meus sentimentos. É verdade que Mara e eu também reconhecemos que tínhamos necessidades diferentes. Apesar dessa dissonância admitida, tínhamos o sonho compartilhado de ter juntos uma filha. A autorrealização levaria embora grande parte do meu passado e me deixou uma dúvida – ou algumas dúvidas –, que dominou por um breve e intenso tempo meus pensamentos. *Eu teria ou não essa filha? Ela seria parte do programa da minha alma ou não?* Afinal, já que o meu propósito de ser um mestre espiritual se revelara, eu sabia que teria uma missão gigantesca no mundo. Era uma dúvida inevitável: *eu deveria ser pai?*

Sentia que sim, mas naquelas circunstâncias eu questionei. Perguntei ao meu guru e ele nada respondeu. Ficou quieto, sentindo. Corria o ano de 2002 e Maharajji me inspirava a receber ensinamentos de outros mestres, outros gurus da região. Ele queria que eu aprendesse outras vertentes. Um desses mestres era Sathya Sai Baba. Outro era Mahanand Avidhoot. Resolvi levar minha dúvida a Avidhoot, um grande santo. Contei-lhe o que se passava e descrevi meus sentimentos. Ele foi direto e categórico: "Tenha uma filha", disse-me. E completou: "Você deve ser pai. Será importante ter essa experiência. E sua filha terá um papel importante no seu desenvolvimento e na sua missão".

A dúvida se dissolveu, segui sua recomendação e tivemos, então, Nuyth Ananda, o nome que escolhemos para a nossa filha. Quando o mestre Avidhoot disse "Tenha uma filha", contei a Maharajji e ele deu uma grande gargalhada, ao seu estilo. E confirmou o que dissera Avidhoot. Nos anos seguintes, jamais houve um só minuto de minha vida em que eu tenha tido algum sinal de arrependimento da minha decisão. Ao contrário. Ela foi um presente de Deus.

Nuyth é um dos nomes da mãe divina cultuada no Egito. Uma divindade que pare as estrelas e protege seu irmão, o deus da terra, do perigo, das águas caóticas, do abismo. *Ananda* significa bem-aventurança, a felicidade infinita. Quando aparece junto de outro nome, *Ananda* significa aquela que realiza seu propósito através desse outro nome – no caso, portanto, através de Nuyth, isto é, aquela que se realiza sendo canal de Nuyth. Em dado momento, até achei que seriam duas filhas: uma seria Nuyth, outra seria Ananda. Mas, quando ela nasceu, vi que seria somente uma. Apenas ela mesma: Nuyth Ananda.

Minha filha nasceu no dia de Guru Purnima, importante data do calendário védico. É um dia dedicado ao guru, e, na Índia, é uma festividade que honra os professores espirituais. E, de fato, Nuyth Ananda se revelou um presente de Deus para mim. Aprendi e aprendo muito com ela. Sei que seguirei aprendendo, à medida que ela se desenvolve e vai revelando por que e para que veio à vida. À minha vida. Maharajji deu-lhe o nome de Radha.

No início, Nuyth chorava, e muito. Ela ficou chorando por longos três anos durante as noites. Não conseguia dormir direito. Eu acordava com alegria para cuidar dela. Entendia que era minha prática de yoga: acordar disposto, com alegria, para cuidar da minha filha e dar apoio à mãe. E foi muito bom.

Sempre que eu ia para a Índia, quando possível, eu levava Nuyth Ananda. Por um lado, Maharajji me dizia: "Vá dar satsang. Essas pessoas precisam que você fale". De fato, cada vez mais pessoas se juntavam para estar comigo no ashram e ouvir meus satsangs. Aos poucos, fui me acostumando a ocupar a poltrona para oferecer o darshan aos devotos que buscavam luz. Ali, eu me esvazio para permitir que o poder do guru use o meu canal para dar às pessoas o que elas precisam, tanto em conhecimento quanto em energia. Além disso, absorver os karmas que elas carregam, para ajudar a dissolver o que já pode ser dissolvido.

Os anos que se seguiram à minha iluminação foram um período em que Maharajji me preparava para a missão, me ensinando as rezas da linhagem, as cerimônias, a ritualística e os protocolos necessários para assumir essa posição. Quando se tornou guru, Maharajji também tinha uma família, com filhos para sustentar, e ele queria abandonar tudo isso para viver somente do espiritual. Mas o guru dele, Sachcha Baba, não deixou. Mandou-o trabalhar e cuidar da família, pelo menos por um tempo, para encaminhar suas responsabilidades materiais. Quando tudo estava encaminhado, ele pôde, então, se dedicar à vida espiritual.

Maharajji tinha me dado essa graça – e essa missão –, mas eu continuava sendo humano e precisava lidar com as questões humanas. É verdade que, lidando de um outro lugar de consciência, minha vida passou a ter outro olhar espiritual, foi se transformando em todos os âmbitos, como estou descrevendo aqui. Guru é um poder espiritual que encontra passagem em alguns canais que alcançam a autorrealização. Mas eu percebia que facilmente as pessoas caíam em idealizações. Eu não podia cair nas idealizações. Eu tinha uma filha para criar, relacionamentos para cuidar e contas para pagar. A vida material continua.

Eu já trabalhava com a espiritualidade havia alguns anos, mas aprendi um princípio ético do trabalho espiritual que é básico e que sempre me norteou: jamais dependa financeiramente do trabalho espiritual. Se vem como consequência, ótimo. Se não vem, ótimo também. Por isso sempre busquei ter fontes alternativas de recursos, pois assim eu realmente poderia ser livre para fazer o que o comando espiritual me pedia. Nisso, me ajudou muito ter adotado desde muito jovem a prática de compra e venda de imóveis, algo que gosto de fazer até hoje, para atender às minhas necessidades materiais.

Eu também tive um período de adaptação. Mara me acompanhou nessa aventura do caminho iniciático espiritual, pois ela também era e é uma pessoa bastante dedicada à espiritualidade. Mas, apesar de nos amarmos muito e termos uma grande dedicação à vida espiritual, meu casamento com ela não se sustentou. Até o divórcio, houve muitas idas e vindas. Fomos muito felizes juntos, tivemos juntos a Nuyth, mas nos separamos. Uma separação no casamento, não na vida. Hoje ela é uma grande amiga, uma excelente mãe e se tornou uma líder espiritual que conduz muitas almas a Deus.

Maharajji a conheceu na mesma época em que me conheceu, afinal, estávamos juntos naquela viagem a Rishikesh. Nos anos seguintes, quando comecei a levar pessoas à Índia, Mara também ia e passou a se aproximar de Maharajji. Quando nos separamos, ele a acolheu e cuidou dela. Buscou mostrar-lhe que esse era mesmo o caminho da alma de cada um. A personalidade tinha seus planos, mas a alma tinha outros planos para nós. O mestre passou, então, a trabalhar para o despertar espiritual dela. Em dado momento, ele a incentivou a guiar as pessoas para Deus também e pediu-me que desse amparo a ela, de modo que pudesse se desenvolver. Acabei ocupando esse lugar de apoiador, sendo o mestre responsável por seu desenvolvimento espiritual. Foi então que ela recebeu o nome Prem Mukti Mayi e passou a prestar serviço como líder espiritual.

Seria muito mais fácil se, ao nos iluminarmos, já recebêssemos um manual com todas as respostas, mas infelizmente não é assim que funciona. Eu tinha dúvidas se deveria abandonar tudo e viver uma vida de renunciante ou seguir com meus compromissos, responsabilidades e descobertas.

Foi então que Maharajji, buscando o caminho do meio, me orientou a seguir um modelo de vida "metade-metade": eu deveria viver seis meses como um renunciante na Índia, dedicando-me exclusivamente à missão sem distrações do mundo, e os outros seis meses no Ocidente, vivendo minha vida e cumprindo meus compromissos. Assim, os karmas se soltariam gradualmente. Seria um processo gradual e orgânico, no qual todas as coisas convergiriam para a realização da missão, permitindo-me integrar tudo, sem causar nenhuma ruptura drástica.

Essa dinâmica aconteceu inclusive com relação à minha vida sexual. E aqui gostaria de abrir um parêntese, para explicar para você, leitor destas minhas memórias, que, apesar de eu sentir que seria respeitoso com todos e comigo mesmo preservar a intimidade da minha vida privada, vou expor alguns detalhes desse meu desenvolvimento. Faço essa escolha por compreender que, dessa forma, posso trazer luz a um tema que é um grande tabu na nossa sociedade, além de eu também ter a oportunidade de esclarecer com a profundidade necessária alguns aspectos da minha vida que foram expostos de forma distorcida e, em algumas instâncias, de maneira inverídica e até caluniosa, sem o devido respeito e dignidade que todos os seres humanos merecem.

Enquanto eu estava entregue ao período de renúncia na Índia, eu não me relacionava. Ao voltar ao Brasil, abria novamente a possibilidade de me relacionar, desde que estivesse alinhado com a sexualidade sagrada. Eu também tinha a minha profunda pesquisa em relação à sexualidade tântrica e sobre como isso fazia mesmo parte do caminho espiritual de desenvolvimento, sem envolver a repressão.

Eu já estava livre da dependência e do apego ao sexo. Para mim, sexo já era algo sagrado, e eu não podia mais praticá-lo se não fosse direcionado ao divino. Eu era, como se diz na minha tradição, um Brahmacharya, ou seja, numa tradução literal, aquele que segue uma conduta que leva a Brahman, a Deus, inclusive na sexualidade. Brahmacharya pode ser visto como um caminho de moderação e autocontrole em relação à energia sexual, e não significa necessariamente a completa abstinência. Nesse contexto, uma pessoa pode ser Brahmacharya sendo consciente sobre como, quando e com quem escolhe expressar sua sexualidade, mantendo um foco em relações significativas e respeitosas, sem indulgência excessiva ou comportamento impulsivo.

Dentro do yoga moderno, muitas vezes se enfatiza o aspecto de autocontrole e moderação de Brahmacharya mais do que o celibato absoluto. Instrutores e praticantes podem interpretar isso como equilíbrio e disciplina nas ações e desejos pessoais, incluindo a sexualidade, para manter a energia (prana) focada no crescimento espiritual e pessoal. Na tradição védica, a prática sexual só é considerada dhármica em dois casos: para cumprir o propósito material da procriação ou para cumprir o propósito espiritual do alinhamento do prazer (kama) com o sagrado. Ou seja, a prática sexual puramente para satisfazer desejos e fantasias mundanas não é considerada uma conduta dhármica. Isso não me era interessante, pois já tinha vivido todas as descobertas relativas à sexualidade durante minha juventude.

E, desse lugar de consciência, segui minhas escolhas na sexualidade no estágio pós-iluminação, direcionando toda a minha energia sexual para Deus, para o trabalho espiritual, para o serviço, para a devoção. Então, seguindo a orientação de Maharajji, tive períodos em que fiquei sem praticar sexo, mas também me permiti viver algumas experiências após a minha separação.

Foi então que tive mais um relacionamento. E, dessa vez, numa situação delicada, que trouxe muitos desafios. Naquela época, eu tinha uma amiga que era uma pessoa do meu círculo íntimo – além de ser minha aluna, ela dava aulas de inglês para mim e para minha filha. Saíamos com nosso grupo de amigos com alguma frequência, e ela começou também a me secretariar. Em dado momento, com ela em crise no casamento, que já estava terminando, fomos ficando ainda mais próximos e nos envolvemos. Apesar de racionalmente sabermos que se tratava de algo que seria melhor que não acontecesse, o coração falou mais alto e nos permitimos viver essa experiência. Começamos um relacionamento, que durou aproximadamente dois anos, entre 2008 e 2010.

Mantivemos a relação reservada na nossa intimidade por três motivos. Primeiro, porque dizia respeito à nossa intimidade. Segundo, porque sei que existe pouco conhecimento sobre a sexualidade sagrada, o que poderia criar fantasias em torno de algo que era puro. E, terceiro, porque era uma situação delicada, em meio ao fim do relacionamento dela, e, como muitas separações, envolvia sentimentos a serem integrados. Decidimos juntos que seria melhor não falar nada, para poupar dores desnecessárias para o ex-companheiro dela, mas sinto que não foi a melhor escolha manter esse assunto apenas entre nós. Mais do que manter o relacionamento em segredo, sei hoje que eu deveria ter evitado o envolvimento.

Passado um tempo, essa história de amor e respeito mútuo terminou. Como todo fim de relacionamento, envolveu dores. No entanto, mesmo com o término, seguimos a amizade por mais oito anos, ela ainda me auxiliando e tendo um papel de destaque na organização do meu trabalho, sem nos relacionarmos mais afetivamente. Naquela época, eu não imaginava que uma história tão bonita que vivemos poderia ser tão distorcida e mal interpretada no futuro como foi. Falarei disso mais adiante, porque antes tenho a conclusão da minha formação para compartilhar.

Nos meus primeiros anos como mestre, foi essencial ter tido o acompanhamento e a orientação de perto do meu guru. Afinal, quem mais poderia me preparar para ocupar essa posição senão alguém que já tinha passado por esse momento na vida? Como disse, isso não é algo que se aprende nos livros, mas numa transmissão direta de guru para discípulo, tanto no que diz respeito ao conhecimento como na transmissão sutil no plano espiritual. Ao mesmo tempo que recebia tudo que Maharajji tinha para me oferecer, eu precisava abrir meus próprios caminhos, pois minha condição como mestre era diferente. Eu era um homem extremamente dedicado à vida espiritual, o que consolidou as bases que me deram as condições para receber a graça da autorrealização, mas não era um indiano védico tradicional. Eu não tenho a menor dúvida de que Deus me deu o guru que eu precisava ter.

Na Índia, Maharajji, um santo que estava na altura espiritual em que ele estava, não ligava para as barreiras impostas pela tradição. Ele foi pioneiro quando na década de 1980 recebeu ShantiMayi, uma mulher americana, e a conduziu para a sua própria autorrealização e formação como mestre espiritual. Ele não via nela seu gênero ou sua nacionalidade, e sim a sua alma, por isso ele foi abrindo caminhos, inclusive dentro da mentalidade indiana, para romper barreiras. No meu caso também: eu já era um líder espiritual brasileiro, com uma base espiritual mais universalista, com um método desenvolvido que unia diferentes ferramentas, inspirado por diferentes mestres. Maharajji não via as fronteiras das doutrinas e das religiões. Ele via o amor, e isso me inspirava a ter a coragem de seguir com o meu propósito de fazer pontes entre mundos que muitas vezes não conversam entre si.

Maharajji disse uma vez, em um discurso: "Eu tenho apenas uma mensagem: a espiritualidade, que é conhecida como paz. O amor não está na mente e no pensamento. O amor está no coração, e isso é universal. Talvez em Sidney, talvez na França, talvez na Inglaterra, talvez em qualquer país. Espiritualidade não é para um país em particular. Esse é um ponto universal. Pode ser Cristo ou Maomé, talvez Rama ou Krishna. Todas as pessoas, façam uma coisa: amem seu Deus. Cristo também diz isso, Maomé também fala dessa forma. Então, se você quer tornar Deus realidade, primeiro você tem que olhar para dentro, não olhe para outras pessoas. Você tem tantos egos dentro de si. Compreende?".

Se na Índia Maharajji ia abrindo caminhos para que eu fosse recebido como seu discípulo e como guru, no Brasil eu também ia abrindo caminhos para que a mensagem de Sachcha chegasse àqueles que já estavam conectados a mim e a outros que estavam se aproximando. Mas você pode imaginar que não era um caminho fácil, e também enfrentei muita resistência. Principalmente porque o conceito de guru em si não é tão facilmente compreendido dentro do sistema de crenças ocidentais. E sinto que meu papel sempre foi o de não forçar absolutamente nada, não pregar qualquer direção dogmática em termos do que é certo e do que é errado, nem criar uma religião. Meu papel era o de dizer: Deus existe, está em mim, em você, em todos e em todos os lugares.

Em determinado momento, Maharajji também viu que eu não cumpriria essa missão sozinho. Foi quando, em 2010, ele me confirmou que eu precisava de uma companheira espiritual, uma Shakti. A Shakti do guru pode ser vista como sua parceira de vida, que compartilha e até mesmo amplifica seu trabalho espiritual. Ela é sua contraparte feminina, trazendo equilíbrio e uma dimensão adicional para a sua missão. A Shakti é a encarnação da energia feminina divina. Como parceira do guru, ela simboliza a força vital e criativa, complementando a energia masculina do guru.

Ela oferece suporte emocional e espiritual ao guru, ajudando a criar um equilíbrio entre o trabalho espiritual e as demandas da vida cotidiana. Ela é uma influência estabilizadora e inspiradora para a comunidade ao redor do guru. É como uma mãe espiritual para os discípulos e seguidores, oferecendo cuidado, aconselhamento e amor incondicional. Algumas Shaktis trabalham lado a lado com os gurus em ensinamentos, cerimônias e rituais, coliderando e cocriando o espaço espiritual. Essa parceria pode ser profundamente sinérgica, ampliando os benefícios espirituais para os seguidores. Não são todos os gurus que precisam ter uma Shakti, mas no meu caso foi assim, e Maharajji viu a energia da minha Shakti em Lileshvari, uma amiga que tinha uma conexão muito profunda comigo, desde quando me conheceu, anos antes de eu conhecer Maharajji.

Em 1995, conheci Lileshvari, ainda chamada Marcela, durante um sarau organizado por amigos. Ela tinha 22 anos e era namorada de um amigo que iniciava seus estudos comigo. Ela foi trazendo conteúdos muito fortes. Seu processo de desenvolvimento espiritual pedia um cuidado especial. Explico: a mediunidade dela era algo extraordinário e muito complexo. Quando criança, ela viveu experiências paranormais muito fortes. Depois passou por uma clínica de parapsicologia, prestando serviço de captação mediúnica, o que a fez desenvolver ainda mais sua mediunidade. No entanto, isso acontecia de forma descontrolada. Percebi que estava diante de uma joia rara do ponto de vista espiritual, que precisaria de uma lapidação delicada. Num de seus momentos de "emergência espiritual", querendo largar a própria vida, sentimos a importância de apoiá-la.

Fomos compreendendo também que a mediunidade dela trazia sinais de que estava a serviço da missão Sachcha, e fui reconhecendo a Shakti nela, um canal da Mãe Divina, da energia espiritual feminina, que tem um papel fundamental. Naquela época, era algo que não era muito claro para mim. Lileshvari anos depois me revelou que, quando fomos apresentados, sentiu algo muito forte, inexplicável, uma conexão indescritível.

Lileshvari viveu no Sachcha Mission Ashram durante doze anos, realizando *tapasyas* e ancorando o trabalho devocional. *Tapasya*, ou *tapa*, é uma palavra sânscrita que significa "aquecer", "gerar calor"; na cultura védica e no hinduísmo, ela denota tanto a disciplina espiritual quanto o êxtase espiritual de um iogue. *Tapasya* é a disciplina prática e espiritual que envolve austeridade, moderação, esforço para alcançar a autorrealização. É uma forma de desenvolver disciplina e autocontrole.

Lileshvari revelou também um dom especial para o sânscrito. Ela apresentava uma facilidade impressionante de aprender os mantras;

escutava e em pouco tempo já havia aprendido, o que chamava a atenção de todos, incluindo os sacerdotes indianos, pouco acostumados a ver isso nos ocidentais. Era algo mesmo de sua alma acordando.

Ela me acompanha desde o primeiro grupo que levei para a Índia. Ali começaram seus estudos, quando passou a ser treinada para ser a zeladora e guardiã das rezas da linhagem no meu trabalho, e assim é até hoje.

Maharajji começou a observá-la e a perceber seus dons e o propósito da sua alma. Com isso, ele deu um direcionamento claro para essa área da minha vida, no Natal de 2010, confirmando que ela era minha Shakti, companheira espiritual e de vida. Nós temos uma relação única, fomos nos aproximando muito naturalmente e nos conectando de uma maneira que eu nunca tinha experimentado. Ao longo desse processo, mesmo quando ainda não estávamos juntos, ela sentia o que acontecia no campo de energia dos trabalhos espirituais que eu desenvolvia. Era uma conexão tão profunda e rara, que eu passei a senti-la também, mesmo a distância. Foram muitos sinais que me mostraram que ela tinha um papel fundamental no trabalho que eu desenvolvia e na minha vida. Lileshvari me via como ninguém via, enxergava meu ser, me dava a força e o amor de que eu precisava para realizar o que vim realizar neste mundo. Esse amor foi o bálsamo que eu precisava para curar marcas profundas que eu carregava na alma. Lileshvari sempre teve – e tem – um entendimento muito profundo de mim e do meu trabalho. Sabia me ler, me compreender e explorar a completa afinidade que tivemos desde o primeiro encontro. É uma relação de amor e de serviço. Ela me acompanha e me dá suporte espiritual. Portanto, minha energia espiritual passa por ela.

Durante um tempo eu evitava falar desse assunto, porque, se no Ocidente já existe dificuldade em entender o que é um guru, imagine entender o que é uma Shakti. Consciente dessa dificuldade, passei a apresentá-la como uma pessoa próxima, uma médium, uma ajudante espiritual, a zeladora das rezas, uma companheira, mas sem entrar em detalhes. Mesmo porque, assim como eu estava aprendendo a ser um guru, ela também estava aprendendo a ser uma Shakti, uma flor delicada que pedia cuidado e recolhimento para desabrochar.

Lileshvari é minha companheira de jornada. O foco dessa jornada é a vida espiritual, o projeto da alma individual. Ela apoia o meu desenvolvimento espiritual e eu apoio o dela. Por essa razão, eu a defino como uma companheira espiritual. Compartilhamos a vida, nos apoiamos, dividimos casa, passeamos, assistimos à televisão, temos nossa vida juntos, mas o norte da nossa união é o espiritual. O amor em forma de oração de Lileshvari me conduzia ainda mais para o meu mestre e para o divino.

Com isso, Maharajji completou os primeiros anos de formação e preparação para que eu pudesse então começar a expandir a missão Sachcha para o mundo, uma empreitada divina que exigiu uma entrega profunda da minha parte e de todos que se dedicavam a essa missão do despertar do amor.

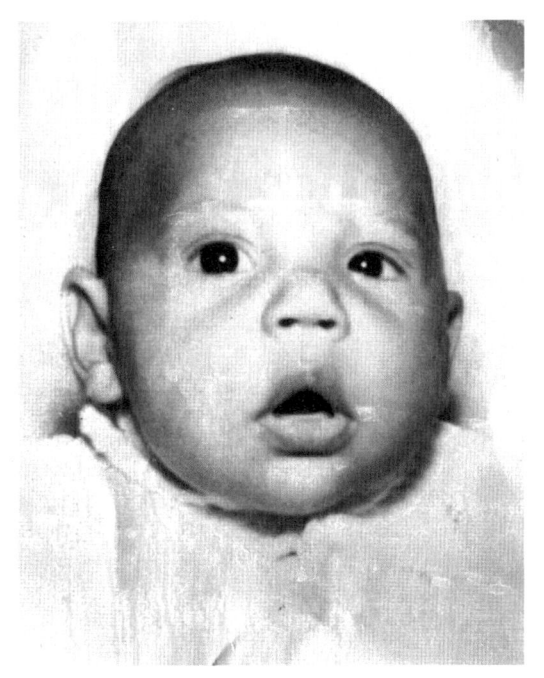

Janderson com sua mãe, Maria Georgete da Silva.

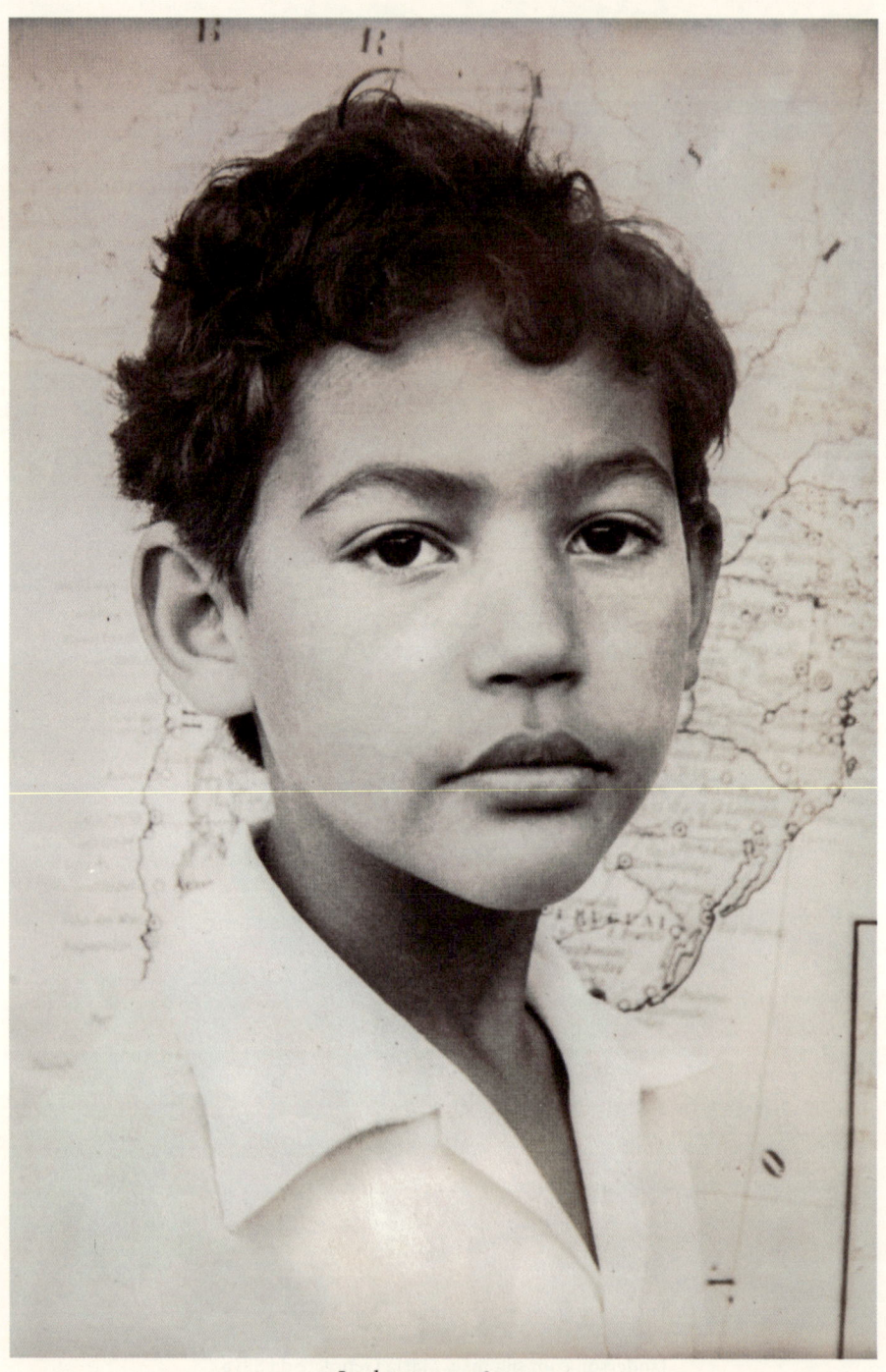

Janderson com 9 anos.

Janderson com 13 anos, no colégio em Guarulhos.

Janderson com 18 anos, participando do primeiro Encontro de Cultura Alternativa (ENCAL).

Com 20 anos, já professor de yoga.

Foto: Thais Rebello

Aprendiz nas primeiras experiências em um feitio
do Santo Daime (ritual sagrado de preparação do chá), no Trono da Lua,
em Rio Branco, Acre (1997).

De farda branca, em sessão no antigo Ciclujur,
igreja oficial do Santo Daime, em Rio Branco, Acre (1998).

Janderson com o senhor Osmar, que foi seu primeiro professor
de feitio de Santo Daime. Em uma sessão do
Ciclujur, no Alto Santo, Acre (1998).

Foto: Thais Rebello

Recebendo as bênçãos de Sri Hans Raj Maharaji, no terraço do Sachcha Dam Ashram, quando recebeu a iniciação (2000).

Foto: Thais Rebello

Passeio com a filha Nuyth Ananda, nos jardins do Vale do Matutu, em Aiuruoca, Minas Gerais (2003).

Com o Dalai Lama em Roma, no encontro de líderes (2004).

Sri Prem Baba com Shantimayi, no Sachcha Dham Ashram (2004).

Sri Prem Baba em viagem de trem com Sri Hans Raj Maharajji, a caminho de Prayagraj para o Kumbh Mela (2007).

Sri Prem Baba com a filha Nuyth Ananda, oferecendo satsang na Índia (2007).

Sri Prem Baba em seu treinamento com Sri Hans Raj Maharajji (2008).

Mestres da linhagem Sachcha. Da esquerda para a direita: Sri Katcha Baba, Sri Girinari Baba, Sri Sachcha Baba, Sri Hans Raj Maharajji e Sri Prem Baba.

Foto: Thais Rebello

Aos pés do seu amado guru, Sri Hans Raj Maharaji,
no mandir do Sachcha Dham Ashram, em Rishikesh (2010).

Sri Prem Baba com sua companheira espiritual, Mataji Lileshvari, em celebração do Mahashivaratri (2011).

Em visita à Sachcha Shishu School, projeto apoiado por Sri Prem Baba, em Rishikesh.

Com os mestres espirituais Sadhguru e Swami Chidanand Saraswati, no Maha Kumbh Mela, na Índia (2013).

Em encontro com Sri Sri Ravi Shankar, na Índia (2013).

Com Sadhguru no Maha Kumbh Mela, na Índia (2013).

Foto: Thais Rebello

Reunido em meditação com alunos sob a árvore da vida, em Varanasi, local sagrado em que Krishnamurti também meditava (2013).

Em Satsang, no Sachcha Dham Ashram, em Rishikesh (2014).

Ao lado do padre Omar Raposo, responsável pelo Santuário do Cristo Redentor, conduzindo uma cerimônia ecumênica da campanha "Apenas 1 Minuto" (2014).

Em encontro com o mestre Espiritual Ram Dass, no Havaí.

Sri Prem Baba com Swami Guru Sharnanandji.

Sri Prem Baba com Acharya Mahamandaleshwar Swami Avadeshanandji e Swami Chetanji.

Com seu amigo, senhor Manoj, discípulo de Maharajji, que seguiu com Sri Prem Baba.

Com Ram Dev no Festival Internacional de Yoga, no Parmarth Niketan.

Sri Prem Baba no aniversário de 80 anos do Dalai Lama, em Nova Délhi (2015).

Sri Prem Baba com Mooji no Congresso Internacional de Yoga, em Rishikesh (2016).

Com Will Smith, em sua visita à Awaken Love House, em São Paulo (2017).

Foto: Thais Rebello

Em celebração do Gurupurnima, no Sachcha Mission Ashram, em Nazaré Paulista, recebendo mais de duas mil pessoas (2017).

Em encontro promovido por Divaldo Franco, no "Movimento Você é a Paz", no Auditório Ibirapuera (2017).

Foto: Thais Rebello

Oferecendo darsham em temporada de satsangs,
no Grande Hotel de Serra Negra (2018).

Foto: Horácio Brandão

Encontro com Milton Nascimento no Festival Vida e Arte,
em Fortaleza (2018).

Foto: Horácio Brandão

Encontro com Elza Soares no Festival Vida e Arte, em Fortaleza (2018).

Na Índia, na cerimônia em que entregou o cabelo e a barba para o começo da nova fase (2019).

Na Índia, já sem o cabelo e a barba (2019).

Com seus professores Donavan e Susan Thesenga, no Seven Oaks Pathwork Retreat Center (2019).

Sri Prem Baba com Swami Shankaratilaka, da Fundação Védica dos Himalaias, na Índia (2020).

Com lideranças da linha da floresta durante festival na comunidade Flor da Jurema, no Rio Croa (Acre): madrinha Luzirene, padrinho Saturnino, Davi de Paula e representantes do povo Shanenawa (2022).

Na formatura da filha Nuyth Ananda, nos Estados Unidos,
com Prem Mukti Mayi (2022).

Foto: Pedro Camilo

Com Swami Gopalji, no Sachcha Ashram, em Prayagraj, um mês antes
de seu Mahasamadhi (2023).

Com Lileshvari, em peregrinação na Índia (2023).

Foto: Pedro Camilo

Cerimônia de Fogo no Sachcha Mission Ashram, em Nazaré Paulista, com a presença dos Brahmins Indianos da linhagem Sachcha (2023).

Foto: Giovana Calandriello | Ratna

Palestra de abertura do Congresso Internacional de Felicidade, em Curitiba (2023).

Sri Prem Baba com Swami Vasudevanand Saraswatji Maharaj, ex-Shankaracharya de Joshimath, um dos quatro assentos principais da tradição Shankaracharya, na Índia. Swamiji continua sendo uma referência espiritual respeitada. Ele desempenha um papel fundamental como um dos principais curadores do Ram Mandir em Ayodhya, e patrono-chefe do Trust de Maharishi Mahesh Yogi na Índia (2023).

Em visita ao padrinho Alex, no Céu da Montanha, em Visconde de Mauá - RJ (2023).

Encontro com padrinho Alfredo (2024).

Foto: Sitah

Saída do satsang no Teatro Procópio Ferreira, em São Paulo, para 600 pessoas (2024).

Foto: Pedro Camilo

Em cerimônia de celebração do aniversário de Sri Prem Baba, no Sachcha Mission Ashram, com a presença do padrinho Saturnino (2024).

Foto: Sitah

Em Banho Real no Maha Kumbh Mela de 2025.

Capítulo 12

Despertando e espalhando o amor na calçada da fama

Desde que eu despertei, em 2002, reconhecido como guru pelo meu mestre Sri Hans Raj Maharajji, até 2017, foram quinze anos sucessivos de crescimento contínuo: a cada ano, mais clareza, mais assertividade, mais escrutínio dos meus caminhos espirituais, mais profundidade no autoconhecimento e mais intensidade no exercício da missão. Passados alguns anos desde o início do meu preparo com Maharajji, em um dos momentos com ele em seu quarto, recebi uma nova bênção.

Maharajji olhou nos meus olhos, esticou o braço e sinalizou com a mão para que eu me aproximasse. Colocou sua mão na minha cabeça e profetizou: "A luz de Sachcha vai chegar a cada canto deste mundo, e isso vai acontecer através de você. As pessoas vão começar a sonhar com você sem nem mesmo conhecê-lo e virão ao seu encontro. Vá para o mundo e circule oferecendo satsangs por seis ou sete anos e depois se fixe num ashram. Quem precisar aprender com você irá à sua procura". Palavras fortes ditas por um santo do grau de Maharajji têm muito poder. E, a partir daquele momento, isso de fato começou a acontecer.

Como certa vez escreveu o jornalista Arthur Veríssimo, na abertura de uma entrevista feita comigo, quando surge a iluminação, ou a pessoa se torna absolutamente silenciosa, ou explode em canções: "A vida de Prem Baba se tornou uma melodia cósmica. Seus ensinamentos espalharam-se por vários cantos do planeta – do Brasil à Índia, passando pelos States e

Europa. Por onde passa, milhares de pessoas são magnetizadas por suas palavras. Sim, amigos, Prem Baba tem o talento de guiar pessoas. Ele é um iluminado". Veríssimo me conheceu no Kumbh Mela – principal festival do hinduísmo, que ocorre quatro vezes a cada doze anos na Índia, dividido pelas cidades de Prayagraj, Ujjain, Nashik e Haridwar –, quando eu já era guru e o primeiro – e, até aqui, único – brasileiro a dirigir um ashram em solo indiano.

Eu também havia aperfeiçoado meu método Caminho do Coração, a virtuosa combinação entre as técnicas inspiradas no Swasthya Yoga, a psicologia gnóstica, os ensinamentos budistas, a psicologia transpessoal e a psicologia tradicional, e mais tarde desenvolveria também o que chamaríamos de Awaken Love Yoga, com todo o sincretismo religioso e espiritual sobre o qual já falei tantas vezes nestas memórias, e o Daime, para aqueles que se sentiam chamados para essa vertente.

Apesar de Maharajji ter me autorizado a seguir com o trabalho na linha da floresta, compreendi que essa vertente seria para poucos buscadores. Respeito profundamente uma das principais bases dessa doutrina, que indica que não se convida as pessoas para tomar Daime, tampouco se faz propaganda. Esse trabalho esotérico é somente para aqueles que têm o chamado. Sou muito cuidadoso com esse ponto, ao perceber que tem havido uma expansão desmedida, e talvez até perigosa, pois a popularização dos trabalhos com as medicinas da floresta acabou ferindo a regra básica do caminho, que é a transmissão espiritual de mestre para discípulo, honrando a liturgia e a origem. Do contrário, são abertas portas para graves consequências kármicas, com pessoas despreparadas conduzindo sessões. Tomo o cuidado de explicar isso aqui, pois não quero incorrer no erro de, ao contar sobre o meu caminho espiritual que envolve o encontro místico com o Daime, estimular a busca curiosa das medicinas sagradas da floresta sem o devido cuidado e a real necessidade. Por isso, também, desde quando me tornei um guru, minha forma de trabalhar foi se ampliando, para atender com um método mais universalista, a fim de tocar mais pessoas. Torno hoje público esse aspecto da minha vida por meio deste livro de memórias, porque já não estou mais à frente dos trabalhos regulares com o Daime.

Recebida a missão do meu mestre, de que eu precisava expandir a mensagem de Sachcha para o mundo, devo ser sincero ao dizer que a levei bastante a sério. Afinal, era ao mesmo tempo o compromisso que eu havia assumido de encontrar caminhos para abrir as mentes e os corações das pessoas para que fossem tocadas pela espiritualidade. Todo o meu vasto e ousado passado de buscador me possibilitou ter muitas ferramentas e um conhecimento amplo, para costurar diferentes caminhos. Vou tentar traduzir para você alguns deles que encontrei para cumprir essa missão.

Precisei construir uma rede para isso. O método que eu havia criado agora era aplicado por terapeutas treinados. Baseava-se na utilização de vivências práticas, em grupo ou individuais, que ajudavam os participantes a revisitar suas histórias de vida desde a infância. Essas imersões estimulavam as pessoas a tomar consciência de seus padrões de pensamento e comportamento limitantes, que geram sofrimento. O método ajudou muitas pessoas a revelar seus talentos adormecidos e abrir caminhos novos, mais adequados à vida adulta.

O Caminho do Coração evoluiu para ser a minha frente de trabalhos psicoespirituais. Percebi que precisávamos começar do básico: o ser humano precisa se conhecer, entender como seu ego está formatado e identificar as dores que são as portas de entrada para a maldade. Formatamos vivências e cursos de duração e intensidade variados, idealizados para aprofundar o autoconhecimento de forma gradativa e constante. Dessa maneira, o participante podia investigar os eventos que de alguma forma o separaram de sua essência, tornar-se consciente das várias camadas de proteção que encobrem sua verdadeira identidade, identificar e transformar aspectos da sua personalidade que o levam a repetir situações negativas, até ter a experiência de que tudo que acontece em nossas vidas é resultado das nossas escolhas, e que a transformação depende apenas de nós.

No Caminho do Coração, contei com a ajuda inestimável de Paramita, que foi minha assistente durante muitos anos. Não posso deixar de registrar o apoio que ela me deu na construção e na consolidação da metodologia que passamos a chamar, depois de um tempo, de Caminho do Coração. Ela sabia como ninguém estruturar minhas ideias e colocá-las num alicerce sólido, ficando à frente da escola – que chamávamos de Treinamentos. Paramita também era a principal terapeuta, que treinava os outros terapeutas nos grupos de psicoespiritualidade, sob minha supervisão.

A solidez do método deu respaldo ao crescimento exponencial das minhas atividades e da minha mensagem. A notoriedade chegou a passos largos, impulsionada não apenas pelo meu conhecimento e por minha facilidade em traduzir de forma acessível conteúdos profundos do mundo interior, mas também pelo notável trabalho de uma rede de voluntários cada vez maior.

Isso ganhou contornos especiais sobretudo a partir de 2013, quando surgiu o Awaken Love. O que era inicialmente um método de yoga – o mesmo yoga ancestral, mas com alguns novos elementos relacionados à minha visão sobre os processos de autodesenvolvimento, com o objetivo de permitir que essa prática fosse adaptada para qualquer pessoa – se transformou num movimento global.

Tive a visão do que seria o Awaken Love no Maha Kumbh Mela de 2013, em Prayagraj, na Índia. O Maha Kumbh Mela é o maior e mais sagrado festival espiritual da tradição védica, que acontece a cada doze anos em diferentes cidades da Índia, onde milhões de peregrinos se reúnem para celebrar e purificar o corpo, a mente e o espírito. Esse evento, marcado por profunda devoção e rituais ancestrais, simboliza a busca coletiva pela iluminação e pela conexão com o divino. Dentro dessa jornada, ele representa um momento de renovação espiritual e um chamado para que todos se preparem para um novo ciclo da humanidade, integrando os ensinamentos espirituais com os desafios modernos.

Idealizei o movimento Awaken Love a partir da constatação da crise global e do cenário de sofrimento do mundo. Com a criação do movimento, passei a falar e a escrever mais intensamente sobre a urgência de nos comprometermos a manifestar alguns valores humanos, como a honestidade, a autorresponsabilidade e a gentileza. Quando falava – e falo – em gentileza, referia-me à não violência, a não machucar nada nem ninguém, nem mesmo em pensamento. Trata-se inclusive de esvaziar-se da necessidade de machucar a si próprio. Não violência é a tradução para o conceito indiano de *ahimsa*, que por sua vez é o denominador comum dos diferentes tipos e sistemas de yoga que existem.

Constatei que, para muitos, era fácil falar sobre não violência, o difícil mesmo era colocá-la em prática. Mas eu acreditava, e ainda acredito, que à medida que vamos cuidando da violência que praticamos contra nós mesmos, vamos também deixando de manifestá-la fora, contra os outros, criando espaço para erradicá-la do mundo. A violência contra si mesmo, que é outra maneira de compreender o auto-ódio ou autopunição, manifesta-se de diferentes maneiras. Uma delas, comum à maioria das pessoas, é uma autoexigência: um perfeccionismo que faz com que você fique tentando encontrar algo errado em si mesmo e se criticando sempre que possível.

É importante identificar quem em você é tão duro, tão rígido, que não admite falhas. Chamo essa instância da personalidade de "eu idealizado", termo oriundo do Pathwork e que explorei em alguns dos meus livros, como *Propósito* e *Plenitude*. Neste último, escrevi: "O eu idealizado tem como base o perfeccionismo e quer controlar tudo, sob o risco de sofrer humilhação, de ter que encarar o desamor e de passar por experiências doloridas. Vá entrando nessa dor, não fuja dela, respire-a. Entenda que, às vezes, é preciso estar num lugar em que não há onde se segurar. É como estar numa montanha-russa, sentindo tudo se movendo dentro de você. Você respira, respira, respira procurando devagarinho se distanciar dessa sensação. E assim vai tomando consciência dos pensamentos que estão gerando o medo e se projeta numa outra dimensão do entendimento".

Essa instância surge quando, em algum momento da sua vida, você compreende que se deixar de ser espontâneo e agir de determinado jeito terá suas necessidades atendidas e receberá amor. Com o tempo, isso se torna um condicionamento, que faz com que você passe a vida toda tentando ser uma coisa que não é, com medo de ser quem é de verdade e deixar de ser amado. Assim, passa a vida toda tentando agradar aos outros e se culpando quando não consegue, quando "falha".

A autoexigência e a autocrítica são aspectos do orgulho. Como você foi impedido de ser quem era, uma cisão ocorreu em seu corpo emocional. Isso tem um preço muito alto, porque nasceu de um choque de humilhação – para curar isso, é necessário ir atrás das vergonhas que carrega. Todos nós carregamos partes com as quais não pudemos chegar a um acordo. A vergonha está a serviço de nos proteger dessa dor de humilhação, e ela só é integrada quando podemos acolher toda essa miséria.

O Awaken Love, como movimento, buscava inspirar o olhar para esses conflitos internos e, a partir disso, conter os conflitos externos. O objetivo: despertar o amor dentro de cada pessoa, em todos os lugares e em todos os setores da sociedade, criando uma nova maneira de viver a vida, uma cultura de paz e de prosperidade, partindo da premissa de que a base de toda essa transformação de vida é o cultivo do silêncio e o autoconhecimento, a partir do resgate de seis valores humanos: honestidade, autorresponsabilidade, gentileza, dedicação, serviço e beleza.

"Há milênios estamos tratando dos sintomas e nos recusando sistematicamente a tratar da causa real de nossos problemas: a desconexão com a dimensão espiritual da vida", escrevi na abertura de uma publicação que criamos para fincar as bases do movimento. "Para que possamos finalmente tratar dessa desconexão, será necessária uma transformação que exigirá a atenção de todos. Somente através da união de nossos dons e talentos em prol do crescimento do Amor é que seremos capazes de promover essa mudança. É a isso que nos dedicamos."

A proposta era conectar pessoas numa grande rede de colaboração para realizar essa mudança profunda na sociedade e em nós mesmos – porque toda mudança começa de dentro para fora. É mudando o nosso estilo de vida que mudamos o mundo e influenciamos positivamente os outros à nossa volta. Por isso, Awaken Love virou um movimento individual e coletivo, mobilizado por meio de ações individuais e parcerias com pessoas e governos, através de projetos e iniciativas, para criar uma cultura de paz e prosperidade.

Sacramentamos o movimento num grande festival, realizado em novembro de 2013, no parque aquático Beach Park, em Fortaleza, Ceará. Batizamos o festival de Love & Peace Rocks, servindo de palco para que eu lançasse o projeto que se transformaria imediatamente em movimento nacional e internacional. Entre as atrações do festival estavam Gilberto Gil e Toquinho. Mais de 2 mil pessoas passaram pelo local, e, como é comum nesses casos, a presença de pessoas famosas foi destaque na imprensa – entre elas, a jornalista Glória Maria, o ator Márcio Garcia, as atrizes Juliana Paes, Letícia Sabatella e Marina Ruy Barbosa. Esses e outros artistas, como o ator Reynaldo Gianecchini, me ajudaram, e muito, a difundir minhas ideias e ir além, bem além dos adeptos do hinduísmo e das práticas de origem oriental. "Ele não faz milagres, mas ajuda a lidar com questões da mente ligadas ao ego", diria Gianecchini numa reportagem da revista *Veja* que descrevia o nascimento do movimento.

E assim a vida seguiu, vertiginosamente. Criamos um manifesto para o movimento. Ele dizia:

> Acreditamos em uma nova maneira de viver a vida. Uma vida com mais amor, sem medo, sem violência. E não acreditamos sozinhos, acreditamos juntos. O Movimento Awaken Love é a rede

> que conecta todos nós, criando espaços de inspiração e conexão para o despertar do amor, da liberdade e da consciência.
> Um movimento que, antes de tudo, começa dentro de nós, com a prática do silêncio e do autoconhecimento, e que, como consequência, se expande para o todo, transformando o nosso entorno, a nossa sociedade, o nosso mundo.

No campo da autoinvestigação e dos processos de autodesenvolvimento para sermos a mudança no mundo, o movimento aplicava o método do Caminho do Coração. Sua outra ferramenta era O Despertar do Guerreiro Interno (O-DGI), uma escola de cultura marcial que une yoga e artes marciais, meditação e desenvolvimento pessoal, criada pelo *sensei* Fernando Belatto, em São Paulo. Como dizia Belatto, "o que acontece durante os treinos no dojo [*o local de treino*] é uma síntese do que acontece na vida. O que estamos buscando em essência é o despertar de seu Guerreiro Interno, para acabarmos com a separação e realizar um mundo pleno em amor e união".

A Casa da Prosperidade (que depois viria a se transformar na Florescentia – Universidade do Propósito, fundada por meu aluno Thiago Maciel Dantas) era outra parte integrante do Awaken Love. Ela auxilia pessoas e organizações a se alinharem com seu verdadeiro propósito e colocá-lo em movimento no mundo por meio dos dons e talentos. Quando temos clareza do nosso propósito de vida e compartilhamos esse dom com a sociedade, nos sentimos ocupando nosso lugar no mundo. Esse sentimento de pertencimento e de que temos um papel importante nessa transição que estamos vivendo resgata a nossa felicidade e abre as portas para a verdadeira prosperidade.

O movimento Awaken Love também organizava campanhas de cultivo do silêncio, como meditação coletiva em locais públicos e nas redes sociais, no cotidiano das pessoas, e processos de imersão, chamados retiros de silêncio, que duravam de três a dez dias. Numa dessas iniciativas, lançamos a campanha Just 1 Minute (Apenas 1 Minuto), disseminada pela internet e por ações locais em cidades do Brasil. A ideia era escolher cinco períodos de um único minuto ao longo do dia para alinhar a coluna, numa postura confortável, e permanecer assim por esse breve instante, observando o corpo e a respiração. Podia ser antes de sair de casa, antes de ligar o carro, antes do café da manhã.

A campanha foi lançada no Cristo Redentor, no Rio de Janeiro, em novembro de 2014. A escolha não poderia ter sido mais apropriada. Não só pelo que o Cristo representa para o Brasil e para o mundo, como também porque, alguns meses antes, havíamos feito uma meditação coletiva na zona sul da cidade. Reunimos cerca de 3 mil pessoas no Parque Garota de Ipanema, na praia do Arpoador, entre Copacabana e Ipanema, para meditar e me ouvir falar sobre a importância de dedicarmos poucos minutos da rotina diária para a meditação. Uma prática tão simples, mas suficiente para realizar a maior revolução de consciência já vista no planeta.

O sucesso do Arpoador se repetiu no Corcovado, onde fica o Cristo Redentor. Aos pés do monumento, ao lado do padre Omar Raposo, responsável pelo santuário, conduzi a cerimônia de abertura, promovendo uma nova meditação coletiva. Foi um dia especial, com a beleza daquele santuário e da paisagem do Rio adornada por um dia de sol tipicamente carioca e céu sem nuvens. Abri a cerimônia com o convite ao silêncio: "Estamos aqui convidando a todos os seres humanos de todos os cantos do mundo, que possam se comprometer com a paz através do cultivo do silêncio. Esse é o início de uma revolução. A revolução da consciência. A partir desse lugar, a partir do Cristo Redentor, no Rio de Janeiro, nós vamos semear a paz no mundo inteiro. [...] A campanha visa relembrar ao ser humano que a paz está dentro dele; que a prosperidade, a alegria, que tudo aquilo que ele busca tão freneticamente lá fora, está dentro dele".

Tentei mostrar como a humanidade vive em constante conflito e busca a paz longe de si mesma: "O ser humano vai longe em busca do amor e de tranquilidade, quando a paz está dentro de cada um de nós. Esse é o início de uma revolução da consciência que começa com esse minuto de silêncio. Isso começa com seu comprometimento, e assim você abrirá caminhos para a paz, o amor ou o que você procura". Padre Omar apoiou a campanha com grande alegria. Disse ele: "O Cristo é um lugar de integração, e essa campanha é maravilhosa. Este lugar foi pensado pela Igreja para que as pessoas pudessem meditar, ter contato com a natureza e encontrar Deus. O amor é capaz de refazer perspectivas, equilibrar sentimentos, olhar para o outro e perceber que ele não é o nosso inimigo".

A campanha se estendeu com uma série de eventos em torno do tema "cultura de paz", incluindo palestras em Vigário Geral, no subúrbio do Rio (em parceria com a ONG AfroReggae, fundada por meu amigo

José Júnior), e no Jardim Botânico, na zona sul, fechando com celebração musical no Parque dos Patins, na Lagoa Rodrigo de Freitas.

Construímos espaços em São Paulo e no Rio de Janeiro. Era a Awaken Love House, pontos de amor e autoconhecimento, levando arte, música e entretenimento mais intensivos, yoga, atividades corporais, meditação, canto de mantras. Eram duas casas-conceito que nasceram com o propósito de se tornar um refúgio amoroso dentro dos centros urbanos, onde seria possível se reabastecer de boas energias e experienciar atividades que desenvolvem valores humanos, reunindo ferramentas do movimento e ações alinhadas ao despertar do amor.

Criamos o selo Awaken Love Music, reunindo diferentes artistas e produção de arte voltada também ao despertar do amor. No selo, músicos davam vazão à criatividade, alimentando o movimento com amor e beleza através da música. O canal oficial do YouTube chegou a ter vídeos com mais de 300 mil acessos, espalhando a nova cultura de paz pelo mundo.

Um dos momentos fantásticos do Awaken Love foi o evento Águas pela Paz, envolvendo um seminário em Brasília – o Seminário Internacional Águas pela Paz: Ciência e Espiritualidade em Busca da Sustentabilidade Hídrica do Planeta –, e a participação no Fórum Mundial da Água, no início de 2018. O seminário, de caráter internacional, propunha um diálogo transdisciplinar, tratando os problemas da escassez de água a partir das causas, e não das consequências. Queríamos jogar luz na urgência do cuidado com as águas, numa ponte entre a ciência e a espiritualidade. Eu estava convicto: a água era a nossa maior mensageira, representando nossos sentimentos mais profundos; a falta dela seria justamente a negação desses sentimentos. Em um sentido ainda mais profundo, o desequilíbrio era um sintoma do esquecimento da espiritualidade.

Realizado em janeiro de 2018, o Águas pela Paz foi uma atividade preparatória para a oitava edição do Fórum Mundial da Água, que seria em Brasília, em março daquele ano. Na minha fala durante o seminário, defendi a necessidade de criarmos uma nova revolução para enfrentar a crise hídrica mundial: "Precisamos criar uma nova revolução, mas de consciência. Temos que conseguir superar crenças limitantes que nos fazem reféns do sofrimento. Temos que ter essa coragem de reescrever o nosso destino. Estamos no clímax dessa revolução. Sinto que daqui a pouco vamos olhar para trás e não vamos reconhecer esse nosso mundo".

E continuei: "Fomos nos afastando das águas, e a grande maioria da população só conhece a água da torneira para dentro, desconhece o percurso da água, da fonte até que ela possa chegar a nossa casa; isso criou uma desconexão com a água, e buscamos encontrar soluções apenas técnicas". Para mim, tínhamos – e temos – muito o que aprender sobre cooperação e compartilhamento. A água enseja o diálogo, a cooperação, a paz. A água pode, de fato, nos levar a uma nova realidade da geopolítica, tendo a negociação, a cooperação e o compartilhamento como base para atender ao entendimento ancestral de que a água é para todos. Defendi a necessidade de aprender a criar comunhão, mesmo com aquele que pensa diferente. Por trás de todas essas diferenças, somos o mesmo ser.

Do Seminário ao Fórum Mundial da Água, deu-se uma incrível união entre líderes religiosos, espiritualistas, cientistas e políticos, governos em todos os níveis (federal, estaduais e municipais), World Water Council, CNBB, Unesco, ONU, diferentes instituições públicas e privadas, para dialogar em torno do tema da água, por um trabalho conjunto na proteção dos mananciais e das fontes de água, na proteção dos rios. Esse evento foi tão bem-sucedido que a ONU adotou o tema "Água para a Prosperidade e a Paz" para o Dia Mundial da Água de 2024.

Até hoje guardo com carinho as lembranças de como foi impactante o que pudemos gerar em tão pouco tempo. Foram milhões de pessoas tocadas profundamente, fosse por um evento, por um livro, por um satsang, por um curso ou retiro, por uma entrevista... Eu estava tentando por todos os canais chamar a atenção para a importância do despertar da consciência amorosa. E muita gente deu grandes passos e saltou muitos degraus de consciência, transformou suas vidas, criou projetos inspirada por todo esse movimento de amor. Era o propósito em movimento, transformando a sociedade, influenciando a natureza, com a despoluição do rio Pinheiros, com a implementação dos Objetivos de Desenvolvimento Sustentável da ONU. Era a espiritualidade na prática, e não conceitos abstratos, eram valores espirituais verdadeiros, ganhando vida e manifestação na matéria. Naturalmente fui me tornando um líder humanitário, envolvido com temas sociais e ambientais relevantes, gerando um impacto necessário e palpável. Percebia que era importante que eu desse o exemplo de que o mundo está precisando que a espiritualidade seja colocada em prática, gerando resultados tangíveis para a humanidade. Meu serviço de estabelecer pontes entre mundos estava, então, inspirando e costurando parcerias.

Mas é claro que toda essa exposição tinha um preço a ser pago. A fama foi crescendo juntamente com a energia do movimento Awaken Love, movida por cada vez mais alunos que se sentiam tocados com a mensagem e o propósito da missão. Eu passaria, a partir dali, a ser mencionado muitas vezes na imprensa como o "guru pop" ou "guru das celebridades". Eu estava definitivamente na calçada da fama. Um mestre brasileiro na calçada da fama, trabalhando para despertar e espalhar uma revolução de consciência, a consciência do amor. Naquele momento, era um preço que eu estava disposto a pagar, pois estava cumprindo a missão que meu guru me confiara, de espalhar a mensagem de Sachcha pelo mundo. Movido pelo propósito, aceitei o sacrifício que foi me expor tanto assim.

Eu só não sabia que o preço seria tão alto.

Capítulo 13

O amor chega à política (e às sombras)

Aproximei-me de políticos. Sim, a revolução de consciência que eu imodestamente ajudava a promover se estendia ao sistema político. Minha visão – na época e também ainda hoje – é que, para começar, um governante precisa se conhecer melhor. Do contrário, a administração estará nas mãos de uma criança ferida, cheia de mágoas e pactos de vingança. O propósito do político, que é também um servidor público, é servir a população, e a mudança começa quando ele se pergunta: "Quem sou eu? O que estou fazendo aqui? Para que acordo de manhã?". Quando ele começa a ter as respostas, quando ganha a convicção de quem é e qual é seu propósito maior, não vai aceitar convites da sombra para fazer acordos nefastos, porque sabe que são convites que o desviam do seu caminho.

Meu envolvimento com políticos era apartidário. Meu foco estava no ser humano que é político, para ajudá-lo a praticar a ação correta na posição que ocupa e, a partir daí, impactar positivamente a sociedade. Essa convicção me aproximou de nomes e partidos tradicionais, como o PSDB de Aécio Neves, de Minas Gerais, João Doria, de São Paulo, Marconi Perillo, de Goiás, até dos chamados movimentos de renovação política, como o RenovaBR – iniciativa de caráter apartidário criada pelo empresário Eduardo Mufarej –, passando pelo relacionamento com lideranças políticas de diferentes partidos, como Marina Silva, da Rede Sustentabilidade, Eduardo Paes, do PSD, Tião Viana, do PT, e Sarney Filho, do PV, na época em que foi ministro do Meio Ambiente (o ministro se mostrava bastante aberto, tendo me convidado inclusive para dar uma palestra magna no Dia do Meio Ambiente).

A aproximação com a política nasceu de um compromisso firmado com o Dalai Lama num encontro de líderes que tivemos em Roma, em 2004. Ali me propus a levar luz para a política e para a educação das crianças. Essa aproximação, pelo menos para mim, tinha objetivos mais definidos e necessários do que a mera aparição pública e o exibicionismo para diferentes plateias. De minha parte havia intenções claras, entre elas contar com o apoio de quem tinha poder e recursos para que pudéssemos implementar o projeto de despertar a consciência, o amor, a cultura de paz e a prosperidade. Acredito que a classe política é um reflexo da sociedade a que pertence. Se essa sociedade é movida pelo ódio e pelo medo, é natural que seus representantes também sejam movidos por isso. E, em muitos casos, busquei transformar nosso método e nossa mensagem em políticas públicas.

O Awaken Love e todos os projetos sociais surgiram também a partir de uma parceria com o Swami Chidanand Saraswati do Parmarth Niketan de Rishikesh, quando nos unimos para o Maha Kumbh Mela de 2013, em Prayagraj. Ele tinha como lema fazer japa (prática espiritual de repetição de mantra) com uma mão e serviço social com a outra. Na época, nosso foco estava na proteção do rio Ganges, em envolver os poderes público e privado na construção de banheiros por toda a Índia e na busca de soluções para o problema do lixo, especialmente em cidades sagradas. Saíamos juntos ao campo catando lixo, para dar o exemplo. Levei para o acampamento centenas de pessoas que se engajaram no karma yoga.

Foi o Swami Chidanand quem sugeriu o nome de "Águas pela Paz" para o evento que fizemos no Brasil em 2018. Trabalhávamos para que os principais rios tivessem os mesmos direitos que um ser humano. Não evoluímos muito, pois tive de abortar os projetos sociais, mas foi possível influenciar as autoridades de alguma maneira a ponto de o governo de São Paulo e a Sabesp – a empresa responsável pela distribuição de água, coleta e tratamento de esgoto no estado – conseguirem completar a façanha de despoluir uma parte significativa do rio Pinheiros. O secretário de Saneamento e Recursos Hídricos do estado de São Paulo e o diretor de Comunicação da Sabesp, além de outros atores engajados no projeto de despoluição do rio, estavam no Águas pela Paz.

Passei a defender a adoção de políticas educacionais capazes de promover novos valores, tentando implantar nas redes públicas de educação e de saúde programas do Instituto Awaken Love que promoviam a cultura de paz. Tivemos retorno positivo da prefeitura do Rio de Janeiro, com Eduardo Paes, da prefeitura de Fortaleza, com Roberto Cláudio, e do estado do Ceará, com a então vice-governadora, Izolda Cela. No Distrito Federal, recebi do então governador, Rodrigo Rollemberg, da primeira-dama, Márcia Rollemberg, e do secretário de Educação, Julio Gregório, o sinal verde para a implementação de programa de educação nas escolas públicas. No Acre, graças ao então governador Tião Viana, o curso "Bem-vindo ao Coração" foi ministrado para gestores de diferentes áreas do governo, incluindo servidores dos gabinetes da vice-governadora e da primeira-dama.

Em Nazaré Paulista, professores e profissionais da rede pública de ensino da cidade foram capacitados por meio do Programa Florescer, baseado em metodologia criada pelo Instituto Awaken Love. A iniciativa atingiu cerca de 2 mil pessoas, entre alunos e educadores, visando despertar valores humanos entre educadores, profissionais de educação e estudantes, para promover uma cultura de paz e prosperidade. Oferecíamos ferramentas para o educador desenvolver habilidades socioemocionais nos alunos, matéria que está contemplada na Base Nacional Comum Curricular, a BNCC.

Sempre estive convicto de que a educação precisa acordar os valores humanos que promovem a vida, a paz, o amor, a prosperidade, a alegria. Como eu dizia em 2017, "Nossa educação hoje está focada no medo da escassez, em ajudar as crianças a ganhar dinheiro. Não ensina a ser feliz, a se relacionar de uma forma harmoniosa. Não ensina a criança a lidar com sentimentos, com seus potenciais, a reconhecer o propósito maior de sua alma".

Essa premissa de juntar métodos de autoconhecimento, paz e prosperidade com políticas públicas ancorou, por exemplo, a aliança com o governador de Goiás, Marconi Perillo. Em agosto de 2017, o governo goiano firmou compromisso com o Instituto Awaken Love para a adoção de políticas ambientais e sociais. Era um acordo de cooperação técnica, vale dizer, sem envolvimento de quaisquer recursos públicos.

A parceria visava ajudar a implantar no estado os 17 Objetivos de Desenvolvimento Sustentável da Organização das Nações Unidas. Hoje,

ODS é uma sigla razoavelmente conhecida por muitos, mas naquele momento era um processo novo. Quase dois anos antes, em setembro de 2015, a ONU propusera aos líderes mundiais os chamados 17 Objetivos de Desenvolvimento Sustentável para que, coletivamente, a humanidade pudesse conciliar o desenvolvimento econômico com a superação da pobreza e das desigualdades, bem como fazer frente às mudanças climáticas. Eram, como a própria ONU definia, "um apelo global à ação para acabar com a pobreza, proteger o meio ambiente e o clima e garantir que as pessoas, em todos os lugares, possam desfrutar de paz e de prosperidade".

Esses objetivos, como acabar com a fome e promover sociedades pacíficas e inclusivas, incluíam metas detalhadas a serem alcançadas nos quinze anos seguintes, mais precisamente até 2030. Nada mais integrado com alguns dos objetivos do movimento Awaken Love, razão pela qual a ONU também me fizera o convite para contribuirmos na disseminação dos 17 ODS. O movimento Awaken Love passou a apoiar fortemente as metas globais definidas pela ONU. De todas as metas, duas eu considerava as mais importantes: a "erradicação da pobreza" e a que prevê "uma vida sustentável em harmonia com o meio ambiente".

Depois da divulgação das metas, uma campanha envolveu artistas, personalidades e lideranças políticas e religiosas. Dediquei então uma mensagem diária (que até hoje compartilhamos com meus alunos e discípulos, chamada Flor do Dia) a cada um dos 17 Objetivos de Desenvolvimento Sustentável definidos pela ONU. Cerca de 2 milhões de pessoas foram atingidas pelas edições da Flor do Dia. Além da divulgação das metas por meio das redes sociais e da Flor do Dia, fui convidado para participar do Prayer for Everyone, uma corrente de ação na qual lideranças do mundo inteiro se dedicaram a orar pela realização das Metas Globais. Durante a temporada no ashram de Alto Paraíso, em Goiás, realizei uma vigília de 24 horas de repetição do mantra Prabhu Aap Jago, que pede pelo despertar da consciência amorosa.

Num satsang em Rishikesh, em março de 2017, eu dizia, por exemplo, que a liberdade de amar é condição para a paz e a prosperidade, que o amor desperto é condição para a construção de uma cultura de paz e prosperidade, assim como o amor materno é fundamental para a estruturação da consciência, e que aprender a lidar com as emoções reprimidas e condicionamentos mentais é essencial para curar as feridas internas. Eu disse:

"A paz e a prosperidade são uma consequência do amor desperto, por isso tenho colocado tanto foco e tanta energia nesse processo de despertar o amor. E, para você desvendar o amor, inevitavelmente vai precisar passar na difícil prova do relacionamento. A sua dificuldade varia de acordo com aquilo que você recebeu de amor durante a infância, porque quanto mais você sofreu devido aos choques de desamor, maior é a sua carência. Consequentemente, maior é o seu medo da solidão e mais fortemente os jogos da luxúria atuarão através de você. Refiro-me à ideia de que você pode controlar o outro; de que pode transformar o outro e que sua felicidade depende da forma como o outro te trata".

Por isso eu dizia que tudo se resume ao amor. Porque, se você ama, se você se torna o amor, significa que se libertou dessas mazelas; significa que se desidentificou da sua história e superou a carência afetiva. E você se libertou do passado porque chegou a uma harmonia com a sua mãe, com o seu pai e com toda a sua família. Você pôde chegar à gratidão e ir além do pequeno eu. Por isso é correto dizer que a paz e a prosperidade só são possíveis quando amamos.

Eu levava essas mensagens à Índia e às minhas moradas no Brasil, como os ashrams em Nazaré Paulista e em Alto Paraíso de Goiás. Neles, passei a receber pessoas de mais de 50 países para transmitir ensinamentos. O Portal em Alto Paraíso também já avançava em levar autoconhecimento para as crianças e em reforçar práticas de conservação ambiental, protegendo nascentes de água e o meio ambiente. O governador Marconi Perillo aceitou, então, minha sugestão de fazer de Alto Paraíso uma cidade-modelo na implementação dos 17 ODS. Ele também soube reconhecer a importância do nosso trabalho para incrementar o turismo no estado. "A região do município de Alto Paraíso é estratégica e prioritária para o desenvolvimento econômico sustentável de Goiás e do Brasil", ele diria numa reportagem do jornal *Folha de S.Paulo*. "Embora o governo não disponha de números precisos, sabemos que a presença de Prem Baba tem incrementado o fluxo turístico", complementou.

Na prática, estávamos criando ali uma aliança entre o poder público estadual, o poder público municipal, a sociedade civil, a iniciativa privada e a comunidade a fim de abrir caminhos para uma vida sustentável, com mais respeito e dignidade, e tentar encontrar soluções para as crises que vivemos. Eu dizia com frequência: somente quando pudermos nos unir em prol do bem comum, poderemos encontrar soluções para as diversas crises que enfrentamos. E ali estávamos, criando essa nova consciência tão necessária.

Como era uma grande liderança no PSDB, Perillo me apresentou para outros tucanos, como o então governador de São Paulo, Geraldo Alckmin, que me abriria portas para introduzir um projeto de educação na cidade de São Paulo, à época gerida por João Doria, também do PSDB. Com o que eu representava, parecia um caminho inevitável – e perigoso – que muitos políticos se aproveitassem da minha popularidade e que eu tentasse utilizar essa aproximação para um bem maior. Eu considerava importante, ingenuamente ou não, apoiar políticos no esforço de se tornarem lideranças melhores. Como afirmei também à *Folha* naquele final de 2017, quem dera que alguns políticos tivessem feito um trabalho de autoconhecimento, tivessem tido a chance de curar feridas ancestrais, feridas infantis, choques de humilhação, de rejeição. Isso não se manifestaria na sua prática, em forma de egoísmo e corrupção.

Além do foco na educação para uma nova consciência e no meio ambiente, as conversas com políticos visavam criar o Ministério da Paz e da Felicidade. Estávamos inspirados no sucesso do Butão em ter o FIB (Felicidade Interna Bruta) como oposição à ideia do PIB (Produto Interno Bruto). Ou seja, fui audacioso. No máximo conseguimos plantar uma semente, que foi a Embaixada da Paz em Brasília. Tudo isso porque parto do princípio de que todas as dificuldades que vivemos em nossa sociedade têm um denominador comum: a espiritualidade – ou a falta dela.

Sonhávamos alto. Sonhávamos que o Brasil tivesse um presidente e um Congresso Nacional conscientes dessas coisas. Admito que fui muito ingênuo. Estávamos sendo tão bem-sucedidos na Índia em relação a impulsionar as políticas públicas, que achei que no Brasil também seria possível. Na Índia, era comum nos congressos de yoga recebermos ministros, governadores e diferentes políticos. Quando fiz isso uma vez no Brasil, tomei consciência de que a política brasileira não é para amadores.

As coisas já haviam se entortado um pouco quando Aécio Neves, então senador e principal líder da oposição ao governo de Dilma Rousseff, do PT, reuniu-se comigo em 2015, um encontro devidamente registrado por fotógrafos e cinegrafistas. Fui criticado por setores da esquerda, e aquilo também me custaria caro. Sobretudo quando Aécio ficou em baixa na política brasileira, sob acusações de suposta corrupção.

A onda negativa avançava como uma sombra discreta, mas presente. Ainda assim, os políticos se aproximavam de mim, e eu mantinha conversas com muitos deles. João Doria também publicou foto de nosso encontro. Eu tinha criado uma ligação com Marina Silva, da Rede, e com Eduardo Suplicy, do PT. Ministros, pré-candidatos, candidatos de diversos partidos me procuravam diretamente ou por meio de seus assessores, buscando caminhos, cavando caminhos, criando caminhos. Cheguei a receber convite para lançar um dos meus livros e palestrar no Senado, em Brasília – que recusei. Como para muitos ainda era difícil compreender o que eu fazia, não raro meus movimentos e relações com lideranças políticas eram vistos como apoio político ou como apoio deliberado. Não era nada disso.

O que eu estava tentando, no fundo, era abrir caminhos para a compaixão na política. Das lideranças políticas à população, era preciso conhecer o poder da união, o poder da gentileza e o poder da autorresponsabilidade. Nós mesmos nos colocamos nessa situação: corrupção e injustiça são desdobramentos de um esvaziamento da compaixão e, consequentemente, da gentileza e da capacidade de criar união. Nós nos esquecemos desses valores e por isso estamos nesse turbilhão de destrutividade. Cabe a nós encontrar uma saída. E a saída é exatamente o resgate da compaixão, da gentileza e da capacidade de criar união.

Sinto que, de todos esses valores, o principal é a gentileza. É uma dimensão da compaixão, do amor. Mas, para que possamos acordar a gentileza de uma forma autêntica e completa, primeiro precisamos nos responsabilizar por todas as dificuldades que criamos. Estávamos – e seguimos assim – muito viciados em achar que o outro é o culpado por essa dificuldade com a qual vivemos. Na raiz de toda a turbulência política que o Brasil vive desde aqueles anos 2013, 2014, 2015 e 2016 – e, anos depois, com a intensificação da polarização – está o jogo das acusações, a ausência da autorresponsabilidade. Por isso, a gentileza e a compaixão se esvaziaram. Nós nos perdemos na acusação. A autorresponsabilidade é algo muito simples, muito básico, e ao mesmo tempo muito difícil de ser vivenciado, difícil de ser absorvido. A política levou tudo isso ao paroxismo.

Como expus numa Flor do Dia em janeiro de 2017, a empatia é uma dimensão da compaixão. Ao colocar-se no lugar do outro, você manifesta essa fragrância do seu ser. E, se existe um remédio para esse mundo tão doente, é a compaixão. Todo ser humano carrega feridas de exclusão, humilhação, abandono e rejeição, por isso desenvolve mecanismos de proteção e defesa. Usamos armaduras invisíveis e os mais diversos anestésicos para não sentir dor. Dessa forma, nos distanciamos cada vez mais do outro e nos tornamos insensíveis, congelados, incapazes de ter empatia e de manifestar compaixão.

Num satsang em Rishikesh, dois meses depois, eu exploraria a ideia, reforçando a importância de sermos canais da compaixão, deixando o outro livre. Eu enfatizava o difícil teste de se relacionar, de lidar com a frustração e aceitar não ser amado. Como eu escreveria mais tarde, se a vida é uma escola, os relacionamentos são a universidade. Relacionar-se é o grande teste da vida: você é constantemente desafiado a amar e a odiar, a sentir prazer e medo, a tomar consciência de suas identificações, das capas que o encobrem, e a ir além delas. Só é possível encontrar paz, conforto e alegria quando se deixa o outro completamente livre.

Relembrei depois alguns pontos a respeito da experiência da alma neste corpo, neste plano terrestre, que às vezes chamo de escola, embora muitas vezes eu diga que não é possível aprender a amar, porque o amor é o perfume do ser e não se aprende a espargir esse perfume – o que se faz é desaprender a odiar, desaprender a sentir medo, que são as capas que encobrem o ser e que o impedem de espargir o perfume do amor. Mas esse processo de desvendar o amor é como um aprendizado. Faz-se necessário aprender a gerenciar as emoções, a lidar com a mente. O gerenciamento das emoções e esse processo de governar a mente são desafiados nas relações. Por isso a ideia, repito, de que, se a vida é uma escola, os relacionamentos são a universidade.

Nesse diálogo com a política sempre houve um obstáculo ainda maior, por mais surpreendente que possa parecer: a religião. Certas religiões são absolutamente contrárias à espiritualidade. Agora imagine tentar unir religião, política e espiritualidade em causas sociais e ambientais, chamando também para esse diálogo artistas, ativistas ambientais e ativistas dos direitos humanos. Algo parecido vi acontecer em Rio Branco, no Acre. Foi quando, certa vez, fui dar um satsang na cidade e tive a grata surpresa de receber a visita de um grupo ecumênico, com vários líderes religiosos que tinham por tradição se encontrar regularmente com tais objetivos. O único lugar no mundo em que vi acontecer isso regularmente foi no Parmarth Niketan, em Rishikesh.

Para mim, não importa a religião ou o partido político – se é de direita ou de esquerda –, o que importa é unir forças em prol do bem.

Naqueles anos, explorei ao máximo a delícia e a dor de se relacionar. Mas na exploração desses caminhos foi-se criando uma sombra adicional, amplificando antagonismos em meio àquele ambiente festivo em torno do meu nome. Já não havia mais unanimidade, se é que houve um dia. Eu não percebia isso ou, inconscientemente, percebia, mas me sentia forte o suficiente para dar conta daquilo. A calçada da fama me fizera abrir a guarda e me fragilizar diante das sombras que se avizinhavam. E elas não eram pequenas.

Capítulo 14

A crise (ou o início da tormenta kármica)

Foram vários anos em estado de bem-aventurança. Muitos anos em estado de graça. Anos em que eu já parecia não sentir desconforto nem medo de qualquer espécie. Durante todo esse período de expansão da missão, com tantas almas impactadas, transformando suas vidas, abrindo os olhos para o autoconhecimento e para a espiritualidade, percebi a força da bênção que recebi de meu guru para expandir o trabalho. Minha vida se tornou totalmente dedicada ao serviço, minha agenda praticamente não tinha respiros. Um sacrifício necessário, mas que teve um impacto tangível.

O Caminho do Coração era um método consolidado, que se espalhara mundo afora. O Awaken Love era um sucesso como movimento global, com força no Brasil e no mundo. As comunidades na Índia e no Brasil haviam se consolidado. Eu atraíra discípulos espalhados por diversos países. Viajava com muita frequência para quase todos os continentes, falando em lugares diferentes dos Estados Unidos, de Israel, da Argentina e da Europa, incluindo países como Holanda, Noruega, Dinamarca, Suécia e Espanha. Desde 2014, o ashram em Alto Paraíso de Goiás recebia incontáveis discípulos, admiradores, simpatizantes e curiosos em geral para participar de minhas atividades e se aprofundar na jornada de autoconhecimento e despertar do amor.

Em Rishikesh, eu palestrava no Festival Internacional de Yoga, realizado por Swami Chidanand Saraswati, em parceria com o governo de Uttarakhand, juntamente com Mooji, dra. Vandana Shiva e outras lideranças espirituais, humanitárias e políticas. Em Boulder, Colorado, liderei o festival Yes to Love, organizado e produzido pelo movimento Awaken Love nos Estados Unidos. Na Califórnia, participei do Bhakti Festival de 2017. No Brasil, eu enfrentava uma agenda pesada de palestras e workshops país afora, incluindo estados como São Paulo, Rio de Janeiro, Minas Gerais, Paraná, Rio Grande do Sul, Acre, Goiás e Ceará.

Em 2015, palestrei em Brasília, no Simpósio Internacional de Saúde Quântica e Qualidade de Vida, cujo objetivo era propagar um novo paradigma na saúde, capaz de contemplar o ser humano em todas as suas dimensões: material, mental, emocional e espiritual. Ali, falei sobre a necessidade da aproximação entre ciência e espiritualidade. Em Porto Alegre, participei todos os anos da edição brasileira do Diwali, tradicional festival indiano das luzes. Lancei livros em quase todas as capitais brasileiras. Em 2016, visitei Curitiba para participar do 1º Congresso Internacional de Felicidade, para onde voltei anos depois. O evento é idealizado por meu aluno Gustavo Arns, que reúne anualmente grandes nomes do autoconhecimento e da espiritualidade para uma plateia de milhares de pessoas. Tive a honra de retornar para praticamente todos os anos do Congresso para fazer a palestra de abertura. Também em 2016, participei da abertura da Virada Zen, no Parque Ibirapuera, quando pude promover um momento em que as 10 mil pessoas presentes silenciaram em meditação. A Virada Zen é idealizada por minha aluna Mariana Amaral, e tem acontecido com frequência em São Paulo, dando acesso a uma grande curadoria de atividades culturais e de bem-estar, promovendo a elevação da consciência e o autoconhecimento em escala.

Era óbvio que eu me sentia declaradamente, encantadoramente realizado, afinal era essa a missão da minha linhagem: pregar o amor para todos e em todos os lugares, conduzir todos a Deus, como me ensinara meu mestre Maharajji. O tempo inteiro eu ouvia suas palavras, aquelas ditas em seu quarto, em Rishikesh: "Com minha graça você vai espalhar a luz de Sachcha para o mundo". Como guru, eu estava pronto para ensinar como quisesse – e explorara ao máximo essa condição.

De fato, o trabalho era muito bonito e estava impactando muitas pessoas. Em um mundo carente de consciência e amor, tudo que estava sendo possível movimentar com o meu trabalho e com os projetos todos que estavam em ação estava gerando uma grande onda de transformação. Eram muitas as pessoas que tinham suas vidas transformadas positivamente. No entanto, nesse afã, e vendo que tudo ia muito bem, me esqueci de seguir a instrução que Maharajji me dera em 2008, de que eu deveria expandir a missão pelo mundo durante seis ou sete anos e, em seguida, me recolher em um ashram, e, quem quisesse me ver, iria até mim. Hoje compreendo que era um cuidado importante que Maharajji me deixara, pois um mestre no mundo, movimentando tudo que eu estava movimentando, sem dúvida enfrentaria resistências. E não ter seguido a orientação do meu guru nesse ponto foi quase fatal para a minha missão.

Tudo era expansão, crescimento e sucesso de público e de crítica: o conhecimento por meio das práticas, as atividades nos ashrams em Alto Paraíso e em Nazaré Paulista, as fronteiras da consciência dos meus discípulos e alunos, os livros transformados em *best-sellers*, as palestras em eventos de todos os tipos, os convites nacionais e internacionais para encontros luminares – como o da ONU, para que eu me tornasse um embaixador da disseminação dos 17 Objetivos de Desenvolvimento Sustentável –, encontros com artistas brasileiros e estrangeiros, que dividiam suas atenções. Ou eles se envolviam diretamente no meu trabalho, como Reynaldo Gianecchini e Bruna Lombardi, ou promoviam encontros pontuais, mas com laços se solidificando, como o norte-americano Will Smith (em dezembro de 2017, em passagem pelo Brasil para participar de um painel da Comic Con Experience – CCXP, evento voltado para a cultura pop –, Smith, reconhecidamente um dos maiores astros de Hollywood, arranjou tempo para me visitar na Awaken Love House).

Tudo isso, como já contei, levava a mídia a se referir a mim, com alguma frequência, ora como o guru pop, ora como o guru das celebridades. A *Veja Rio*, por exemplo, chegou a me convidar para ir ao Rio de Janeiro participar de um evento promovido pela revista e pela editora que editava meus livros na época, a Sextante. O evento foi na Cidade das Artes, um vistoso complexo cultural com quase 100 mil metros quadrados de área construída. Lá estive para falar sobre o movimento Awaken Love, sobre nossa campanha para incentivar o exercício do silêncio e sobre propósito, título do livro que lancei no fim de 2016.

Além de artistas e políticos, também não faltavam laços com luminares do mundo empresarial e midiático. Por exemplo, Roberto Marinho Neto, da

TV Globo, de quem fiquei próximo, acompanhava meus ensinamentos na época e me convidava para realizar e conduzir satsangs em sua casa ou na própria emissora. Ele estava comprometido em levar mais consciência para os canais de comunicação para que gerassem um impacto positivo na sociedade, um propósito nobre, que, se alcançado, poderia de fato gerar uma grande onda de transformação. Conversávamos sobre a possibilidade de criar uma série para o programa *Fantástico* sobre autoconhecimento, um plano maravilhoso, porque havia muitos anos minha intenção era popularizar o autoconhecimento.

Precisávamos organizar o amor diante do bem-organizado mal, e decididamente eu estava sendo bem-sucedido na tarefa de orientar as relações humanas para a paz e a prosperidade, desenvolvendo ações para despertar uma nova consciência social amorosa e colocar em prática valores como honestidade, autorresponsabilidade, gentileza, dedicação, serviço e beleza. O trabalho crescia, e mais e mais pessoas eram atraídas por esse movimento de amor. Tornei-me uma figura pública, influente e famosa.

Não me dei conta, porém, do que também se formava ali. Havia pedras soltas, que passavam ao largo da minha percepção e que deflagrariam um novo ciclo de morte e nascimento.

Toda aquela organização do amor, toda aquela rota de expansão da consciência, do sucesso e da fama também passou a provocar uma série de desafios de gestão. Problemas que existem em todas as organizações, como jogos de poder, também existem dentro de organizações espirituais, pois são inerentes ao ser humano em desenvolvimento. E alguns dos principais descontentamentos, como a chegada de novas pessoas ou mudanças de posição hierárquica, quando somados ao elemento da devoção em purificação, muitas vezes abriam feridas e não aceitação. Comecei a perceber que ali se formava um núcleo de pessoas descontentes com o modo como os projetos da missão estavam se desenvolvendo e que, de uma certa forma, aquilo se voltava para mim, que tinha a responsabilidade de dar a direção.

Todo fim de ano eu tinha uma visão do que seria o ano seguinte. E, a partir dessa visão, estabelecia o planejamento de trabalho, pensava na estratégia para executá-lo, vislumbrava caminhos para manifestar meu conhecimento, identificava a necessidade de aprofundar determinados campos. Esse momento significava uma guiança muito clara e objetiva da consciência. Essa visão, vinda de um dom espiritual, me apontava inclusive os desafios que eu enfrentaria. Ela se manifestava habitualmente no *réveillon*, quando fazíamos uma sessão espiritual. Em dado momento, em geral minutos antes da chegada da meia-noite e do início do novo ano, vinha uma concentração que me garantia essa visão que mencionei, abrindo os caminhos do que eu viveria no ano que estava chegando.

Até que, no *réveillon* de 2017 para 2018, eu simplesmente não vi nada. Foi uma passagem de ano estranha e ao mesmo tempo forte. Senti algo ruim, um vazio misturado com um peso negativo. Um misto de sombra e tristeza, mas que eu não soube interpretar. Depois de tantos anos de enorme expansão, reconhecimento público e aquela perigosa sensação de unanimidade, eu me deparava com um ponto de interrogação para o ano de 2018. *Alguma coisa muito forte vem pela frente*, pensei. Mas, como eu não soube identificar o que era, a vida seguiu em frente no início daquele ano.

Quando retornei da Índia, um dia fui visitar uma das minhas assistentes na época, a mulher com quem eu tinha me relacionado entre 2008 e 2010. Ela me alertou que estava se formando uma dissidência, porque as pessoas não estavam gostando da forma como eu conduzia o trabalho. E isso, de fato, estava acontecendo. Mas não era somente ela que estava descontente. Aqui faço uma reflexão de empatia sobre esse momento com o grupo de pessoas que me acompanhava havia mais tempo, com quem dividi muitos momentos próximos e de amizade. Eu vivia ocupado, com muitos projetos e frentes de trabalho, eventos com milhares de pessoas. A maneira como passei a cuidar diretamente dos alunos mudou. Isso gerou insatisfação em alguns deles.

De fato, o trabalho tinha se tornado muito grande, e, por mais que eu estivesse realmente sendo um bom mestre espiritual, que tocava as pessoas, existia uma organização muito complexa a ser administrada, e eu não tinha como ficar atento a todos os detalhes. Na prática, eu já não acompanhava de perto a parte operacional do trabalho, que estava sendo gerida diretamente por um grupo de pessoas que era próximo a mim.

De todo modo, a intuição que tive no *réveillon* me levou a tirar de Alto Paraíso de Goiás a tradicional Temporada Prem Baba em 2018, com meus satsangs gratuitos e abertos a todas as pessoas. A quantidade de buscadores que estavam indo para a região de Alto Paraíso, apesar de movimentar o turismo local, também acelerou um processo de especulação imobiliária, que gerou incômodo em alguns moradores da cidade. Então achei melhor não fazer a temporada por lá. Nem no Portal que eu mantinha na esotérica e mística – e, por que não, mítica – Chapada dos Veadeiros, nem no ashram de Nazaré Paulista. A Temporada Prem Baba em 2018 seguiria, eu decidi ali, para o interior de São Paulo, mais precisamente para Serra Negra, cidade marcada pelo agradável clima de montanha, pelas fontes de água mineral com poderes terapêuticos e pela rica beleza natural.

E o ano começou bem. Foi uma grata surpresa trabalhar em Serra Negra. Para muitos, era uma oportunidade de estar em contato com minha presença, algo que se tornara mais raro devido à minha cada vez mais complexa agenda e ao natural distanciamento por causa das multidões que eu atraía.

Mal terminara a temporada Serra Negra, no entanto, houve outro sinal daquela onda negativa. Um ruído de comunicação me levou a estar no meio de uma disputa de jornalistas para me colocar na capa de suas publicações – *O Globo*, do Rio de Janeiro, e a *Veja SP*, de São Paulo. No fim das contas, a *Veja* soltou primeiro a capa, publicada em junho daquele ano, e o jornalista do Rio se mostrou bastante ofendido, com ódio, até, por ter sido ultrapassado pela concorrência.

Aquela tensão ajudava a alimentar a onda negativa que se formara. A reportagem da *Veja SP* acabou sendo publicada com referências positivas praticamente do começo ao fim, mas com algumas pitadas de polêmicas, levando-me para um outro foco da mídia, com sarcasmos e insinuações. "Guru do momento, Prem Baba é autor de best-sellers e tem templo na Índia", anunciava o título, para emendar num subtítulo com referências ao líder espiritual que "conquista simpatizantes, como artistas, políticos e profissionais bem-sucedidos".

Estava tudo lá: uma síntese brevíssima da minha história, as minhas mensagens sobre o amor, passando tanto pela menção às críticas que eu recebia por aparecer ao lado de políticos (Doria, Marina, Aécio e Suplicy foram alguns dos citados) quanto pelos holofotes divididos com as celebridades – Reynaldo Gianecchini, Juliana Paes, Letícia Sabatella, Márcio Garcia e Glória Maria mais uma vez eram citados. Meus encontros com Will Smith e com Dalai Lama, também. A reportagem falava em "latifúndio espiritual" ao referir-se aos ashrams em Alto Paraíso, Nazaré Paulista e Rishikesh. Mas, no geral, o texto era muito positivo. A matéria convertia os valores das atividades em objeto de desejo e expunha experiências de pessoas conhecidas que se aproximaram de mim, entre empresários e políticos que anos depois se afastariam, bem como nomes que até hoje estão ao meu lado, como Fabio Toreta e Giovana Calandriello.

Em 2015, realizamos o Awaken Love Festival em Fortaleza, com apoio e organização da empresária e amiga Ticiana Rolim Queiroz. Em junho de 2018 eu voltaria ao Ceará, para participar do Festival Vida & Arte, organizado pelo jornal *O Povo*. Luciana Dummar, presidente do jornal, me conhecia de perto por ser amiga e aluna. Sua editora, a Demócrito Dummar, também editava meus livros, em parceria com a editora Sextante. E coube a ela aproveitar sua vivência no campo espiritual para realizar a curadoria do festival no eixo espiritualidade. Foram três dias intensos, com ampla cobertura da mídia local, em que veículos concorrentes se uniram para divulgar um festival que concentrou homenagens a mim: na sexta, conduzi uma aula coletiva de Awaken Love Yoga; no dia seguinte, um satsang; e, no domingo, participei de um kirtan – processo milenar que trabalha a espiritualidade por meio de cânticos – com a Awaken Love Band.

Como naquele momento todas as alegrias e conquistas pareciam invariavelmente acompanhadas de sombras e problemas, o festival, apesar de ter sido maravilhoso, também produziu momentos de tensão, ruídos e desgostos internamente. O festival era enorme, para o qual levei muita gente do meu grupo, entre artistas, parceiros e voluntários. Nesse caldo, algumas pessoas se sentiram maltratadas ou desprestigiadas – ou não tratadas adequadamente. O fato é que identifiquei uma onda de ciúme e inveja, muitas divergências e desavenças entre as pessoas, o que tornou a ida ao Ceará um tanto complicada.

Nesse evento, algumas questões vieram à tona. Brigas por poder e por lugares de liderança apareceram. Alguns mais antigos ressentiam-se da entrada de pessoas mais novas, que foram colocadas em determinadas posições pela formação técnica que tinham e se colocavam à disposição para colaborar. Nem sempre os mais jovens tinham sensibilidade para acolher a contribuição dos mais veteranos. No início, todo mundo fazia o que podia, mas aos poucos passamos a profissionalizar os serviços no movimento, gerando muito ciúme e disputas.

Enquanto isso, meu trabalho espiritual adquirira tal magnitude que inevitavelmente se converteu numa grande organização, com ramificações nos estudos, na busca do autoconhecimento e na vida política e cultural do Brasil e de outros países. Eu me preparava para amplificar ainda mais minha missão. Vinha trabalhando nos Estados Unidos desde 2002, para onde eu ia quase todos os anos, construíra relações em diferentes lugares, como o Colorado, o Havaí e até mesmo Nova York. Estava para fazer um grande lançamento dos meus livros em inglês, com o apoio de artistas e pessoas relevantes nos países de língua inglesa, sobretudo nos Estados Unidos.

Até que agosto chegou. Foi o ápice dessa onda negativa que se instalara entre nós, antecipada pela estranha passagem de ano de 2017 para 2018, aquela na qual não consegui ter a visão sobre o ano que estava prestes a iniciar. Um mal prestes a explodir de vez.

Agosto foi o mês do Dharma Summit, encontro de lideranças dedicadas ao seu desenvolvimento espiritual e ao autoconhecimento. Foi o momento em que coloquei no auditório de um hotel em Serra Negra pessoas influentes e com importância significativa para a economia brasileira. Donos ou herdeiros de grandes empresas, empreendedores, CEOs, homens e mulheres de diferentes setores estavam ali, engajados, em rede e interessados em me ouvir falar sobre espiritualidade. Foi um encontro especial, de incrível magnitude, em que se viu uma nova demonstração de unanimidade, positividade e influência dos meus ensinamentos, do meu prestígio e do meu papel de disseminador do amor, da espiritualidade e do autoconhecimento. Eu sabia que, se quisesse de fato promover um impacto positivo na sociedade, precisaria transformar a consciência de pessoas que já tinham influência para que elas fossem um canal de propósito.

De um lado, eu estava espalhando o amor e o propósito para um grupo relevante de líderes, mas de outro, assim que terminou o Dharma Summit, um grupo de pessoas – todas próximas a mim e que se dedicavam aos meus projetos – me chamou para uma reunião em São Paulo. Para a minha surpresa, foi uma reunião catártica, na qual me desferiram acusações graves, com rajadas de muito ódio, espalhadas com enorme intensidade. Colocaram na mesa uma acusação gravíssima contra mim e que, poucos dias depois, se tornaria pública, na reprodução (induzida por algumas dessas mesmas pessoas) feita pela jornalista Mônica Bergamo, da *Folha de S.Paulo*. A crise estava ali à minha frente, possivelmente a maior numa história de grandezas fenomenais e abismos perturbadores: eu era acusado de abusar do meu poder como guru.

A reunião foi orquestrada por dois então amigos e alunos meus de longa data. Já com seus respectivos casamentos encerrados havia bastante tempo, eles tinham tomado conhecimento de que eu me relacionara com suas ex-mulheres, muitos anos antes. Com uma delas eu tinha tido, na essência, um relacionamento amoroso que durou nada menos que dois anos, de 2008 a 2010, como já detalhei antes. Quanto à outra, houve uma relação de um encontro apenas, que aconteceu quando ela já não era mais casada.

Eu me via ali incrédulo com aquilo que estava acontecendo. Eu sabia que não tinha abusado de nada, em nenhuma instância. Os relacionamentos aconteceram de forma completamente consciente e consentida, com muito respeito, carinho e amor. O fato é que a mulher com quem tive o relacionamento de dois anos, como contei antes – de forma tão natural, que tinha seguido sendo minha amiga e posteriormente assistente durante mais oito anos após o encerramento da relação, com quem compartilhei tantos momentos felizes –, se convenceu de que o que vivemos fora uma mentira. Naquele momento, tomei consciência de que não fui devidamente atencioso e cuidadoso com ela. O fim do nosso relacionamento deixou dores e, possivelmente, uma incompreensão. Provavelmente não cuidamos adequadamente do término do relacionamento, e parte desse cuidado era responsabilidade minha. Essas dores agora se transformavam numa acusação gravíssima. Infundada, porém gravíssima.

Dez anos antes das acusações, tínhamos uma amizade que foi se tornando cada vez mais próxima, o que resultou numa relação íntima. Vimo-nos envolvidos, de forma totalmente recíproca e em sintonia, por algo mais forte do que a razão e escolhemos nos entregar para viver uma relação por dois anos.

Naquele momento da acusação, eu percebi que nosso relacionamento havia sido um grave erro, principalmente da minha parte. Na altura em que nos envolvemos, não deveriam importar os nossos sentimentos e vontades, até por causa da dimensão e da complexidade do trabalho a ser realizado no contexto da missão. Eu devia ter percebido que não seria a melhor escolha nos entregarmos para viver o que vivemos e deveria ter me afastado, o que evitaria toda a confusão. Mas, na época, entendi que deveria seguir meu coração e ela sentiu que deveria seguir o dela, e assim vivemos o que vivemos.

Mas a verdade é que, naquela fatídica reunião, aquele grupo de pessoas que me acusava não queria nem saber de toda a história. Somando-se o descontentamento que já estavam sentindo com os rumos que o trabalho estava tomando, aquela foi a gota d'água para transbordar. Eles criaram uma narrativa completamente distorcida de que eu teria tentado tirar vantagem da situação para me relacionar com essas duas mulheres.

Vou me abster aqui de citar seus nomes, porque, oficialmente, eles jamais vieram a público e entendo que devam ser preservados. Todas as histórias relatadas, todas as acusações feitas, todo o ódio destilado, tudo isso sempre foi feito com base em declarações *não oficiais*, em relatos de bastidores, em muitas fofocas clandestinas espalhadas pelo anonimato das redes sociais e das conversas de coxias.

Mas a conversa naquela sala tinha nomes e vozes, gritos e ameaças. Havia um sentimento de indignação e uma tentativa evidente de intimidação, com o objetivo de me forçar a assumir uma conduta que eu não havia praticado. E, mais do que isso, uma tentativa de me tirar de cena. Fazer-me renunciar ali mesmo ao meu propósito e a tudo que eu havia construído em tantos anos de estudo, aprendizado e experiência como professor e guru.

Éramos cerca de trinta pessoas. E aqueles que estavam puxando a reunião não só me acusavam de ter sido protagonista de dois casos que eles interpretavam como abuso de poder como também tentavam desacreditar meu papel de mestre espiritual – e tentariam fazê-lo nos meses e anos seguintes. Fui colocado nas cordas naquele encontro. Embora meu advogado dissesse para eu não ir àquela reunião, fui ingênuo e achei que o melhor seria lançar mão da honestidade e da autorresponsabilidade, bases dos meus ensinamentos. Espremido na parede, eu só teria uma alternativa naquele embate: aceitar a narrativa que eles tinham criado sobre mim. Mas como eu poderia aceitar uma mentira?

Com a angústia daquele ataque, me senti quase na obrigação de fazer uma transmissão on-line para meus alunos, dois dias depois do encontro. Nessa transmissão, trouxe detalhes sobre a verdade do que estava ocorrendo, provavelmente com uma honestidade que muitos prefeririam que eu não tivesse. Sim, eu admitia ter me envolvido com uma mulher entre 2008 e 2010. Também admitia ter tido um segundo relacionamento, mais breve. Elas eram do meu círculo e se dedicavam à missão, assim como seus respectivos ex-maridos. Este, sim, eu dizia, tinha sido meu grande erro:

o envolvimento amoroso com mulheres que haviam sido casadas com pessoas do círculo sem que esse assunto tivesse sido tratado de forma explícita naquela época, o que gerou o sentimento de traição.

Eu estava naquele momento com o coração dilacerado, ao ver o tamanho da decepção que aquelas histórias distorcidas estavam causando. Eu não poderia mentir, dizendo que não me relacionara com aquelas mulheres, pois nos relacionamos. Jamais neguei a sexualidade. Pelo contrário, sempre ensinei que é uma parte importante da vida humana, inclusive podendo ser uma prática de elevação e meditação quando feita com consciência. E, naqueles casos, com a livre e espontânea vontade daquelas com quem me envolvi e tive esses relacionamentos. Permiti-me viver essas experiências, sabendo que jamais estaria usando da minha posição. Tenho a consciência muito tranquila de que não fiz isso, jamais abusei do meu poder espiritual para meu benefício próprio, em nenhuma circunstância.

Senti, no entanto, o peso do julgamento moral.

Primeiro, pela visão comum de que sexo é algo menos elevado, portanto, um líder espiritual não poderia praticá-lo. Nessa visão, sexo e espiritualidade não se misturam. Estudei sobre isso durante a minha vida e vejo que não é verdade, apesar de se normalizar o fato de que essa conexão não pode acontecer. Isso se dá porque no fundo se associa sexo com algo impuro. Não vejo assim. Sexo pode ser isso se assim forem os desejos e a consciência de quem está praticando, mas também pode ser uma experiência transcendental de união. Nunca fui a favor da repressão da sexualidade, mas sim da transcendência da necessidade do sexo.

Segundo, com o julgamento ético de que pessoas em posição de liderança não podem se relacionar romântica ou sexualmente com pessoas desse círculo de convívio. Nesse caso, compreendo a importância das discussões sobre as interações comportamentais no meio espiritual de forma a evitar um desequilíbrio nas relações, transferências, projeções e até mesmo manipulações, pois sabemos que muitos abusos reais acontecem neste nosso mundo, mas sei também que no nosso caso foi totalmente diferente.

Tomei consciência naquele momento de algo a que não atentei na época: eu poderia ter me recusado a viver o que vivemos, por mais bonito e recíproco que tenha sido, pois isso teria poupado muitas dores.

Diante de uma acusação tão indevida e inverídica, ainda precisei lidar com um bloqueio social para a possibilidade de me defender. É fato que tantas mulheres sofreram e sofrem diversos tipos de abuso e assédio em todos os meios, inclusive em meios espirituais, e, com a graça de Deus e com muita luta, mobilização, enfrentamento e dores, nos últimos anos tem sido possível a muitas mulheres a libertação de tamanho sofrimento. Sei disso por apoiar inúmeras mulheres como mestre espiritual e inclusive encorajar muitas delas a se empoderarem para se libertar de relações abusivas. Percebi que minhas tentativas legítimas de me defender eram recebidas como se eu estivesse tentando ir contra movimentos de proteção à mulher. Muito pelo contrário. Compreendo que acusações indevidas de casos nos quais não houve qualquer abuso, como o meu, põem em risco a legitimidade dos casos reais de abuso, que precisam ser combatidos com a devida atenção que as mulheres merecem.

Eu me vi ali em uma situação muito triste, para mim e para todos que estavam comigo. Enquanto tentava lidar com as dores expostas e me responsabilizar pelo que me cabia, ao mesmo tempo tinha que me explicar para meus alunos, com a honestidade e autorresponsabilidade que eram pedidas pela minha consciência e por todos que conhecem os meus ensinamentos. Nessas revelações, para alguns de meus alunos, aquilo tudo não fez a menor diferença, pois compreendiam que minha vida íntima não diz respeito a ninguém e não interfere no meu trabalho como mestre espiritual. Para outros, foi um período de avaliação, pois algo da imagem que tinham de mim se rompeu ao compreenderem que eu também sou um ser humano, vivo experiências, tenho um passado, cometo acertos e erros, o que considero muito bem-vindo. Percebo que esse ponto é muito saudável para o amadurecimento da relação com meus estudantes, para que me vejam como sou. Mas, para um pequeno grupo mais crítico, absolutamente desapontado e interpretando que isso na verdade seria uma prova de que todo o meu trabalho era uma mentira, destruir minha reputação passou a ser uma missão de vida.

Começava ali uma prova iniciática das mais difíceis que enfrentei em toda minha vida. Eu estava prestes a passar por uma tormenta kármica. Uma dinâmica complexa que me pegou de surpresa, pela proporção que tomou.

Capítulo 15

No vale das sombras

Quatro dias depois daquela fatídica reunião, o relato de parte do que ocorreu estava nas páginas do jornal *Folha de S.Paulo*, reproduzido por uma de suas colunistas, a jornalista Mônica Bergamo. "Discípulos acusam guru espiritual Prem Baba de abusar de mulheres", dizia o título da reportagem. Bergamo relatava as relações, sempre sob a ótica daquele pequeno grupo mais crítico – as únicas fontes da matéria –, e destacava a fala deles durante a reunião. Coisas como "você é o pai do amor que não sabe amar" e o "pai da verdade que mente compulsivamente".

Para o grande público, uma entrevista concedida em 2017 ao jornalista Pedro Bial abriu caminho para dúvidas. Nela, eu falava em celibato. Por mais que em 2017 eu estivesse em um período de celibato, entendo que usei o termo para simplificar a compreensão sobre um conceito védico, mas isso abriu portas para distorcerem a informação e as datas para afirmarem que menti. Vi ali que poderia ter me explicado melhor na entrevista. Poderia ter explorado melhor minha visão sobre as diferenças entre brahmacharya e celibato, como detalhei antes, pois isso abriu brechas para interpretações e confusões.

Eu tinha, portanto, bastante clareza e consciência da minha condição de brahmacharya e do que era adequado ou não para minha intimidade. As pessoas viram contradição onde não havia contradição, pois, pelo fato de eu ser um mestre espiritual, automaticamente já me rotulavam como celibatário, projetando em mim suas ideias preconcebidas criadas por crenças religiosas.

Precisei voltar no tempo e revelar alguns aspectos do meu desenvolvimento, que já contei aqui antes. Minha comunidade não tinha acompanhado a minha intimidade, até porque compreendo que isso diz respeito somente a mim e às pessoas diretamente envolvidas. No entanto, diante das acusações, precisei me revelar mais.

Pedi perdão à minha comunidade. Reconheci o erro. Não o erro do qual estavam me acusando, que jamais existiu. Mas admiti a consciência da decepção que causei a pessoas queridas que estavam diretamente envolvidas com seus sentimentos naqueles relacionamentos. Reconheci meu coração devastado e me solidarizei com aqueles a quem provoquei dor por conta disso. A decepção da quebra de confiança abriu espaço para uma loucura de sombras. E resolvi antecipar o que já estava decidido meses antes, no primeiro semestre daquele ano: eu precisava iniciar uma fase de recolhimento. A intensidade da fama e do sucesso, o excesso de viagens, palestras e compromissos públicos, tudo aquilo fora longe demais, e agora eu precisava de silêncio e pausa. A união de sexo e espiritualidade talvez seja o maior tabu da sociedade, e eu estava ali enfrentando as formas de pensamento e julgamento associados a esse tabu.

Antes de me recolher, no entanto, foram dias muito difíceis para mim, de cisões na comunidade e de ataques mútuos – entre os meus muitos defensores e aqueles que decidiram romper devido às dúvidas surgidas em relação à minha maestria. Apesar da angústia, não deixava de ser um conforto a chuva de solidariedade na forma de inúmeras manifestações de apoio que recebi naqueles dias. Foi o que destacou, por exemplo, uma reportagem do jornal *Correio Braziliense*, cujo título era "Seguidores saem em defesa de Sri Prem Baba após acusação de abuso sexual". Note aí um desvio de entendimento, mesmo numa matéria que tentava destacar algo positivo. Não havia abuso sexual em questão. Nem nos fatos nem na própria acusação. Mesmo assim, no frenesi de gerar mais repercussão e alcance para suas matérias, muitos órgãos de imprensa se apressaram em retratar o caso como abuso sexual, apesar dos alertas em contrário.

De todo modo, o *Correio* destacava a onda de solidariedade que se seguiu. "Nas últimas fotos postadas por Prem Baba em sua conta no Facebook, várias pessoas, inclusive mulheres, publicaram comentários em apoio ao líder espiritual. 'Quando há o consentimento, não há abuso. Prem Baba é humano, como cada um de nós. Essa história está mal contada', disse uma internauta. 'Querido Baba, receba meu amor. Que essa crise traga toda a transformação e integração necessárias. Estamos conectados', disse outra."

No fundo, porém, eu só desejava que pudéssemos seguir de um outro lugar. Com menos conflitos e com mais calma em cada coração. Que cada um pudesse dar o seu melhor para essa aventura de iluminar o amor. Lamentei muito o fato de não ter sido possível cuidar das dores abertas com as revelações de questões íntimas, com o respeito necessário à vida privada de todos os envolvidos. Mas sou uma pessoa pública e estou exposto a isso.

A minha fragilidade era evidente, e, com o coração devastado, eu tentei desfazer o profundo mal-estar gerado pela revelação daqueles episódios vividos uma década antes. Dois dias depois, porém, um novo susto: um áudio de uma conversa travada entre mim e um ex-aluno, com um trecho selecionado proposital e providencialmente para passar uma ideia de culpa, sobre algo completamente inverídico. O vazamento mais uma vez foi destinado à jornalista Mônica Bergamo, agora com um título ainda mais sensacionalista: "Áudio mostra Prem Baba dizendo que abusou de sua posição". O que eu dizia na conversa, mesmo no único trecho selecionado, era o resumo da maneira como a mulher com quem me relacionei por dois anos havia reinterpretado o nosso relacionamento uma década depois. Era a ótica dela que eu tentava resumir para ele na conversa, mas o estrago estava na rua, nos sites e nas redes sociais. Fui descobrindo ali, na prática, como é fácil manipular a opinião pública.

Nada, contudo, foi tão devastador e repleto de maldades, ataques desprovidos de sentido e mentiras quanto uma reportagem de capa da revista *Época*, assinada pela jornalista Juliana Dal Piva e publicada em 13 de setembro de 2018 – portanto, duas semanas depois da primeira notícia sobre os episódios. Dessa vez, no entanto, até tramas falsas e personagens inexistentes ganharam vida nas páginas da revista, em nome de uma tese induzida pelas más fontes da jornalista.

A tese fazia parte da narrativa montada pelo grupo mais crítico, que estava determinado a destruir minha missão: para essas pessoas, eu era uma fraude como guru, tanto do ponto de vista espiritual quanto econômico; precisava, portanto, encerrar meu trabalho, e isso me foi cobrado por essas pessoas de forma explícita na fatídica reunião e em outras oportunidades. Parecia não haver limites para o que eles falavam. Além disso, a minha companheira foi envolvida, com mentiras a seu respeito; teve sua vida exposta e foi atacada levianamente, o que gerou um abalo emocional do qual ela demorou anos para se recuperar. Arrisco-me a dizer que, de um abalo tão traumático assim, é difícil se recuperar totalmente.

Ainda que, por meio de minha assessoria de imprensa, eu tenha respondido às questões que a repórter havia enviado, a matéria nem de longe espelhava as próprias perguntas que ela me fez. O pior: descumprindo uma cláusula pétrea, ética e legal do bom jornalismo, ela assumiu um só lado da história. No dia seguinte à publicação da reportagem, uma dura nota de repúdio foi assinada e distribuída à imprensa por minha assessoria. A nota chamava a matéria de "peça jornalisticamente irresponsável, leviana e mentirosa" e lembrava que o texto tentava transformar em verdade o que era mera acusação, usando relatos repletos de inverdades e detalhes sórdidos sem confrontação direta com os personagens sob acusação: "Ouve sete pretensas fontes movidas pelo rancor, dentro de um universo de milhares de discípulos, sem preocupação em ouvir pelo menos algumas das centenas que escreveram mensagens de apoio nas redes sociais, para formar convicção a favor de um lado da história". Entrei com medidas jurídicas também contra a revista *Época*.

A tal reportagem dedicou dez páginas ao tema, sem levantar o mínimo questionamento sobre as motivações de suas fontes. Tratava de questões financeiras e trabalhistas, como se todo o meu trabalho espiritual estivesse ancorado na busca de riqueza material, e ainda reproduzia a ameaça feita pelo grupo mais crítico, de que só parariam com os ataques se eu abdicasse da minha condição de mestre e os recompensasse financeiramente. Fui alvo de uma chantagem e não cedi. Se eu cedesse, isso significaria abrir mão do propósito da minha vida, e estava tendo que pagar o preço, com um ataque reputacional articulado na imprensa e nas redes sociais.

A trama desenhada pelos opositores continha temperos claramente sensacionalistas como forma de manipulação da notícia. Abrangia o tríptico "sexo, dinheiro e mentiras", cardápio habitualmente sedutor para jornalistas e veículos em busca de audiência. Defendia a tese de uma "vida secreta" que eu teria.

Entre as versões da acusação e do acusado, a do alegado abuso *versus* relacionamento de dois anos de duração, a reportagem escolheu a primeira. E ainda ousaria citar um falso episódio ocorrido em 2016, com relatos fantasiosos e descrição de cenas inverídicas, que nenhuma vez mais ganhariam páginas de jornais e revistas nem relatos em sites quaisquer, visto que eram falsos. Também menciona almoços e jantares de arrecadação de recursos para projetos, que nunca aconteceram.

Por fim, mas não menos importante, a reportagem escolheu a esfera econômica para tentar desmerecer o meu trabalho, criando ares de suspeita em torno de questões patrimoniais de minha obra de vinte anos. Como se workshops, retiros, livros, palestras e outras atividades não só não significassem resultados econômicos como não exigissem criação de estruturas empresariais e profissionais destinadas a cada uma delas. Em toda a minha extensa obra, vale dizer, nunca fiz apologia nem da pobreza nem da abolição da sexualidade.

Vale dizer, também, que eu fui o principal patrocinador do movimento Awaken Love. Não somente eu, mas a estrutura que geria o meu trabalho gerava dinheiro com retiros, com venda de livros e outras atividades, mas eu, especialmente, obtinha resultados com algo que faço desde o começo de minha vida profissional até os dias de hoje: compra e venda de imóveis. Nada muito grande, projetos pequenos, mas que têm sido a base do meu sustento ao longo desses anos. Faço isso exatamente para evitar me colocar no lugar de ter que depender das atividades espirituais para sobreviver.

Minha atividade de compra e venda de imóveis teve início quando eu tinha por volta de 16 anos de idade e trabalhava no frigorífico. Foi quando, ouvindo os conselhos de meu sábio avô, comprei meu primeiro terreno. Era num loteamento popular no interior de São Paulo, no município de Mairiporã. Paguei em suaves prestações aquilo que seria para mim um símbolo ou a semente de um negócio que viria a ser a base principal do meu sustento.

Anos depois, quando me casei, comprei um apartamento na planta. No momento da entrega das chaves, não tinha o dinheiro para quitação do imóvel e precisei vendê-lo. Fui surpreendido com a valorização. Nesse momento, entendi que eu tinha sorte nessa área. Era como se eu tivesse a bênção de "anjos imobiliários", uma sorte para lidar com esse aspecto da matéria. Foi inicialmente algo despretensioso, mas que seguiu comigo.

Além disso, vale dizer que recebo dakshina, prática comum na tradição védica que se traduz no recebimento de valores e/ou serviços em troca do conhecimento oferecido. Pode ser em forma de doação, taxas ou honorários dados a uma causa, a um templo, a um mosteiro ou a um guia espiritual. Trata-se, antes de tudo, de um fenômeno espiritual. Acionamos a lei do dar e do receber. Mas não peço, não exijo nem dependo das dakshinas. Faço o que faço por amor. Não há um valor estipulado, e as doações são feitas por quem pode e tem vontade de doar.

Também vale registrar a natureza dos acordos públicos firmados pelo Instituto Awaken Love. Quando celebramos a parceria com o governo de Goiás, por exemplo, tratamos de desenhar uma aliança que não envolvesse o uso de recursos públicos ou de valores pecuniários de nenhuma forma, e sim com um acordo de cooperação técnica, sem repasse de verbas públicas. Tudo que fizemos foi por caridade e amor à causa. É verdade que o governador na época, Marconi Perillo, compreendeu o que estávamos propondo. Dei a mim mesmo e a um grande grupo de voluntários a oportunidade de colocar em prática o karma yoga. Era uma ação desinteressada.

Mas para as fontes da revista nada disso importava. A reportagem só via conspiração, ambição, enriquecimento e sexo. Enquanto preservou a identidade dos acusadores, o texto optou por dar espaço a mentiras contadas por eles sobre minha companheira Lileshvari, que foi exposta como se tivesse feito coisas que, em realidade, nunca fez, ou que nunca fizemos, o que gerou repercussões tremendas em sua vida. Também citou nome e endereço da mãe da minha filha, Prem Mukti Mayi, sem ouvi-la. Uma impiedosa exposição pública de três mulheres e de suas famílias, que gerou ameaça, desconforto, medo e o risco de sofrer intolerância religiosa. Minha filha, Nuyth Ananda, sofreu muito. Ela ficou com vergonha e medo de sair à rua e de ir à escola. Foi um baque para todos.

Na primeira notícia que surgiu, o episódio era retratado como abuso de poder; horas depois, já me chamavam na internet de estuprador. Aquilo foi como uma espada no meu coração.

Naqueles dias tensos e difíceis, escrevi numa rede social: "A crise representa uma necessidade de mudança, um desapego. Significa que algo precisa ir embora. E quanto maior o apego àquilo que precisa ir embora, maior a resistência ao processo de transformação e, consequentemente, maior o sofrimento".

Recolhi-me. Senti-me injustiçado e ultrajado. Senti raiva e medo. Balancei, sem dúvida, e tudo aquilo me desencaixou. Tive sentimentos que não sentira havia muito tempo, entre sombras e inseguranças.

Especificamente quanto aos dois relacionamentos que tive e não neguei, preferi e sigo preferindo não expor detalhes da minha intimidade nem da intimidade das pessoas diretamente envolvidas na história. Para além de ter a consciência tranquila de que jamais abusei de ninguém, não sinto que seria apropriado expor detalhes da vida privada de outras pessoas a fim de me defender da violência que recebi com as acusações, causando ainda mais violência, embora tenha sido profissionalmente aconselhado a fazê-lo por advogados e profissionais de comunicação, não como vingança, mas como forma de me defender adequadamente dos ataques. Entretanto, compreendo que não seria dhármico e que, portanto, não estaria alinhado com aquilo que eu mesmo ensino, se eu resolvesse pagar o mal que recebi com esse mesmo mal, de expor a intimidade alheia. Minha intenção é manter na esfera privada aquilo que entendo que faz parte da esfera privada e espero poder seguir com esse respeito.

Capítulo 16

Fiquei menor

Passei por um terremoto, e o primeiro semestre de 2019 foi dedicado a limpar os escombros. Fiquei mais recolhido, evitando ações e aparições públicas, mas sem deixar de trabalhar. Pus em prática meus próprios ensinamentos, tratei de me recolher, a fim de buscar dentro de mim a porta que tinha aberto para que todos esses problemas surgissem. Vale o ensinamento da autorresponsabilidade, que já mencionei em capítulos anteriores: estamos exatamente onde nos colocamos. Magoei as pessoas, que ficaram decepcionadas, com crise de fé e de confiança. Isso foi dilacerante. Não cheguei a tomar remédio, mas busquei ajuda com amigos. Rezei, meditei, me recolhi. Fiquei na Índia entre janeiro e março de 2019, entre Rishikesh e Prayagraj. Naquele momento, senti a importância de entregar mais uma vez meus cabelos e minha barba, como símbolo daquilo que estava morrendo, abrindo espaço para que o novo pudesse chegar. A vida é toda feita de ciclos de morte e renascimento, e, sem dúvida, ali passei por uma desconstrução muito profunda, que pediu por uma manifestação física na minha própria imagem, ao deixar meus cabelos e a barba para trás.

Em abril de 2019, fiz um retiro de silêncio por uma semana, no Pathwork Retreat Center, nos Estados Unidos. No afã de tentarem deslegitimar a mim e ao meu trabalho, até acusação de plágio eu sofri. Contra esta última, foi fundamental a visita aos meus professores do Pathwork nos Estados Unidos, Susan e Donovan Thesenga. Para além da ajuda psicoespiritual que recebi deles, contei com o apoio, o reconhecimento e a validação dos meus estudos e dos meus escritos, que foram inspirados no método de autoconhecimento do Pathwork para que eu construísse o meu próprio. Não sou um *helper* do Pathwork, como são chamadas as pessoas que foram formadas oficialmente na metodologia e atuam como facilitadoras do programa e de seus princípios. Sou um autodidata, estudei os textos e livros públicos que serviram de base para a criação do Instituto Pathwork, estudo mais tarde complementado com o intensivo que fiz com Donovan e Susan Thesenga. Em todos os meus escritos, sempre tratei de fazer a devida menção e reconhecer o Pathwork na minha formação.

Conversamos muito – eu, Donovan e Susan – sobre como aqueles episódios haviam servido para o meu crescimento espiritual. Ofereceram-me um apoio inestimável naquele momento sofrido e dolorido.

Amigos mais próximos e assessores tentavam, naqueles meses, me convencer a voltar a falar com a imprensa. Eu estava relutante, mas sentia, com base no próprio sentimento expressado por muitas pessoas de nossa comunidade, que eu precisava reaparecer para explicar melhor o que se passara. De todo modo, havia razões para temer qualquer movimento na mídia. A principal delas, talvez a única, era que aqui e ali aquele pequeno grupo mais crítico e determinado a me destruir emitia sinais de ameaça – na minha primeira tentativa de ganhar visibilidade novamente, seria necessário responder a novos ataques. Eu tinha certeza, porém, de que podia ter errado como ser humano, mas jamais como mestre espiritual. Apesar de eu saber que não existiriam riscos jurídicos a enfrentar no futuro, sabia haver riscos reputacionais ainda muito altos naquele momento.

Os limites eram bastante estreitos naquele início de 2019, ainda sob os efeitos das notícias a meu respeito, do ataque desproporcional articulado na imprensa e das menções indevidas em casos que nada tinham a ver com o meu. A onda negativa sobre mim havia atiçado também o apetite de diversos oportunistas. Enfrentei processos trabalhistas, com algumas pessoas pedindo dinheiro por trabalhos voluntários realizados no passado. Em alguns casos, como uma advogada e amiga de longa data dizia, "era como se o ministro da eucaristia processasse o padre pelo tempo de trabalho em servir a hóstia". Lidei com diversas tentativas de me incriminar, ameaças de matérias com base em histórias fantasiosas, estudos sobre séries e documentários destinados a me difamar, até recebi ameaças de morte caso eu não me retratasse e ressarcisse quem se julgava injustiçado. Sem esquecer a violência do tribunal inquisidor, julgador e condenador das redes sociais.

A imprensa me procurava e, pior, diante da minha recusa em falar, costumava tentar algo por vias paralelas. Foi o caso de uma emissora que ficou cercando os meus locais de trabalho, espaços onde até há pouco tempo eu ministrava cursos e terapeutas treinados por mim promoviam aulas, workshops e exercícios espirituais para alunos e discípulos que acreditavam em mim e no método tão bem testado e compartilhado ao longo de muitos anos. Cheguei a cancelar uma entrevista já agendada com a TV Globo ao descobrir iniciativas como essas.

Resolvi falar, mas com uma certeza: a era do guru das celebridades, o guru das multidões, o Prem Baba pop, simplesmente acabara. Um novo ciclo começaria, com mais simplicidade, e ao mesmo tempo mais profundo. Minha comunidade havia diminuído, eu tinha consciência de que ocorrera uma fuga veloz de pessoas, entre alunos e discípulos. Estava em curso um novo ciclo de morte e nascimento. Quando aquela crise surgiu, eu tinha começado a escrever o livro *Parivartan – a transformação para uma nova consciência,* que foi publicado somente em outubro de 2022. O livro aborda justamente o fim do velho mundo e das indústrias do sofrimento.

Um dos meus assessores e amigo procurou o jornalista Maurício Lima, diretor de redação da revista *Veja*, e o consultou sobre a possibilidade de uma entrevista especial, a ser publicada nas clássicas páginas amarelas da revista. Foi pedido ao diretor que se cumprisse uma única condição: um cuidado fidedigno ao que eu dissesse, sem que se incorresse no erro do passado recente, isto é, assumir um lado da história. Maurício Lima topou imediatamente e escalou o repórter João Batista Jr.

Recebi o repórter em meu apartamento, no bairro da Aclimação, em São Paulo. A conversa, dura e franca, resultou numa entrevista publicada em 31 de maio de 2019. O título resumia, em essência, aquele novo momento de ressurgimento na mídia: "Eu fiquei menor". A primeira pergunta era clara, dura, objetiva e equivocada: "O senhor abusou sexualmente de suas discípulas?". Equivocada porque, como eu disse, em momento algum se tratava de um episódio envolvendo abuso sexual. Respondi-lhe com firmeza: "Vou dizer com muita clareza: não sou um abusador. E me conheço bem o suficiente para afirmar que jamais serei. Realizo meu trabalho com seriedade e compromisso, o qual foi construído ao longo de muito tempo e dedicação. Cerca de 70% da minha comunidade é formada por mulheres. E eu respeito todas elas".

Usei palavras fortes na entrevista. Até concluir que me sentia tranquilo em ensinar para poucos. "Sou um homem melhor e agradeço à crise por ter a chance de começar do zero."

Enquanto voltava aos poucos às atividades, retomei a escrita e, em maio de 2021, publiquei o livro *Plenitude*, além de avançar nos estudos e na escrita de *Parivartan*. Houve amigos e assessores que defenderam a ideia de que *Plenitude* deveria explorar mais os episódios de 2018. Eu senti que ainda não era o momento. Mas dediquei um longo trecho discorrendo sobre como atravessei aquele vale das sombras.

Contei no livro, por exemplo, que ninguém vai alcançar a plenitude se não passar por situações desafiadoras. Escrevi: "As experiências que vivemos, quando bem aproveitadas, podem nos impulsionar para galgarmos mais um degrau na escala da nossa evolução, além de servirem como um espelho para outros buscadores". Ao citar aqueles episódios de 2018, ainda que sem muitos detalhes como nestas memórias, tentei mostrar que muito do que transmito como ensinamento faz parte da minha vivência no mundo. Ensinar e aprender são um processo único.

Escrevi: "Em 2018, atravessei uma provação árdua, em que todos os conhecimentos espirituais que acumulei durante anos foram duramente colocados à prova. Os ensinamentos transmitidos por mim precisaram ser colocados em prática. Mas a essência do que ficou para mim, depois de passada a tempestade, foi um aprendizado profundo".

Provação, lembrei, é uma oportunidade de você rever o que aprendeu. E isso aconteceu comigo e com todos que estavam conectados a mim, pois foi uma provação que abriu uma fenda na relação de confiança estabelecida entre mim e meus estudantes. A partir de uma falha cometida por mim uma década antes, a fenda da desconfiança abriu as portas para uma verdadeira avalanche. Na realidade, foi uma chance de checar se as lições aprendidas poderiam ser colocadas em prática.

Prossegui:

Pude ver ali que eu precisava aperfeiçoar o entendimento e as lições a respeito dos próprios valores que eu vinha ensinando – amor, honestidade, autorresponsabilidade, gentileza, serviço, dedicação e beleza. Entendi a importância de aprimorar o que eu estava comunicando ao mundo. Percebi ainda que todos que estavam comigo de alguma forma também tiveram essa chance de aprimoramento. Eles passaram por uma prova parecida, mesmo que em graus diferentes. Assim, puderam olhar para os aprendizados recebidos e escolher entre seguir por outro caminho de estudo ou colocar em prática aquilo que aprenderam comigo.

Após essa experiência, houve uma mudança total na minha consciência, na minha energia espiritual e no meu próprio corpo físico – assim como na vida das pessoas conectadas a mim. Foi algo forte, que na verdade ainda está se manifestando. Tudo mudou. Estou vivendo um momento diferente, um novo tempo, uma vida nova e um outro ciclo. Com mais liberdade, maturidade e compreensão, inclusive da dimensão verdadeiramente espiritual do trabalho do qual fui encarregado pelo meu mestre.

A espiritualidade autêntica é compaixão, amor, perdão, desapego e entrega ao serviço. Então sinto que tudo que aconteceu ao meu redor se transformou na possibilidade de podermos subir mais um degrau ainda nesta encarnação. Todos que estavam conectados a mim sentiram profundamente o impacto provocado pelo que aconteceu.

Mas meus irmãos maiores da linhagem Sachcha, à qual pertenço, interpretam a passagem difícil que atravessei como uma prova que todo iogue precisa viver em algum momento. Também me disseram que fui vacinado para me imunizar de determinadas possibilidades de quedas provocadas por atrações do ego. Eu experimentei um poder muito grande aqui no mundo, e isso pode criar um encantamento. Ver realmente o poder de Deus se manifestando e despertando o talento de tanta gente, testemunhar muitos se encontrando através desse poder, pode fazer a nossa vaidade se manifestar. Mas fui vacinado a tempo.

O interessante é que, a partir dessa vivência, me senti mais aceito pelos outros mestres mais experientes e tradicionais da linhagem Sachcha. Em vez de me julgarem ou rechaçarem, eles abriram os braços para me receber e contam comigo para continuar a missão Sachcha no mundo. 'Então agora você está completo, e contamos com você para poder continuar a missão', *me disseram eles. Assim, me sinto ainda mais preparado para realmente representar Sachcha Baba com plenitude, seguindo o propósito de despertar o amor nas pessoas.*

Lembrei também que eu estava fazendo um trabalho de organização do amor no mundo. Na prática, estava reunindo pessoas que considero talentosas e que poderiam fazer a diferença no mundo: formadores de opinião, lideranças que pudessem receber conhecimento espiritual e colocá-lo a serviço da elevação da sociedade para gerar justiça, amor, verdade. Mas aquela reportagem caluniosa ganhou um poder tremendo nas redes sociais, gerando uma onda tão intensa que acabou realmente me paralisando e manchando a minha reputação. De certa forma, o episódio criou um impedimento para o meu fluxo de plenitude naquele momento.

"Acabei por realmente me desconectar do meu ser por me sentir injustiçado", escrevi. "Indignado, abri uma porta para a vítima, que traz consigo o sofrimento. Talvez tenha sido o maior teste da minha encarnação, porque naquela hora percebi que a vida sempre está por um fio."

Lembrei o caráter destrutivo do episódio: pessoas falando de coisas que não sabiam, enquanto outras davam ouvidos às mentiras. Muitos, na verdade, até tinham em mim uma esperança de transcendência, mas também tinham medo de perder o reinado do ego e quebraram o espelho que eu representava para elas. Algumas pessoas, simplesmente, de uma hora para a outra, ficaram contra mim, como que tomadas por um encantamento: todo o amor e respeito que tinham desapareceu, e no lugar veio ódio e desejo de reparação. Como se tudo que viveram ao meu lado tivesse sido um grande engano, como se tivessem apenas perdido tempo comigo. Inclusive alguns que haviam encontrado um lugar no mundo e que ganhavam dinheiro com base no que haviam aprendido comigo.

Precisei aceitar essa experiência, mesmo sentindo que o que passei foi muito maior do que os meus erros. No entanto, quando se está numa posição de liderança, principalmente espiritual, a flexibilidade das pessoas para a aceitação das falhas humanas do líder é baixa. Com isso, tive de lidar com a criação de *fake news* e o cancelamento da minha imagem por parte de muitos, com um dano reputacional grande.

Por essas sincronicidades da vida que fazem parte da minha história, enquanto eu escrevia estas memórias comecei a ler um livro extraordinário, intitulado *A entrega incondicional: como aprendi a confiar no fluxo da vida*, de Michael A. Singer. Economista, empresário, escritor, mestre espiritual e autor de sucesso (*A alma indomável*, outro livro seu, teve mais de 3 milhões de exemplares vendidos), Singer protagonizou uma jornada incrível – e, por se dedicar verdadeiramente às suas crenças e práticas espirituais, ele permitiu que a vida se desdobrasse, sem resistir aos fluxos dos acontecimentos. E isso o levou para muito longe.

Sua jornada começou quando ele era um jovem que queria ficar recluso, em busca de solidão para meditar na floresta. Evoluiu ao criar uma comunidade espiritual na Flórida, chamada Templo do Universo, reconhecido centro de yoga e meditação onde pessoas de qualquer crença ou religião podem se reunir. Tomou um curso inesperado ao fundar uma empresa de software, o que acabou levando-o ao posto de presidente de uma corporação bilionária. Ele permitiu que a vida simplesmente acontecesse. Suas experiências oferecem uma nova perspectiva de vida e nos ensinam a parar de tentar moldar as circunstâncias externas às nossas vontades e expectativas.

Uma frase do livro chamou especialmente minha atenção, remetendo-me àqueles episódios que vieram à tona em 2018: "Uma onda de escuridão baixava sobre tudo o que antes fora a fonte de tanta luz". Em outra passagem, Singer descreve: "Estava vendo a verdade ser manipulada até ficar irreconhecível".

Vi-me diante de ameaças, processos e diferentes tentativas de me incriminar. Um ex-aluno, que se declarava meu admirador e amigo, chegou a oferecer R$ 100 mil para uma mulher me incriminar. O dinheiro seria dado caso ela plantasse na mídia a história de que havia sido abusada por mim. Eu nem sequer a conhecia. No entanto, por mais incrível que possa parecer, ela já havia lido um livro meu e tinha sido amiga de uma aluna minha. Essa mulher precisava muito do dinheiro e entrou em profunda crise de consciência. Foi à procura dessa minha aluna para desabafar e pedir um conselho. Não sei o destino dela, mas sei que não atendeu ao pedido daquele ex-aluno.

Recebi ameaças expressas de que, todas as vezes que eu tentasse me reerguer, iriam impedir. Após a matéria mais ardilosa, feita com base no depoimento de uma pessoa falsa, me disseram que, se eu me defendesse contra a matéria, na semana seguinte apareceriam mais cinco mulheres me acusando de abuso.

Não posso deixar de citar também, ainda que por alto, o que fizeram com pessoas próximas a mim, incluindo mulheres e crianças, que cometeram um pecado capital aos olhos daqueles que me criticavam de maneira mais destrutiva: essas pessoas se mantiveram fiéis aos meus ensinamentos e me defenderam. E receberam ódio, intimidação e tentativas de criminalização por estarem ao meu lado.

Essa minha história só não teve um final trágico porque a promotora que recebeu a única denúncia que de fato foi feita contra mim no Núcleo de Proteção à Mulher foi sensata e se valeu da lei e não da opinião pública manipulada. Foi em outubro de 2019: a mesma promotora que investigou o caso pediu o arquivamento da denúncia. Na avaliação da promotora, não havia evidências que a justificassem. E não havia porque jamais abusei de ninguém.

O caso então encerrou-se na Justiça. Fiquei aliviado, embora machucado. Aliviado porque, apesar de eu ter a consciência de que não cometi crime algum, não sabia se meus opositores mais ferozes, após manipularem a opinião pública, teriam condições de interferir para induzir a Justiça a um erro de avaliação. Cometi, isso sim, reconheço, o erro moral. Mas esse erro foi amplificado de maneira desproporcional por pessoas insatisfeitas ao meu redor.

Para quem estava de fora, parecia que o problema central que enfrentávamos era devido a uma suposta má conduta sexual ocorrida uma década antes de 2018. O erro moral, repito, era parte do problema, mas não o único. Era preciso levar em conta também a disputa interna por lugar de poder. Aprendi uma grande lição com isso: a ocupação de lugares de poder não pode acontecer por pessoas sem devoção madura, pois o poder é realmente um grande perigo para quem não está preparado para lidar com ele.

O mais importante, porém, é que sobrevivi. Sobrevivi e amadureci. E tenho certeza de que todos os envolvidos também.

Estou contando isso, com toda essa riqueza de detalhes, porque, apesar de os episódios serem relativamente recentes, há muitas pessoas que não fazem ideia do que de fato aconteceu. Muitas delas foram dragadas pelo correio da má notícia, por fofocas e pelas más interpretações de alguns. Muita gente acabou tomando partido e ficou contra mim, mesmo sem saber detalhes do que tinha acontecido – e sem jamais ter ouvido o meu relato. Entendi que era meu dever voltar ao tema e explicar aqueles fatos e suas tristes consequências.

Como escrevi em *Plenitude,* "recomendo a todas as pessoas que estão sendo difamadas, humilhadas, traídas, que não caiam na armadilha de tratar o mal com o mal. Eu quase caí nessa tentação, que vem lá de antes dos tempos de Moisés, do olho por olho e dente por dente. Mas se a gente continuar assim, como disse Mahatma Gandhi, vai todo mundo ficar cego e banguela".

Vale a pena reafirmar o ensinamento do meu guru Maharajji: o amor é a seiva da vida e a razão de tudo; sem amor, nada faz sentido.

Capítulo 17

Colhendo os benefícios dos aprendizados

No auge da crise, em meio à minha crucificação pública, eu me perguntava: *onde foi que eu errei*? Porque eu tinha e tenho certeza de que não cometi o erro que estavam atribuindo a mim. Eu, que dediquei boa parte da minha vida aos estudos espirituais, em busca de uma conexão sincera com o divino. Eu, que conquistei minha mente, me estabelecendo em samadhi, e me tornei um guru com as bênçãos recebidas diretamente do meu guru, que assim me reconheceu. Eu, que já tinha estudado a minha sexualidade profundamente, por diferentes perspectivas, e que já tinha transcendido a dependência do sexo. Eu, que sei muito bem a responsabilidade que tinha nas mãos. Eu tenho certeza de que não existia a menor possibilidade de ter me aproveitado da minha posição para tirar proveito e prazer de uma mulher. Jamais faria isso, pois, mais do que um crime material, seria um crime espiritual, um karma que eu não seria capaz de cometer (assim como a Justiça também pôde determinar, pelo arquivamento da acusação).

Depois de ter feito meu trabalho de autorresponsabilidade ao averiguar meus equívocos, pude começar a compreender o fenômeno que tinha se passado.

Meu principal erro, não tenho dúvida, foi não ter seguido as orientações do meu guru ao pé da letra. No momento em que me deu a bênção para expandir o trabalho pelo mundo, ele disse: "Vá para o mundo e circule oferecendo satsangs por seis ou sete anos e depois se fixe num ashram. Quem precisar aprender com você irá à sua procura". Envolvido com a missão, vendo os impactos positivos de tudo que estava sendo movimentado, deixei de atentar para esse ponto e segui expandindo, o que tornou a organização cada vez mais difícil de ser administrada. Não tenho dúvida de que não errei como mestre espiritual, mas eu não soube administrar esse crescimento e as vontades da minha comunidade. E as insatisfações com essa expansão abriram portas para potencializar o restante. Claro que sei que tudo aconteceu porque tinha que ter acontecido, mas esse aprendizado é muito importante. Havia um intuito de proteção naquele direcionamento de Maharajji, e, por não tê-lo seguido, me arrisquei. Apesar de não ter desobedecido ao meu guru de propósito, pois não foi algo premeditado, minha falta de atenção abriu espaço para essa fenda kármica. Agradeço a Maharajji por mais esse aprendizado. Às vezes os ensinamentos são amargos, mas nos trazem muita clareza de como funciona a vida.

Aprendi também na prática algo que eu já sabia, mas que nem sempre é simples de compreender: aquilo que não é revelado, mesmo que seja como um cuidado para não machucar alguém, pode machucar mais. No relacionamento que tive em 2008, que foi o epicentro da crise, como já comentei, na época sentimos que seria melhor manter nossa intimidade preservada, poupando dores desnecessárias. Sou muito discreto com a minha vida particular. Sei que decepcionei pessoas queridas ao não falar o que estava havendo na época, quando teria sido inclusive mais simples lidar com a situação dentro do contexto em que tudo estava acontecendo, evitando uma reinterpretação que viria a gerar histórias distorcidas. Até hoje lamento profundamente por isso; sei que algumas pessoas não me perdoaram, perdi amigos queridos, mas espero que algum dia possam acolher a minha falha. Eu não faria isso novamente.

Por último, percebo que poderia ter administrado de outra forma um certo fanatismo, uma devoção imatura, que alguns alunos meus apresentavam. Um dos papéis do guru é justamente aceitar toda e qualquer projeção que surja da relação mestre-discípulo. Muitas vezes as pessoas projetam no mestre seus pais, suas mães, mas também projetam nele a imagem de Deus que têm nas suas mentes. São poucas as pessoas, principalmente as de mentalidade ocidental, que conseguem compreender o fenômeno do guru como aquele que auxilia você a encontrar o caminho para Deus, e não para ele próprio. Talvez seja a necessidade de atribuir a alguma figura o título de salvador. Percebi, na verdade, que alguns alunos que estavam comigo ficaram presos nessa projeção da imagem de Deus em mim, e, quando essa imagem deixou de corresponder ao que acreditavam que seria o certo, foi como se tivessem sido enganados. Um fanatismo perigoso, com essa grande projeção de Deus em mim, abruptamente transformou-se na projeção da imagem do diabo. O fanatismo antes presente na imagem positiva passou a se apresentar na mesma intensidade, porém com a imagem negativa, revelando uma certa imaturidade.

Nunca enganei ninguém. Pelo contrário, sempre deixei as pessoas que são meus alunos ou discípulos absolutamente livres para seguir o que quisessem, pois sei que o caminho espiritual deve ser trilhado a partir da vontade própria, e não com uma pressão externa. Nunca me encaixei em nenhum modelo dogmático religioso tradicional, apesar de ter bebido da verdade em diferentes fontes. De todo modo, minha busca sempre foi da verdade, não da religião criada pela mente humana. Sempre fui contra qualquer tipo de conversão a qualquer caminho. Minha história de busca e meu estilo sempre foram abertos, portanto para estudar comigo também era assim. Já tive muitos alunos que aprenderam comigo por um tempo e que depois, com maturidade, compreendendo que o tempo tinha acabado, encerravam seu ciclo com gratidão e seguiam o caminho com as minhas bênçãos, pois às vezes a pessoa já aprendeu o que precisava comigo e tinha mesmo de ser encaminhada para outro mestre ou professor. Obviamente, as pessoas tinham total liberdade de não me querer mais como professor espiritual ou mestre e seguir outro caminho, mas o fenômeno que se passou com alguns foi diferente: *ele cometeu um erro, então tudo deve estar errado, vamos destruir o trabalho. Queremos vingança*, passaram a pensar.

Senti no corpo todas essas dores, mas a dor que mais doeu foi ter visto o impacto que isso causou no caminho espiritual de muita gente. Alimentadas pela desinformação que jogou uma fumaça de dúvida na minha índole, foi causada uma ruptura na fé de muitas pessoas. Vi muitos deixando de acreditar, não somente em mim, mas na espiritualidade. Vi pessoas desvalidando o conhecimento que haviam recebido, bem como os avanços do caminho espiritual que tinham feito, entrando num vale de ceticismo e materialismo prejudiciais para a alma.

Pessoas que se sentiam felizes em apoiar a missão com trabalho voluntário (*seva* ou serviço desinteressado, a base de qualquer ashram ou escola espiritual) mostraram, repentinamente, que o serviço nunca foi desinteressado e vieram cobrar a conta. Sei que ainda hoje existem muitas pessoas que acreditam nas informações inverídicas que foram compartilhadas e que acreditam com todas as forças que eu sou um aproveitador. Elas têm grandes teorias conspiratórias, uma mais absurda que a outra, na tentativa de comprovar que eu sou o responsável pela infelicidade delas na vida. Esse é um comportamento que demonstra o fanatismo.

Aprendi muito com isso e hoje estou mais atento ao fanatismo. O fanatismo é um comportamento marcado pela paixão excessiva, por irracionalidade e intolerância em relação a ideias, pessoas ou práticas diferentes. Frequentemente associado a crenças religiosas, políticas ou culturais, o fanatismo envolve uma adesão intransigente a uma causa ou a uma crença, muitas vezes levando a pessoa a ignorar argumentos racionais contra sua posição e a exibir comportamento agressivo ou discriminatório contra aqueles que discordam. Esse tipo de comportamento pode ser prejudicial, pois impede o diálogo e a compreensão mútua, levando a divisões e, em casos extremos, a conflitos.

O ser humano tem tendência a ser fanático por qualquer coisa: política, futebol, religião, trabalho, dinheiro. Compreendo que alguns dos que eram fanáticos por mim, que na época deviam tentar até mesmo converter pessoas a seguir o caminho espiritual que seguiam comigo sem o meu conhecimento ou direcionamento para fazer isso, passaram a ser fanáticos por me destruir e por convencer meus alunos de que deveriam seguir um caminho espiritual novo sem mim.

No começo, confesso que senti indignação com isso. Mas aos poucos consegui ter empatia para poder fazer a única coisa que me resta por essas pessoas: rezar para que encontrem seu caminho e sejam felizes. Imagine que triste deve ser a vida de uma pessoa cujo propósito de vida não é construir nada, mas destruir o propósito de outro...

Atualmente, estou muito mais atento ao fanatismo. Raramente aceito ofertas de pessoas para algum serviço que queiram me fazer. O serviço desinteressado de verdade é raro. As pessoas geralmente esperam alguma contrapartida, seja status, acesso especial ou alguma outra forma de reciprocidade.

Por outro lado, também tive a grata surpresa de observar a maturidade devocional de muitos que permaneceram comigo. Essas pessoas, apesar de toda a adversidade, mantiveram-se firmes em seu processo, sem desviar-se do caminho. E, mais do que isso, também me ofereceram carinho, cuidado e respeito, proporcionando-me o tempo necessário para que eu pudesse me recompor.

A carga dramática dos eventos no *samsara* pode ser realmente inimaginável. Vale ressaltar que *samsara*, em sânscrito, se define como "mundo". É também o conceito de renascimento, representando o ciclo contínuo da vida, que abrange matéria e existência, assim como morte e reencarnação. Trata-se de um ciclo kármico.

Balancei com tudo aquilo, é fato. O que me segurou foram duas questões especiais: primeiro, o amor da família, dos amigos e dos devotos; segundo, a lembrança constante de uma das falas de Maharajji para mim, dita no período de minha iluminação, quando ele me avisou que eu estava livre para ensinar como quisesse: "Esse mundo é muito bonito. Mas não se meta com ele, porque ele te pega".

Pois me meti com o mundo, e o mundo me pegou. *E agora? Como saio disso?* – pensei na época. A fala de Maharajji ecoava na minha mente, me fazia entender que eu estava em meio a uma iniciação espiritual, ou que no mínimo era parte importante dela. Ao ter meu primeiro fluxo de iluminação e ter me colocado a serviço com tanta entrega e integridade, em 2002 abandonei o fluxo psicológico do tempo. Passado e futuro haviam desaparecido, e eu estava entregue para o fluxo do momento presente.

Ao mesmo tempo, porém, eu estava acumulando uma carga gigantesca de karmas em meu campo. Mais do que isso, eu havia me tornado uma "lavanderia kármica", uma espécie de "lixeiro" espiritual. Esse era meu serviço – o serviço que fazia a limpeza onde quer que eu passasse. Puxava a carga negativa e a transmutava em bênçãos em meu canal mediúnico.

Foram muitos anos, como eu já escrevi, de bem-aventurança, inspirando alegria e transmutando o sofrimento.

Até que a tormenta ficou muito grande, e eu não sabia, mas havia pendências a serem resolvidas em meu sistema, antes que eu pudesse seguir para outra fase de meu serviço no mundo. Em meu mundo interior, eu sabia tratar-se de uma prova da jornada. Minha oração era para que eu tivesse força e sabedoria para sobreviver à tormenta.

Como no trecho de uma carta que meu professor Donovan Thesenga me enviou no auge da minha provação: "Pedimos agora que esteja aberto à possibilidade de haver mais coisas que possam ser reveladas a você. Talvez, se você se render totalmente a essa crucificação atual, sem negá-la, evitá-la ou dar desculpas para si mesmo, o espírito do Despertar pode estar preparando você para uma realização ainda mais profunda". Foi o que fiz. Entreguei-me ao fluxo da existência.

Como escrevi no livro *Plenitude*, a sexualidade é uma escada para subir ou para descer, dependendo da ação e do entendimento de cada um. O ponto importante em relação ao sexo, escrevi, é ver se ele está alinhado com o bem e se é canalizado a serviço ou não do desenvolvimento espiritual. A distorção da energia sexual nos faz reféns dela, porque tudo aquilo que é proibido é desejado. Então, por trás disso, existe uma rede de ignorância conectada à repressão, ao consumo, à guerra e à religião. Isso faz com que a gente se prenda num círculo vicioso de esquecimento de quem somos. Essa história ilusória de dualidade reprime você e, ao mesmo tempo, desperta o desejo de querer conquistar. Mas para isso é preciso ter poder, dinheiro e consumir. Assim, você acredita que consegue dominar o outro e vai andando para fora em círculos, se distraindo.

Ainda na minha adolescência, quando iniciei meus estudos no movimento gnóstico, tive um sonho lúcido. Saí do corpo e me vi como uma criança que vestia uma túnica – metade preta e metade branca. Fui levado a um altar onde essa criança, que era eu mesmo (ou uma outra dimensão de mim), me apresentava um livro no qual estava escrito meu nome espiritual. Diante do meu nome havia uma soma de numerais (representando as esferas iniciáticas que eu atravessaria nessa encarnação), e o resultado da soma dos algarismos, segundo a ciência da numerologia, era o nove. Entendi que até uma determinada etapa da minha vida, até que concluísse as iniciações menores, estaria estudando (aprendendo e ensinando) assuntos relacionados à Nona Esfera.

Após assinar o livro citado, fui levado a voar sobre os diferentes quadrantes dessa esfera. Pude ver todos os tipos de distorções e jogos do eu inferior em busca do prazer negativamente orientado. Entendi ali que estava nesse estudo havia muitas vidas, libertando almas do jogo da luxúria (a luxúria, como já escrevi em alguns dos meus livros, é um dos aspectos da sexualidade do falso eu, e essa energia é usada para exercer a dominação, gerando sofrimento, provocando a perda do foco original de perpetuar a espécie, celebrar o amor e se elevar através do encontro com o outro).

E estava eu ali, dezesseis anos após minha iluminação, vendo a torre cair e lidando com as consequências de meus equívocos de percepção e de cognição. Eram fendas por onde entrara um mal avassalador. Então, eu me questionei: *será que dou conta de transmutar esse mal?* Intensifiquei minhas práticas espirituais. Fazia japa – a repetição de mantras específicos – e meditava dez horas por dia. Fui buscar em mim recursos que desconhecia. De fato, estava mesmo acessando partes de mim que não conhecia. Como bem descreveu Jack Kornfield em um de seus livros mais famosos, "depois do êxtase, lave sua roupa suja". Compreendi que ainda havia um estágio de purificação e, consequentemente, outro de iluminação a ser alcançado.

Às vezes é bastante difícil ser um agente de transmutação do karma. Às vezes dói. Às vezes é sofrido. Às vezes é difícil transformar determinados karmas. Enquanto eu escrevia este livro, por exemplo, recebi uma pessoa pedindo ajuda. Ela estava com câncer, em estágio terminal. Sei que não tenho mais como salvar o corpo dela, mas espiritualmente aceitei ajudá-la. Ocorre que tudo isso passa pelo corpo. Mas aprendi a assistir a isso e a não me identificar. Não é simples, mas é um exercício quase cotidiano.

Naqueles anos de bem-aventurança que me conduziram àquela tormenta que se seguiu, em dado momento senti que o peso da energia contrária ficou muito grande. Assim como a força de *haters* que simplesmente passaram a me atacar sem saber de nada. Enfim, esse peso negativo, contrário, ficou tão forte que precisei tomar uma atitude radical: cortar os vínculos kármicos com alguns estudantes que haviam se vinculado a mim mediante iniciação espiritual. Não bastava que essas pessoas se fechassem para mim e não quisessem mais seguir comigo. A iniciação espiritual é coisa muito séria.

Fiz uma peregrinação até Badrinath, lugar nos altos do Himalaia. É um dos quatro lugares da peregrinação Char Dham e um dos pontos de sustentação de nossa tradição. Fui até lá para cortar aqueles vínculos. Assim liberaria todos para que seguissem adiante. Sem mim. Foi como um "reset" em todo o campo de trabalho espiritual na relação guru-discípulo. Sei que foi um momento forte para todos os que um dia estavam vinculados a mim, pois certamente sentiram o vazio, a ausência de uma energia que sempre esteve ali, protegendo-os e guiando-os. Não havia alternativa a não ser "zerar" para recomeçar. Dali em diante, fui recebendo quem de fato havia passado pela tormenta e compreendido o fenômeno espiritualmente. Renovando os votos.

Nessa época, tive um sonho – e os sonhos, como se sabe, podem ser meios de comunicação com o mundo espiritual. Foi um sonho lúcido: eu era o comandante de um navio; dentro do navio estava toda a minha sangha, minha comunidade de estudantes, e ele ancorava num porto. Muitos desciam do navio e outros entravam. Alguns saíam agradecidos pela viagem realizada, outros saíam com raiva, porque queriam que a viagem tivesse sido diferente. E os que entravam ficavam felizes. Ali anunciei que em breve seguiríamos viagem para hastear a bandeira de Sachcha em outra ilha.

Cheguei a ver o rosto de algumas pessoas que saíam, como saíam e por que saíam. Também vi o rosto de alguns que entraram. De fato, tudo isso se confirmou.

O trabalho espiritual de um guru verdadeiro, conduzir um buscador da escuridão para a luz, se dá em meio aos reveses do samsara. Disse Maharajji: "Encontre o dharma dentro de seu karma". A guiança do guru para levar o buscador sincero para fora do labirinto da mente com todas as suas tranças kármicas é um processo chamado de Leela, o jogo divino. É praticamente impossível para alguém que não se iluminou completamente compreender o Leela de um guru. Independentemente do estágio em que ele se encontra, se é autêntico, o guru – ou a dimensão do eu superior que recebe o poder de Deus capaz de iluminar a escuridão da ignorância do buscador – vai promover movimentações das mais "bizarras" para surpreender o ego e tirá-lo de cena, para que assim o eu superior possa se manifestar em sua plenitude. "Maya [ilusão cósmica] só se revela para quem a transcende", disse certa vez o Swami Brahmananda. Somente uma compaixão muito profunda pode às vezes ser até "cruel" com a ignorância que nos habita, para que despertemos nos maiores níveis possíveis numa encarnação.

Fui e sigo sendo leal ao meu guru. Rendi-me à sua condução espiritual. Mesmo diante das mais severas turbulências, estava eu à procura de entender seu Leela.

Capítulo 18

Sobrevivi ao cancelamento. E agora?

Em janeiro de 2023, voltei às páginas da imprensa ao escrever um longo artigo de balanço daqueles episódios, com foco específico no cancelamento que se seguiu. Usei minha própria experiência para analisar a cultura do cancelamento, que transforma a todos em espadachins da reputação alheia, radicaliza discursos e alimenta o ódio. O trabalho consistente com meus alunos por meio da minha Academia, os retiros, as atividades espirituais, o crescimento da base de alunos, tudo isso seguia a passos firmes depois do vendaval humanitário que passamos com a pandemia de covid-19 – um problema adicional que precisei enfrentar no esforço de retomada da minha missão, após as jornadas trágicas de 2018, 2019 e 2020. Voltarei à pandemia mais adiante, mas quero aqui retomar as linhas do que escrevi naquele artigo, publicado no mesmo jornal em que todas aquelas situações vieram à tona em 2018.

"Nada é tão assustador quanto a cultura do cancelamento", dizia o título. Mas, sim, existe vida depois do cancelamento. Era a minha principal mensagem no artigo, e é a minha principal mensagem na reflexão que faço hoje sobre aqueles episódios.

Poucos meses antes, em novembro de 2022, o jornalista Valmir Salaro havia aparecido no centro do documentário *Escola Base – Um repórter enfrenta o passado*, produção lançada pela Globoplay. "Eu volto para uma história que há 27 anos me atormenta", diz o jornalista na abertura do documentário. A Escola Base é uma história clássica de um linchamento público estimulado por um erro midiático. O documentário acabou virando um raro acerto de contas com o passado (como diz o título), protagonizado pelo jornalista Valmir Salaro, ex-repórter da TV Globo, que revisita a cobertura que fez na época sobre a acusação infundada de abuso contra crianças em uma escola de São Paulo.

Naquele ano de 1994, seis pessoas, incluindo os donos da Escola Base, foram acusadas injustamente de abusar sexualmente de alunos de 4 anos e tiveram a reputação e suas vidas arruinadas. Foi Salaro quem deu a notícia em primeira mão no *Jornal Nacional*, seguido por uma sanha acusatória envolvendo boa parte da imprensa. O documentário se mostrou um bem-vindo exercício de grandeza: da humildade do repórter em reconhecer – ainda que tardiamente – os próprios erros ao perdão oferecido pelas vítimas ao algoz.

Quase trinta anos permitem aprendizados, mas também amplificam processos destrutivos. Com a mudança do analógico para o digital e, mais especificamente, com a internet e o domínio das redes sociais, mudamos a forma de nos relacionar com as pessoas. As redes sociais tornaram-se espaços onde se coloca para fora aquilo que antes era guardado – sentimentos, desejos e aversões. Protegidos pelo *pseudoanonimato*, pelo anonimato ou simplesmente por estarmos num ambiente virtual, disseminamos ideias, (des)informação e julgamentos antes circunscritos a universos restritos. Tudo em velocidade e impacto inimagináveis, até mesmo em relação ao sofrimento das vítimas de casos como o da Escola Base. Algoritmos, manipulações, bases de dados, desinformação e *fake news* uniram-se à perversa vocação de muitas pessoas para exercer aquilo que o escritor Honoré de Balzac definiu como exclusividade de alguns jornalistas – profissionais vistos por ele como "espadachins da reputação alheia".

É o que acontece no tribunal das redes: essas pessoas tornam-se jornalistas e comunicadores, acusando, julgando, condenando e cancelando outras em tempo real. Transferimos o poder de escolha para os algoritmos e para a lógica do cancelamento. Muito da polarização violenta e dos conflitos do presente se devem a isso, agravados por uma consciência adormecida que vaga por um universo paralelo que imaginamos ser a realidade. Metaforicamente, ao olharmos para um pedaço de corda no chão, não vemos uma corda de fato, mas uma cobra, e passamos a imaginar a vida a partir da ideia de que a cobra é real, mesmo que ela não exista. Algo que Roberto Crema, psicólogo transpessoal e reitor da Universidade Internacional da Paz (Unipaz), chamou de "normose" – esse estado de adormecimento da consciência que nos faz acreditar que tudo isso é normal.

Não, não é normal, e sei disso graças a muitos anos de estudo e experiência própria. E também porque, em 2018, quando vieram a público aquelas acusações contra mim, fui julgado e cancelado no tribunal midiático.

Quem chegou com sua leitura até aqui já sabe que sou um estudioso dos mistérios da existência. Que minha curiosidade desde pequeno me levou a buscar respostas nos mais diferentes caminhos, sem preconceito: yoga, diferentes ramos da psicologia, Pathwork, religiões ayahuasqueiras brasileiras, gnosticismo, Vedanta, entre muitos outros. Se eu sentia a possibilidade de conhecer mais sobre a verdade da vida, lá estava eu. Vi de tudo, mas poucas coisas me pareceram tão assustadoras quanto me ver acuado pela cultura do cancelamento. De uma hora para a outra, passei de um mestre espiritual respeitado no Brasil e no mundo para alguém acusado de atrocidades que jamais cometi.

Mas existe vida após o cancelamento. Aprendi muito sobre este mundo, fortaleci minha fé, amadureci no meu conhecimento sobre a impermanência da vida, sobre o desapego e sobre a forma traiçoeira com que a maldade atua. Vivi um ano na Índia, criei a Sri Prem Baba Academy, em que leciono de forma contínua para quase 800 alunos em mais de 30 países, e lancei mais dois livros: *Plenitude – a vida além do medo* e *Parivartan – a transformação para uma nova consciência*.

Este último, como já descrevi, trata desse tempo de transição, um processo de transformação que demanda tempo e envolve dor, sofrimento, desconstrução de um jeito de ser, de um estilo de vida, para poder criar algo completamente novo. O que antes garantia estabilidade, hoje pede por mudanças. Viver nos nossos tempos requer, portanto, que aceitemos as transformações e nos adaptemos ao novo, ao que está nascendo. A aceitação da impermanência é a chave para não entrarmos numa crise interna diante dessas transformações.

O que veio à tona em 2018 é parte dessa impermanência, e aceitá-la, insisto, nos ajuda a enfrentar as incertezas deste tempo. Vivi uma grande transformação a partir desse episódio, e em *Parivartan* compartilho minha visão e minha experiência para trazer conhecimento e ferramentas para quem busca viver em equilíbrio nesses tempos de intensas transformações.

A cultura do cancelamento é um sintoma desse ambiente cujas fragilidades serão menores quanto maior for nossa percepção a respeito da realidade. Cancelamentos foram o efeito colateral da bem-vinda e necessária política de combate à homofobia, ao racismo e ao machismo. Mas não podem ser exacerbados como o que se passou a ver nos últimos anos, ultrapassando suas fronteiras originais para serem aplicados a opiniões e preferências – inclusive políticas, como ficou evidente nesses anos de polarização violenta, interdição de diálogo e ataques a grupos e pessoas que pensam diferente. A radicalização dos extremismos ganhou força ao mexer nesses gatilhos.

Nos últimos anos, o Brasil assistiu ao fortalecimento de vozes novas e combativas. Feministas, movimentos negros e LGBTQIAPN+ tornaram-se protagonistas de batalhas por reparações históricas e contra o preconceito. O palco principal dessas discussões foram as redes sociais. Se a nova arena democratizou a discussão, ela também elevou a voltagem dos radicalismos, à esquerda e à direita do espectro político e ideológico. E assim se viu que muitas lutas em defesa de causas justas por vezes se transformam em puro linchamento virtual, com consequências traumáticas para a reputação dos envolvidos.

Esses equívocos começaram a gerar aquilo que não deveríamos estar enfrentando: o questionamento das próprias pautas identitárias, sejam elas feministas, raciais ou de pessoas LGBTQIAPN+. Essa política de confronto aberto tem sido analisada por diferentes autores – há alguns anos, um deles, o ensaísta Francisco Bosco, chegou a publicar um livro com um título provocativo: *A vítima tem sempre razão?* No livro ele escreve: "As bombas dos linchamentos devem ser desarmadas. Para isso, é preciso compreender as dinâmicas de grupos inorganizados nas redes sociais digitais; instaurar uma reflexão sobre as razões políticas para indivíduos estarem sendo expostos, bem como sobre a legitimidade dessas razões e de seus métodos; e ainda criticar os ideários de fundo na origem da percepção subjetiva que leva a muitas denúncias que, por sua vez, conduzem a esses linchamentos".

Bosco questiona também algumas premissas, entre as quais as máximas de que "não se pode duvidar da vítima", "é preciso ter empatia com as vítimas", "todo homem é um potencial estuprador", entre outras, e os métodos consequentes, como submeter homens a julgamentos morais desequilibrantes, nos quais evidências concretas são reduzidas, minimizadas ou ignoradas em nome de um alinhamento incondicional às denúncias das mulheres.

Fui submetido a um desses julgamentos morais. As evidências não importavam: bastava que alguém se alinhasse incondicionalmente às denúncias para que minha voz, minha imagem e anos e anos de trabalho sério fossem simplesmente ignorados. Não fui o único. Mas o meu caso ainda se deu com um agravante: o questionamento geral que ganhou força no Ocidente, e também repleto de linchamentos, sobre a figura dos mestres espirituais e lideranças religiosas.

Existem pessoas que não gostam de mim. O que fazer? Se meu objetivo fosse ser amado pelo maior número de pessoas, talvez eu devesse ter escolhido um caminho diferente de vida. Mas escolhi o caminho do conhecimento espiritual que revela a verdade, e ensino meus alunos a seguirem os desígnios dos seus corações, não o que a sociedade diz. Sou porta-voz de mensagens que entram em conflito com o sistema de crenças em que vivemos. Por exemplo, sou um mestre espiritual e não excluo a sexualidade nem o dinheiro como temas importantes de desenvolvimento para meus alunos. Compreendo que um ser humano que não se realiza na sua sexualidade e que carrega preconceitos com o dinheiro, na sua vida terá dificuldades de se realizar espiritualmente, pois está excluindo áreas importantes da vida humana. Essa é a verdade que eu descobri ao longo de décadas de estudo, e não posso me render ao moralismo para não ensinar essa verdade, que é libertadora.

Você pode discordar dessa ideia e da própria condição de existência de um mestre espiritual. Mas essa discordância ou algum ceticismo em relação à espiritualidade ou ao pensamento religioso de qualquer espécie não justificam a remoção desse mestre do espaço público e, menos ainda, do direito de trabalhar pela realização espiritual de quem acredita nela. Isso está longe de desejar que me vejam, leiam o que escrevo e ouçam o que eu digo de maneira acrítica.

Pratico minha fé e sou guardião de tradições espirituais que são pouco conhecidas, unindo o conhecimento espiritual dos povos originários do Brasil e a fonte da sabedoria védica do hinduísmo que vem da Índia. Infelizmente, apesar de ser um direito constitucional, ainda recebemos os impactos do preconceito e da intolerância religiosa. O moralismo e a não aceitação daquilo que não é conhecido são as portas de entrada para julgamentos, que podem tentar restringir a nossa liberdade. Se permitirmos que isso avance, estaremos perdendo em diversidade e em direitos.

Assim, como escrevi no artigo que mencionei, seguirei fomentando a aceitação e o respeito aos infinitos caminhos para o divino que existem neste mundo, para que todos os seres sejam felizes e estejam em paz.

Capítulo 19

Dê ao mundo uma nova mensagem

Ensino aos meus alunos e discípulos que o passado deve ser reduzido a nada, para que possamos de fato viver o presente. Enquanto o passado tiver alguma influência negativa sobre as nossas decisões no momento presente, não estaremos livres. Ao mesmo tempo, foram nossas ações que nos trouxeram até aqui, e com elas temos muito a aprender, para não desperdiçar a oportunidade desta encarnação a fim de cumprir o propósito da nossa alma.

Ao revisitar toda a minha história nesta vida para contar a minha trajetória, pude constatar que realmente não nasci para desperdiçar a oportunidade de viver, de buscar o caminho da verdadeira liberdade e de unir a consciência ao divino. Dizer quem sou baseado na minha história é muito limitado, pois a história é transitória. Sem medo de me equivocar, posso dizer que sou um iogue e um místico. Sou um iogue e um místico moderno, ou seja, sou dos tempos atuais. E isso quer dizer muita coisa.

Na minha trajetória, pude comprovar que não existe um só caminho para Deus e que a verdadeira religião não é nenhuma religião criada pela mente humana. A religião eterna está na vida, pois a vida é a verdadeira iniciação espiritual à qual estamos todos submetidos. E na vida existem inúmeros caminhos que podem aproximá-lo ou afastá-lo de Deus, inclusive dentro das religiões tradicionais.

Talvez você esteja lendo este livro movido pela curiosidade de conhecer mais detalhes da minha vida, e, quem sabe, isso possa inspirar você a trilhar sua jornada em direção à morada sagrada. Mas sugiro que não acredite cegamente em tudo que falei, pois essa foi a minha experiência, que se transformou na minha sabedoria. Para que isso que eu vivi se torne verdade em você, é preciso que você experiencie.

Ao longo da minha vida, precisei passar por tudo que passei para chegar aonde cheguei. Nasci de uma mãe jovem e de um pai que, por não querer me assumir, quase foi morto pelo meu avô. Fui criado pela minha avó, uma médium curadora que pôde dar passagem para seus dons dentro das crenças da igreja evangélica, sem compreender mais profundamente o que se passava no seu canal. Encontrei no yoga um caminho de volta a registros muito antigos da minha alma. Encontrei no gnosticismo o conhecimento oculto da espiritualidade que me serviu de base. Encontrei no Santo Daime chaves para acessar quadrantes da consciência e crescer em amor. Na psicologia, a compreensão de aspectos importantes do nível do ego humano. No Pathwork, pude integrar o trabalho da sombra, sem negar nossa missão cósmica de doutrinar o mal que nos habita. Mas foi quando tive a humildade de me render a meu guru que pude compreender que nada disso me serviria se não estivesse submetido ao serviço Dele. Ao serviço do poder maior.

A jornada não termina com a iluminação espiritual. Enquanto estamos encarnados, temos algo a cumprir e temos degraus a subir na caminhada evolutiva. Como contei, mesmo após ser reconhecido por meu guru como um guru também, e de ter recebido dele a missão de espalhar a mensagem de Sachcha por este mundo, tive que seguir cumprindo com as minhas responsabilidades nas diferentes áreas da minha vida. É assim que vive um iogue moderno, equilibrando sua missão espiritual com seus afazeres humanos.

Segui cuidando da minha filha, atendendo às suas necessidades de afeto e da matéria. Segui cuidando da minha ex-mulher, mãe da minha filha, e lidando com as dificuldades do término de um casamento. Fui me desenvolvendo como mestre, guiado por Maharajji. Comecei um relacionamento com Mataji Lileshvari, confirmada por Maharajji como minha Shakti, que se tornou a minha companheira espiritual, com quem estou até hoje.

Com as bênçãos do meu guru, comecei um projeto de levar autoconhecimento em larga escala para o mundo, o que tornou minha missão algo muito grande, impactando milhares de vidas com meus livros, retiros, satsangs, entrevistas e muitas outras ações. Até que tive que enfrentar uma crise de confiança na minha comunidade que se tornou uma grande difamação, com requintes de vingança, como detalhei anteriormente. Posso afirmar que, quando atingimos o sétimo chakra, a queda dói. Pude comprovar o que eu já sabia: estar iluminado não torna a dor mais amena.

Sofri a dor de ser acusado de coisas que não cometi. Sofri a dor de ver laços de confiança serem rompidos, impactando a fé de muitas pessoas. Sofri a dor de ver meu nome difamado. Sofri a dor de ver um projeto tão lindo ser desfeito. E, em meio a tudo isso, depois de tudo que eu já tinha feito por aqueles que me difamaram, recebendo a carga de ódio e ingratidão que recebi, abri a porta da indignação e lá encontrei o inferno.

É verdade que fui injustiçado no plano material, mas o sentimento de injustiça e indignação rebaixaram minha consciência por um tempo. Aquele estado de desidentificação com o ego, que me acompanhava desde 2002, quase foi perdido. Quase. Ao me ver naquela situação, só restou me reerguer com a ajuda do que eu tinha acumulado em termos de sabedoria espiritual, e mais uma vez pude comprovar: o meu método funciona.

Em um trabalho de cura que eu estava fazendo, no início da tempestade kármica, vivi uma passagem de morte e renascimento, literalmente. Morri mesmo, desencarnei, saí do meu corpo físico. A ciência diz que as pessoas que passam por uma experiência de quase morte experimentam uma onda de atividade elétrica que pode explicar as visões e sensações relatadas. Na minha própria experiência, não acredito que o que vivi tenha sido um fenômeno somente físico, mas profundamente espiritual. Tive a chance de me encontrar com a minha avó, que, como contei, foi a mãe que me criou. Ela me chamava por outro nome espiritual, que é diferente de Prem Baba. Vi um facho de luz muito grande e intenso – eu estava me desligando deste plano e desta dimensão. Minha avó estava ali para me acompanhar no meu processo de morte, me recebendo com o carinho que eu merecia, e eu estava precisando de um colo de mãe. Do lugar em que ela estava, tinha vindo para me buscar, para eu deixar o corpo definitivamente, se eu quisesse.

Mas ali aconteceu um fenômeno. Foi-me dada a compreensão de que eu tinha a oportunidade de uma escolha: seguir esse facho de luz e ir embora, ou ficar aqui e enfrentar a grande tormenta, a maior que eu já tinha enfrentado em muitas encarnações. Naquele momento, vi um filme da minha vida e tinha que tomar uma decisão. Confesso que a vontade de ir embora era grande, pois vi o tamanho do desafio que eu precisaria enfrentar. Naquela hora me lembrei da minha filha, Nuyth Ananda, que tinha 15 anos e uma vida pela frente. Lembrei-me também do meu guru e da promessa que eu fizera de cumprir a missão que ele destinara a mim, que eu seria seu braço direito, seu braço esquerdo e daria prosseguimento à missão Sachcha. Escolhi retornar, para cumprir tanto a minha missão de pai como minha missão de mestre espiritual. Num planeta tão necessitado, eu precisava seguir o propósito da minha alma. Então, voltei para o corpo e me preparei para enfrentar a tormenta, transmutar no meu corpo todos os karmas e passar por tudo que passei.

Compreendi mais uma razão pela qual Maharajji insistira para que eu fosse pai. Há momentos que só o amor humano pode segurar, e o meu amor de pai me deu forças para eu seguir sendo canal de Prem Baba, o Pai do Amor, para aqueles que quisessem.

Busquei me responsabilizar pelo que me cabia nessa história. Abandonei o "eu vítima" que me tentou, pois a vitimização é uma das maiores tentações deste plano. Pouco a pouco as cicatrizes foram se fechando. Fui me encontrar com meus irmãos maiores, amigos das minhas raízes espirituais, da Amazônia aos Himalaias, e receber do espírito o cuidado e a cura para as dores. Recebi o amparo dos meus amigos indígenas das etnias Puyanawa, Shanenawa e Shawãndawa, do Mestre Alyson, da Mestra Ketlen e da irmandade do Centro de Cultura Cósmica, do Swami Shankaratilaka, da Fundação Védica dos Himalaias, de Donovan e Susan Thesenga, do Pathwork, e dos Swamis mais antigos da minha linhagem, Swami Gopal e Swami Chetan. Fui recebendo também o apoio sincero de alunas, alunos, amigas e amigos leais. Leais verdadeiramente, pois uma coisa é ser leal a um mestre que está em ascensão, que é bem reconhecido e que até esteve por um tempo "na moda". Outra coisa é ser leal quando o mestre foi cancelado, quando talvez até mesmo amigos e familiares estejam falando mal do seu mestre. Pois tive a graça de receber de muitos essa lealdade verdadeira.

Pude aos poucos me afinar com o fluxo do momento presente e aproveitar a oportunidade de subir mais um degrau em maturidade espiritual, pois a provação que atravessei me deixou ainda mais firme na certeza do amor. Saí dessa crise com um amor mais maduro. Uma outra frequência do Pai do Amor chegou, que compreendo ser o sentido mais profundo da palavra "Prem", em sua raiz no sânscrito.

Compreendi que assim era para ser. Compreendi que todos os verdadeiros mestres que passaram por este mundo foram incompreendidos e atacados, e que comigo não seria diferente. Foi muita violência que chegou a mim, e precisei também administrar a indignação daqueles que me defendiam, pois a vontade era grande de devolver com mais violência o que estava vindo para destruir minha missão. E nesse momento tive que ser mesmo um mestre para me conter, compreendendo que a partir de então haveria sempre aqueles que seguiriam me acusando de coisas que eu não havia cometido, num jogo sem fim de projeção e falta de autorresponsabilidade, e eu não deveria perder tempo tentando me defender. Se sei quem sou, se sei o que eu fiz, para que investir energia tentando provar o contrário para quem não quer ouvir? Resolvi colocar energia no meu propósito, e não naqueles que tentavam destruí-lo; me firmei na minha natureza, que é pacífica, e aqui encontrei o caminho.

Restabelecido no meu centro e reocupando o meu lugar, fui retornando às minhas atividades, me encontrando com meus alunos e discípulos no Brasil e na Índia. Em meio à pandemia de covid-19, também tive a oportunidade de recomeçar de um outro lugar. O Sachcha Mission Ashram em Nazaré Paulista, que é o meu ashram no Brasil, foi refundado para seguir as atividades, a rotina espiritual, e hoje recebe meus discípulos e alunos todos os dias. De dentro da minha sangha, que é a minha comunidade espiritual, naturalmente foram surgindo pessoas determinadas a colaborar com a missão Sachcha através do meu canal e a assumir compromissos e responsabilidades para sustentar os meus projetos.

Como comentei, criei uma Academia On-line, onde posso ensinar diretamente para aqueles que querem a minha guiança. Fui reorganizando os diferentes grupos e comunidades espirituais que seguiram conectados comigo. Segui produzindo livros para compartilhar meus ensinamentos. Entendi que agora é hora de aprofundamento com aqueles que estão dedicados ao caminho da autorrealização, e tenho, portanto, dedicado bastante do meu tempo e da minha energia para cumprir esse objetivo. Também estruturei melhor o meu trabalho de dar suporte para o propósito de pessoas que estejam impactando o mundo de forma positiva. Criei um grupo de desenvolvimento de liderança em dharma, no qual dou guiança espiritual para líderes de diferentes áreas da sociedade, pois sei que o mundo precisa hoje de lideranças conscientes e que estejam verdadeiramente interessadas em servir.

Tudo isso de um outro lugar. Quem me acompanhava antes e segue me acompanhando nota a diferença, pois de fato subimos todos, como comunidade, mais um degrau da escada evolutiva. Desse novo lugar, comecei também a receber um novo hinário, hinos que traduzem a essência de tudo que pude aprender e que, portanto, posso hoje ensinar. Como este, que sintetiza a chegada da nova oitava do meu trabalho:

Rumo às Estrelas
Hino 1 do hinário "O Caminho das Estrelas", de Sri Prem Baba

Deus foi quem mandou
Eu cultivar o jardim do amor
Trazendo os santos ensinamentos
Que faz a cura do beija-for

O voo do beija-flor
Já ensinou com muito amor
Como afastar todas as doenças
De quem for merecedor

Agora o tempo é chegado
De viver com alegria
Dando viva ao Sol e à Lua
E à Divina sabedoria

Assim eu vou rumo às estrelas
De onde a verdade da existência
Sempre mostra o caminho
Da Divina providência

A morte não me levou
O que ficou foi a certeza
De que a vida é eterna
Independente da matéria

E agora vamos subir
Mais um degrau dessa escada
Agradecendo a todos Santos
Que nos sustentam nessa jornada

No começo de 2023, tive a chance de estar mais uma vez junto com Swami Gopal, pouco antes de ele deixar o corpo. Gopalji era como um "tio espiritual" para mim. Ele foi, assim como meu guru tinha sido, discípulo direto de Sachcha Baba e cuidava do Sachcha Ashram, em Prayagraj, ashram fundado por Sachcha Baba. No meu último encontro com ele, suas últimas palavras para mim, olhando nos meus olhos, foram: "Dê ao mundo uma nova mensagem". Recebi ali uma confirmação de que Sachcha ainda conta comigo para disseminar a mensagem do Amor e da Verdade de que nosso mundo tanto precisa.

Hoje tenho o meu coração limpo e grato por tudo que passei. Graças a toda a minha trajetória, sou hoje um mestre melhor. Agradeço a tudo, inclusive àqueles que tentaram acabar comigo. Sinto-me também mais bem preparado para guiar meus estudantes a viver em um mundo como o nosso, que está passando por uma grande transição, que detalhei no meu último livro, *Parivartan – a transformação para uma nova consciência*. Eu mesmo passei por uma grande transformação, por isso hoje estou pronto para guiar com mais sabedoria a vida em um mundo em transição, com tantos desafios, tantas desconstruções, tantas mudanças, tantas catástrofes.

Sinto que para de fato eu poder ser o Pai do Amor em sua potência, e poder honrar o nome espiritual recebido, ao longo da minha vida precisei viver na pele todas as facetas do amor. Vivi o amor devocional dirigido a Deus, um amor que envolve total rendição, devoção e adoração. Vivi o amor fraternal, que é o afeto entre amigos, baseado na confiança, no respeito e no companheirismo. Vivi o amor compassivo e misericordioso, envolto de empatia e compaixão pelos outros, especialmente pelos que sofrem ou estão em necessidade. Vivi o amor carinhoso, que se manifestou nas minhas relações familiares, esse amor terno e afetuoso. Vivi o amor parental, o amor protetor e nutridor que tenho pela minha filha. Vivi o amor erótico e romântico, que envolve desejo e atração física por meio da sexualidade sagrada. Vivi o amor-próprio, o amor pela minha alma, incluindo o respeito e a valorização pela minha existência e meu bem-estar.

O amor é o que buscamos, é a cura para todos os males, é o solvente universal. É nele que eu me dissolvo e é para ele que conduzo aqueles que confiam em mim, para que também se dissolvam. É muito difícil explicar o Amor, mas sinto que o poeta Khalil Gibran foi muito feliz em alcançar na sua poesia o que eu compreendo como o verdadeiro Amor.

Do Amor, de Khalil Gibran

Quando o amor vos chamar, segui-o,
embora seus caminhos sejam agrestes e escarpados.
E, quando ele vos envolver com suas asas, cedei-lhe,
embora a espada oculta na sua plumagem possa ferir-vos.
E quando ele vos falar, acreditai nele
embora sua voz possa despedaçar vossos sonhos
como o vento devasta o jardim.
Pois, da mesma forma que o amor vos coroa,
assim ele vos crucifica.
E da mesma forma que contribui para o vosso crescimento,
trabalha para vossa poda.
E da mesma forma que alcança vossa altura e
acaricia vossos ramos mais tenros que se embalam ao sol,
assim também desce até vossas raízes e
as sacode no seu apego à terra.
Como feixes de trigo, ele vos aperta junto ao seu coração.
Ele vos debulha para expor a vossa nudez.
Ele vos peneira para libertar-vos das palhas.
Ele vos mói até a extrema brancura.
Ele vos amassa até que vos torneis maleáveis.

Então, ele vos leva ao fogo sagrado e
vos transforma no pão místico do banquete divino.
Todas essas coisas
o amor operará em vós
para que conheçais os segredos de vossos corações.
E, com esse conhecimento,
vos convertais no pão místico do banquete divino.

Todavia, se no vosso temor
procurardes somente a paz do amor e o gozo do amor,
então seria melhor para vós que cobrísseis vossa nudez
E abandonásseis a eira do amor,
para entrar num mundo sem estações,
onde rireis, mas não todos os vossos risos,
e chorareis, mas não todas as vossas lágrimas.

O amor nada dá senão de si próprio
E nada recebe senão de si próprio.
O amor não possui
nem se deixa possuir.
Pois o amor basta-se a si mesmo.
Quando um de vós ama, que não diga:
"Deus está no meu coração",
mas que diga antes:
"Eu estou no coração de Deus".
Não imagineis que possais dirigir o curso do amor,
pois o amor, se vos achar dignos,
determinará ele próprio o vosso curso.
O amor não tem outro desejo senão
o de atingir a sua plenitude.

Se, contudo, amardes e precisardes ter desejos,
sejam estes os vossos desejos:
De vos diluirdes no amor e
serdes como um riacho que canta sua melodia para a noite;
De conhecerdes a dor de sentir ternura demasiada;

*De ficardes feridos por vossa própria compreensão do amor
E de sangrardes de boa vontade e com alegria;
De acordardes na aurora com o coração alado
E agradecerdes por um novo dia de amor;
De descansardes ao meio-dia
E meditardes sobre o êxtase do amor;
De voltardes para casa à noite com gratidão;
E de adormecerdes com uma prece no coração para o bem-amado,
E nos lábios uma canção de bem-aventurança.*

Capítulo 20

A coragem de ser quem sou no presente

Aprendi muita coisa nesta minha vida e sei que tenho muito mais a aprender. Sou um eterno aprendiz e um eterno discípulo. Mas acho que o que aprendi de mais importante, que também talvez seja a essência do que ensino, é que estamos aqui para realizar nosso propósito de vida. Não estamos aqui a passeio. Não estamos aqui para seguir repetindo os mesmos erros. Não estamos aqui para perder a oportunidade de cumprir o propósito da nossa alma, que são os desígnios do coração.

Acontece que, para a grande maioria, inclusive para mim, o propósito da alma difere muito daquilo que é aceito pela sociedade. Nasci para conduzir almas para Deus e tenho a minha forma de fazer isso, que descobri a partir da minha própria experiência. Minha alma não se encaixa no dogmatismo religioso ou em caminhos ortodoxos. Trabalho para que as pessoas abandonem todas as crenças, pois sei que a verdade está além das crenças que sustentam a ilusão.

Sou um guru, mas claramente não sou um guru tradicional, apesar de ter recebido esse bastão de uma tradição de iogues. Sou um mestre espiritual que trabalha com a frequência crística da medicina da floresta, mas claramente não sou um mestre tradicional, apesar de ter bebido na fonte das linhagens tradicionais. E assim é em relação a todas as minhas referências. Então compreendo a necessidade da mente humana de me colocar em alguma categoria conhecida de classificação, mas sem sucesso, porque não nasci para me atar às limitadas expectativas da mente humana. Estou aqui para romper limites, ultrapassar barreiras e fazer pontes, unindo tudo aquilo que leva a Deus. Não à crença em Deus, mas de fato à experiência de unidade com o Deus verdadeiro.

Portanto compreendo que, ao decidir ter a coragem de ser quem sou, preciso aceitar a consequência direta de que muitos não vão me compreender. As pessoas têm ideias preconcebidas sobre o que acreditam que é o jeito certo. Muitos vão olhar para mim e dizer que para ser um guru eu preciso ser um monge renunciado, mas eu não posso me atar a esse formato. Sou um iogue moderno, um guru que está no mundo, agindo no mundo, vivendo no mundo, e é daqui, de dentro do mundo, que eu atuo, equilibrando meus aspectos humano e divino, guiando meus estudantes diretamente do olho do furacão, e não recluso num ashram. Pelo menos não por enquanto.

Meu compromisso é ser fiel àquilo que sou e sou aquilo que descobri ao longo do meu caminho iniciático, confirmado pelo meu guru. A certeza do propósito é a única coisa que pode mantê-lo em pé e determinado a seguir o seu caminho. Pode vir o que for, seja qual for o tamanho do desafio que chegar, não importa. Você segue firme, pois sabe que assim é, sem se confundir com as distrações do caminho. O segredo é estar no momento presente, mesmo quando ele não for agradável. Mesmo que seja, na verdade, insuportável.

Ao longo da minha vida, passei por diversos momentos em que o presente era muito desafiador, em que a vontade de fugir desse momento era grande. Mas costumo dizer que o sofrimento está no fluxo do tempo psicológico, quando nos identificamos com pensamentos oriundos do passado ou do futuro. Quando nos lembramos com dor ou rancor de algo que já nos aconteceu, ou quando imaginamos um futuro que nos dá medo, ansiedade ou necessidade de controlar.

Vi há alguns meses um discurso do mestre Thich Nhat Hanh, em que ele dá um excelente conselho sobre esse tema: "Então, da próxima vez que você achar o momento presente desagradável, não pense que fugir dele é o melhor caminho. Não. Na verdade, entenda que pode ser uma oportunidade. Então, fique no momento e olhe profundamente a natureza do seu sofrimento". Compreendo que isso é ser um iogue.

O termo *iogue* refere-se àquele que pratica o *yoga*, que é a ciência da autorrealização. Ou seja, trata-se de alguém dedicado a alcançar a meta do *yoga*, que é a transcendência. Essa ciência tem muitas vertentes, e eu utilizo os aspectos essenciais de cada uma delas. Trabalho com o que poderíamos chamar de "doutrina da síntese", pois reúno a essência das principais transmissões espirituais e a essência das vertentes do conhecimento, de maneira a facilitar a absorção dos buscadores, e sempre levo em consideração o aspecto prático desse conhecimento. Sempre mostro os caminhos para a aplicação desses conhecimentos no dia a dia, porque o iogue moderno está conduzindo uma empresa, está preparando uma comida, está limpando a casa, está dirigindo um carro, ou seja, está no mundo, nas mais diferentes áreas da vida, exercendo as mais diferentes funções e tarefas.

Qual é a diferença entre uma pessoa comum e um iogue? A consciência do propósito de estar no mundo. Uma pessoa comum está absorvida pelo mundo, vivendo em normose – o estado de adormecimento da consciência –, sonhando o sonho coletivo, vivendo os personagens, ora a vítima, ora o vilão, ora o herói. Já um iogue está no mundo consciente do porquê e de para que está no mundo, comprometido com a meta, que é a transcendência, o *samadhi*.

Tenho usado a analogia do iogue com o guerreiro do amor, pois a autorrealização, a iluminação dos cantos escuros da nossa alma, a iluminação da nossa vida, se dá por meio de uma batalha interior, em que somos levados a conhecer e a transformar nossas sombras, a iluminar os cantos escuros da alma. É a batalha entre o eu inferior e o eu superior, que são dimensões de nós mesmos. Quem vai decidir quem sairá vitorioso é o seu eu consciente, que precisa estar suficientemente aparelhado, munido do conhecimento adequado. Para que essa absorção ocorra, é preciso ter determinação, intencionalidade, resiliência e coragem, ou seja, virtudes do guerreiro, porém voltadas para a batalha do amor. O objetivo é acordar o amor em todas as suas dimensões.

Um dos aspectos centrais dessa batalha interior é a necessidade de aprendermos a lidar com a dualidade. Sabemos que, até um determinado estágio nesse universo, a dualidade opera e impera. E um dos grandes desafios da jornada do iogue moderno é exatamente a separação que criamos entre a vida prática e o caminho espiritual, que muitas vezes é uma projeção dessa nossa divisão interior. Isso acontece até mesmo em relação ao aspecto da prática do yoga, que se popularizou no mundo e que de alguma forma pode até ajudar a efetivar essa separação. De modo geral, vejo que as pessoas vivem suas vidas normais e em determinado horário fazem a sua prática de yoga. Chamo de yoga todas as práticas que nos vinculam à graça divina, não somente a transmissão clássica codificada por Patanjali. Temos nutrido essa separação, por causa do nosso estado limitado de consciência, que age a partir da dualidade. Maharajji disse: "sua vida é o yoga". Se não é, deve ser. Toda ação deve ser unida a Deus.

O que é vincular-se à graça divina ou, ainda, o que significa encontrar a Deus, encontrar o amor incondicional e a felicidade duradoura? Significa encontrar o seu eu verdadeiro. Quanto mais você encontrar a si mesmo, mais em harmonia você estará com o mundo. Então, ter a coragem de ser você mesmo, independentemente da aprovação dos outros, requer coragem, integridade e uma série de valores importantes, que vão naturalmente se desenvolvendo enquanto você caminha. Sabemos que não é fácil, devido aos condicionamentos, ao sonho coletivo, que se tornou o seu sonho pessoal, mas aos poucos você vai desenvolvendo as qualidades e as virtudes para ser você mesmo.

Ensino aos meus alunos que só se encontra a felicidade encontrando Deus dentro de si, e essa busca requer, antes de qualquer coisa, honestidade consigo mesmo. Na mesma medida em que houver infelicidade e insatisfação em seu interior, você não estará manifestando o seu potencial. Isso é um ponto nevrálgico do processo de despertar para compreender e não se distrair procurando culpados. É por isso que o meu método de trabalho começa na tomada de consciência das suas insatisfações, justamente para você conseguir tocar a fonte do poder que está travado em seu interior, para que possa desbloqueá-lo. Enquanto houver insatisfação e infelicidade, é porque você não encontrou o seu potencial, ou não encontrou os meios para manifestá-lo. Isso se dá porque você está perdido em meio às confusões geradas pela dualidade, inclusive pela separação entre sua vida prática e a espiritualidade.

Então, durante essas décadas em que venho ensinando a ciência da autorrealização, escutei justificativas de diferentes pessoas, motivos pelos quais não estavam colocando em prática os preceitos conforme eu vinha ensinando. Um denominador comum dessas justificativas é a crença de que dedicar tempo para o autodesenvolvimento tira o tempo da vida prática, que interfere no trabalho delas no mundo, na relação com os amores, com a família etc. Isso é um grande equívoco de cognição e de percepção.

Compreenda: esse estudo é o chão por onde você caminha. O externo, as situações da vida, são um reflexo do seu mundo interior. É somente o estudo de si mesmo, do mundo interior, que vai viabilizar o sucesso nas diferentes áreas da vida prática, por mais difícil que possa ser. Porque, às vezes, para alguns, a vida se torna realmente muito difícil, mas apenas aqueles que têm o propósito do autodesenvolvimento encontram a paz interior.

Todos sabem que é importante ser uma pessoa boa, amar a si mesmo, amar ao próximo, ser gentil, generoso etc. No entanto, uma coisa é você saber disso e outra bem diferente é ser isso. Você não pode se forçar a amar. Então, o objetivo é uma mudança de eixo, mudar os sentimentos mais profundos. Ensino meus alunos a não fugir dos problemas. Não negamos os sentimentos, mas os encaramos e aprendemos com eles. Então você vai precisar lidar com seus medos, com suas vergonhas, para poder olhar para aquilo que precisa ser olhado, para compreender aquilo que precisa ser compreendido e aprender aquilo que precisa ser aprendido. Meu método de yoga, portanto, é para todos, mas nem todos estão prontos para encarar tamanha realidade. Compreenda que você não tem problemas – você tem oportunidades de crescimento. Você não tem perturbações, não tem conflitos, o que você tem são portas de acesso ao inconsciente, oportunidade de chegar às fendas emocionais e fechá-las.

Estou aqui destrinchando o valor da autorresponsabilidade. Esse autoenfrentamento irremediavelmente nos leva a conhecer nossas imperfeições. As fendas emocionais, origem do vitimismo e do vício em procurar culpados, são a principal distração do caminho. Só quando você aceita suas tendências negativas é que pode purificar seus motivos e se transformar. Ou seja, você só pode subir quando se responsabiliza 100% pelo seu eu inferior.

Uma frase do guia do Pathwork que considero uma síntese do processo de purificação, ou da abordagem da cura, e que eu guardo na minha memória é: "Você só pode atingir a perfeição atravessando suas imperfeições, e não contornando-as". Isso é básico e tem que estar no manual do iogue moderno, na base da atualização do yoga para os nossos tempos. Esse é um acréscimo que eu faço aos Yoga Sutras. Você só pode atingir a perfeição atravessando suas imperfeições, e não contornando-as.

É errado levar as pessoas a acreditar que com algumas poucas práticas psicofísicas os problemas desaparecem, o que tem sido uma promessa rasa de diversos caminhos espiritualistas na atualidade. Isso é um mal que fazem, iludindo as pessoas. Em um intensivo de fim de semana você não se ilumina. Ou, ainda, o levam a acreditar que quando os problemas desaparecem por um tempo você está indo bem, e sabemos que não é necessariamente assim. Eu diria que é até infantil.

Entenda que essa batalha é entre o eu inferior e o eu superior, e a vontade do seu eu consciente é que vai determinar quem vai vencer essa batalha. O guerreiro do amor está munido do conhecimento que vai forjar a vitória do eu superior. A chave para abrir a porta da conexão com o plano superior é você decidir agora que vai nutrir essa conexão todos os dias. Todos os dias, sempre que puder, você vai manter essa chama acesa. Sempre que perceber sua consciência se rebaixando, você vai encontrar a sua forma de elevá-la novamente. Compreenda que, no nível mais profundo, trata-se de uma questão de escolha.

Eu disse que a separação entre vida material e espiritual é uma ilusão, porque para um iogue isso não existe. Ensino sobre cada uma das áreas da vida, para o buscador se afinar e permitir que o "sim" flua, que a energia divina flua, que o amor flua em todas as áreas, pois insisto que a espiritualidade não deve ser uma fuga para as frustrações, quando as coisas não vão bem nas áreas da sua vida – por mais que às vezes as dificuldades sejam um impulso para que você busque ajuda espiritual.

Então, entendo que o objetivo da vida, que é a autorrealização espiritual, inclui a realização nas diversas áreas da vida. E um iogue moderno atinge esse objetivo quando pratica yoga em tudo. O iogue moderno vai trabalhar sabendo que está a serviço do plano superior, que está de alguma forma cumprindo o seu propósito no seu fazer no mundo. Não importa qual seja o seu fazer, não importa em qual empresa, se é uma ONG, se você trabalha no poder público ou num projeto pessoal. Você se lembra de que o seu trabalho é sagrado, assim como o fruto dele, e dá o seu melhor nisso. Você leva a sua luz ao seu ambiente de trabalho e, especialmente, não se apega ao resultado dele, entregando os frutos ao divino, aprendendo a se desapegar da necessidade de autoria do ego. Ensinamentos muito profundos sobre esse tema, que é o karma yoga, se encontram no capítulo III da *Bhagavad Gita*, clássico da literatura védica, que tornei mais acessível e traduzido para os nossos tempos no meu livro *Propósito: a coragem de ser quem somos*.

O iogue moderno sabe que o dinheiro é sagrado e por isso o respeita. Considera o dinheiro uma ferramenta que facilita a manifestação na matéria daquilo que o plano espiritual quer que se manifeste. Na verdade, deveria ser assim, e é nessa direção que precisamos agir. O iogue moderno usa esse poder, que é o dinheiro, com responsabilidade, para fazer o bem para si e para o mundo. O iogue moderno não tem conflito com o dinheiro. Está em paz, não luta contra. Quando ele vê alguém prosperando, fica feliz. Não sente inveja, pois ele também quer prosperar para realizar o que precisa realizar neste mundo. O iogue moderno precisa aprender a lidar com esse poder, com essa energia, de forma sábia, consciente e dhármica.

O iogue moderno entende que o seu parceiro ou a sua parceira é uma bênção na sua vida. Que o seu relacionamento afetivo é uma oportunidade de aprender a amar incondicionalmente outro ser humano e evoluir em união, até o momento da jornada em que for necessário para os dois. Eles se apoiam nas realizações um do outro. Meditam juntos, cantam os nomes de Deus juntos e aproveitam as dificuldades do relacionamento para desenvolver mais atributos divinos que precisam aflorar.

O iogue moderno aceita o sexo como parte fundamental da vida humana, porque sabe que ele é sagrado, e usa-o como ferramenta de conexão espiritual para, através do corpo físico, viver a união na prática, mover a energia e elevar a consciência, entendendo que o sexo é uma ferramenta de união, de elevação, de criação da vida, por isso usa esse poder com sabedoria. E se, por alguma razão, nesse momento da jornada você prefere estar sozinho, ou é necessário que esteja sozinho, que seja com a mesma alegria, com o mesmo contentamento, casado só com Deus, sem sofrer, sem reclamar. Porque há aqueles que estão relacionados e que precisam estar relacionados, e há aqueles que estão sozinhos e que precisam estar sozinhos. Não por fuga, não por isolamento, mas porque assim é, por determinação da alma.

O iogue moderno é amigo de verdade, porque ele quer ver o outro brilhar. Ele dá força para a amizade florescer e prosperar. Ele cria união e conexão. Usa a amizade para aprender a amar, e não como mecanismo para suprir suas carências afetivas. O iogue moderno é amigo do seu irmão, pois ele reconhece que seu amigo é uma luz neste mundo de ilusão.

O iogue moderno honra sua família, sua origem, suas raízes, sua ancestralidade. Ele está em paz com tudo que recebeu de bom e de ruim dos seus pais. Ele é grato por tudo que recebeu, mesmo que considere que tenha recebido pouco. Ele sabe que ter recebido o dom da vida já basta por si só como motivo para ser grato aos seus pais.

O iogue moderno cuida do seu corpo físico e reconhece a sacralidade dele, esse presente fantástico que a existência nos deu para viver a experiência neste plano. Você cuida da saúde, da sua alimentação, pois respeita a matéria e sabe que o seu corpo é feito dela: terra, água, fogo, ar e éter. Então, escolhe se alimentar sem sofrimento, só com energia boa, saudável e nutritiva. Como o corpo físico é o veículo do eterno condutor para poder fazer todo o restante, o iogue moderno mantém as suas práticas físicas em dia a fim de fazer tudo que precisa ser feito.

O iogue moderno, além de incluir a espiritualidade em todas as áreas da vida, também dedica tempo para a sua conexão espiritual, pois tudo é espiritual, conforme estamos vendo. Assim, ele também dedica tempo para um aprofundamento, para mergulhar fundo no seu mundo interior. Momentos para silenciar a mente, para fazer suas orações, seus *pujas*, sua *sadhana*, seu estudo diário, para que a sua vida inteira seja uma grande oferenda entregue no altar do Grande Mistério.

O iogue moderno faz tudo isso dentro de si. Não faz isso para aparecer, tentando parecer um ser humano perfeito, que não tem problemas, que não tem imperfeições. Ele não é um iogue na máscara. Ele é um iogue no seu mundo interior. Ele busca uma integridade radical. Não tem espaço para parecer iogue, pois ele é.

Talvez você possa até rir de tudo que digo, pois se sente muito longe de conseguir manifestar ou sustentar isso, como se eu estivesse lhe mostrando algo praticamente inalcançável. Mas quem ri é uma parte sua que não acredita no seu potencial. Significa que o seu potencial ainda está bloqueado. Você está identificado com algum aspecto do seu eu inferior. Eu acredito firmemente que você pode ser um iogue moderno, e é para isso que eu estou oferecendo a minha vida. Eu vivi e vivo os desafios de ser um iogue moderno em todas as áreas da minha vida e sei que é possível fazer isso e ao mesmo tempo ser realizado em Deus.

O primeiro passo é ter essa direção como norte na sua vida, sabendo que o que o desvia desse caminho são partes suas que não querem libertar a sua consciência da prisão de sofrimento, que é o sonho ruim, que é a grande ilusão. Não se iluda achando que você precisa fazer coisas grandiosas para ser um iogue moderno. O que você precisa é dar seus pequenos passos no seu dia a dia.

O passo a passo para isso é simples. É utilizar cada situação da vida como uma prática espiritual. É assim que eu vivo. Não importa se vou para a cozinha lavar uma louça, esperar na fila do banco, fazer as coisas mais banais e até as mais especiais. Entenda que são oportunidades de sustentação da presença e da lembrança de Deus. Mas também sugiro que uma ou duas vezes por dia você se sente, se desligue do mundo lá fora, feche os olhos e se volte para dentro. Até para equilibrar a prática de olhar para fora com a de olhar para dentro. Olhe para fora com presença, olhe para dentro com presença. É assim que você vai encontrando o equilíbrio.

Eu sou um iogue moderno e um treinador de iogues modernos. Meu propósito se completa quando eu consigo lhe dar ferramentas para que você mantenha a sua consciência elevada, independentemente do desafio que se apresente. Um maratonista se forma correndo. Um alpinista se forma subindo montanhas. Um guerreiro se forma guerreando. E um iogue, se forma como? Fazendo aula de yoga? Não. Um iogue moderno se forma com os desafios da vida. Você vai se forjando como um iogue quando aprende a reagir como um iogue, conforme os problemas forem aparecendo. Com o pensamento elevado lá nas alturas e com os pés bem fincados aqui no chão, e com o coração aberto, para acolher tudo com amor e sabedoria. Foi assim que atravessei todos os desafios da minha vida e é assim que eu treino meus alunos.

Essa é a atitude que diferencia um iogue de uma pessoa comum. Uma pessoa comum, quando vê um problema, pergunta: "O que eu fiz para merecer isso?". Ela se sente injustiçada pela vida, porque está identificada com a vítima. E essa atitude, esse pensamento, é o carcereiro dessa prisão. O iogue, quando vê um problema, pergunta: "O que eu tenho a aprender com isso?". Percebe a diferença? Essa atitude muda absolutamente tudo, pois envolve outra visão, completamente oposta, do que é a vida. Você passa a se colocar no centro, empoderado para resolver os problemas que muitas vezes você mesmo criou e que, por força do karma, estão aparecendo na sua jornada como dívida de aprendizado, e não como castigo.

É óbvio que o caminho do iogue moderno não é para qualquer um. É um caminho destinado somente para aquele que se cansou de estar à mercê da transitoriedade da vida. Cansou-se de estar bem ou de estar mal, conforme as circunstâncias deste mundo. "Ah, o meu candidato ganhou a eleição, agora eu estou bem, agora posso ser feliz"; "Ah, o dia está nublado, e eu gosto de sol, então hoje fico mais triste". Este mundo está cheio de problemas, mas está cheio de belezas também. Sua vida está cheia de desafios, às vezes bem complexos, mas também tem muitos momentos de prazer e de alegria.

E, se você vive a vida tentando fugir dos problemas e correndo atrás do prazer e da alegria, você ainda não é um iogue. Um iogue é alguém que está a todo o momento vivendo o yoga, que é o mesmo que união. Um iogue cria união em todos os momentos e em todas as áreas da sua vida, pois tudo é uma oportunidade para unir a matéria ao espírito. E ele se entende como um canal subordinado ao plano superior a serviço neste mundo.

E, para estar a serviço e saber ouvir os comandos superiores, os comandos do seu mestre interior, do seu coração, da sua intuição, do seu guru, você precisa de uma mente equânime. *Yogash Chitta Vritti Nirodhah*. Patanjali disse que esse é o objetivo do yoga: cessar, parar, acabar com as ondulações da mente, pois são essas ondulações que perturbam a sua percepção da realidade e o confundem.

Ondulações são os *vrittis*, qualquer impressão do mundo material que lhe causa algo. Por exemplo, você tem uma briga com alguém, isso fica na sua mente e se transforma em pensamentos, que se transformam em emoções, que disparam reações bioquímicas no seu corpo físico, e, às vezes, você fica dias refém dessa novela – na grande maioria dos casos, por meses, anos e até vidas.

Você pode se libertar disso. É algo que envolve a escolha de ser cem por cento iogue, sem se confundir com os seus papéis, com os seus personagens. Você é um iogue, independentemente dos papéis que precisa desempenhar. Vai trabalhar? Trabalhe como um iogue. Vai conversar com o seu parceiro, com a sua parceira? Faça isso como um iogue. Vai fazer sexo? Faça como um iogue. Vai se encontrar com a sua família e com todos os problemas que eles têm? Seja um filho iogue ou uma filha *yogini*. Vai fazer uma oração? Faça como um iogue.

Quando a vida nos traz os problemas e as lamentações, eu digo: levante-se e lute como um iogue. Somos guerreiros do amor. Não nos esqueçamos disso.

Capítulo 21

Um caminho para a Verdade na era da pós-verdade

A meta da vida é a autorrealização em Deus, o que muitas vezes é traduzido como iluminação espiritual ou até mesmo como encontrar a Verdade, com "V" maiúsculo, a Verdade absoluta, que está além da transitoriedade da vida. Para isso, precisamos ir além das crenças. Essa sempre foi a meta do ser humano encarnado neste planeta, mas é importante notar que encontrar esse caminho está cada vez mais difícil. Por isso, precisamos estar bem atentos, prestando muita atenção no caminho.

Existem rastros deixados por grandes mestres neste mundo que indicam o caminho para encontrar essa Verdade. Eu encontrei na minha vida muitas fontes que me guiaram nesse caminho, separando o joio do trigo, para filtrar aquilo que é fato para além das próprias crenças, inclusive as crenças espirituais. Mas eu tenho empatia com o buscador contemporâneo: em meio a tantas possibilidades, tantos caminhos, tantas fontes de informação, como discernir? Em tempos de confusão, é crucial cultivar a clareza interior como guia para encontrar a Verdade. Compreendo que nunca foi tão desafiador para o ser humano em desenvolvimento encontrar a Verdade, principalmente na sociedade da pós-verdade.

O termo "pós-verdade" começou a ganhar relevância especialmente após os eventos políticos de 2016, como o Brexit, no Reino Unido, e a eleição presidencial nos Estados Unidos, em que a manipulação de fatos e a desinformação se tornaram notavelmente prevalentes. Nessa época, a expressão "pós-verdade" foi designada como a "palavra do ano" pelo

Dicionário Oxford, que define o termo como "circunstâncias nas quais fatos objetivos são menos influentes em moldar a opinião pública do que apelos à emoção e crenças pessoais". Essa definição captura a essência de como o termo é geralmente usado para descrever o cenário atual de debate público e mídia, em que a verdade objetiva tem menos peso do que as crenças pessoais e as emoções.

Esse é apenas um nome para descrever parte de alguns fenômenos sociais que vivemos que se espalharam por todo o mundo, que não se restringiram à esfera política. Em um mundo da pós-verdade, o que importa não são os fatos em si, mas como eles são percebidos, interpretados, modificados e sentidos pelas pessoas. Esse fenômeno ganhou palco com as redes sociais, que facilitam a rápida disseminação de informação, independentemente da sua veracidade. Juntemos a isso os avanços dos últimos anos da inteligência artificial, capaz de produzir conteúdos de texto, imagens, vídeos e tudo o mais que ainda está por surgir, e temos um cenário a respeito do qual eu posso afirmar com toda a certeza: somente um verdadeiro iogue é capaz de atravessar estes tempos.

Quem está consciente de que é nesse cenário que vivemos, compreende que é preciso tomar algumas atitudes para, em meio a tanta desinformação, encontrar seu caminho para a Verdade, que é trilhado dentro de si mesmo. Claro, como já mencionei, amparado pelo conhecimento da Verdade descrito nas escrituras sagradas e pelo rastro deixado pelos mestres e gurus que pisaram neste planeta.

Yoga significa união ou unidade. É aquilo que nos vincula com a graça divina, a ciência da autorrealização que possibilita a erradicação do sofrimento da mente e que liberta a alma dos condicionamentos estabelecidos pelo sonho coletivo. O yoga, ao mesmo tempo que nos permite acessar o reino dos céus dentro de nós, é também um método testado ao longo de milênios por muitos homens e mulheres que alcançaram a liberação espiritual ainda vivendo num corpo.

Esse caminho nos possibilita viver a liberdade de ser quem somos, transcendendo o sofrimento. No Ocidente, o yoga se popularizou através de um aspecto dessa ciência que é a sua parte física, os asanas ou posturas, e os exercícios respiratórios ou pranayamas, que visam a saúde e o relaxamento corporal. Mas essa é apenas uma pequena parte dessa ciência da autorrealização, porque o yoga é muito mais que isso.

Eu mesmo faço parte de uma tradição que tem o guru como âncora de todo o processo de liberação. É um tipo de yoga espiritual, que tem como objetivo despertar Deus na forma do Amor dentro de nós. Sachcha é uma linhagem de iogues que faz a transmissão do conhecimento e da graça divina através da relação entre o mestre e o discípulo. A iluminação do buscador, nesse caso, pode acontecer pela misericórdia do guru, queimando várias etapas do processo de purificação. Esse fenômeno permite ao estudante do yoga (sadhaka) eliminar karmas de várias vidas e se realizar num único toque do seu guru, conhecido nos Vedas como *Kripa*.

Um dos santos iogues mais conhecidos da Índia e do mundo, Ramana Maharshi, explicou numa de suas conversas com seus discípulos o que significa o *Gurukripa*. Segundo ele, Deus assume a forma de um guru e aparece ao devoto, ensina-lhe a Verdade e, além disso, purifica a sua mente, que ganha força e se torna capaz de se voltar para dentro. Assim, o guru é tanto externo quanto interno. Ele desperta a mente do discípulo para o Ser e ajuda a aquietá-la. Não há diferença entre Deus, guru e o Ser.

O yoga sempre foi transmitido de mestre para discípulo por meio da fala, até que um sábio indiano chamado Patanjali codificou esse conhecimento, transformando-o em ciência há aproximadamente dois mil anos. Ele criou as bases para que mais buscadores da iluminação espiritual pudessem acessá-la de uma forma mais clara, objetiva e simples.

Além de ter sido o grande codificador desse conhecimento milenar, Patanjali escreveu alguns textos importantes para aqueles que querem trilhar o caminho da autorrealização do Ser. Entre eles, os mais importantes foram os Yoga Sutras, que são frases sobre os princípios dessa ciência de autorrealização. Nessa obra, Patanjali revela os passos necessários para encontrar a Unidade dentro da multiplicidade e experienciar a libertação do sofrimento. Em outras palavras, Patanjali mostrou o caminho a qualquer homem ou mulher comum que deseje trilhar esse caminho e se tornar um iogue.

Os textos escritos por Patanjali mostram que é possível encontrar paz, alegria, amor e bem-aventurança vivendo nesse corpo, mesmo num mundo cheio de misérias e dificuldades. Assim como mostram os três sutras da principal obra de Patanjali, que explicam o processo para atingir o samadhi:

1. Yoga é a restrição das flutuações da mente (yogash chitta-vritti nirodhah).

2. Então, o observador é estabelecido em seu próprio ser (tada drashtuh svarupe avasthanam).
3. Em outros momentos, o observador se identifica com as flutuações da mente (vritti sarupyam itaratra).

Podemos comprovar a verdade desses ensinamentos por meio de alguns seres humanos que alcançaram o estado de consciência divina através do yoga. Eles irradiam graça, paz e silêncio. Na presença deles também entramos nesse espaço de Unidade e experimentamos a autorrealização.

É interessante notar que, também há aproximadamente dois mil anos, o Mestre Jesus, que eu considero um grande iogue, ensinava da sua forma como alcançar esse estado. No Sermão da Montanha, Jesus diz: "Bem-aventurados os pacificadores, pois eles serão chamados filhos de Deus" (Mateus 5:9). Essa frase pode ser vista como paralela ao conceito dos Yoga Sutras de encontrar paz interna ao controlar as flutuações da mente. A paz que vem do controle sobre os próprios pensamentos e emoções é uma pedra angular, tanto nos ensinamentos de Jesus quanto na filosofia do yoga. Outra mensagem relevante de Jesus é: "O reino de Deus está dentro de vós" (Lucas 17:21). Essa ideia se coaduna com o conceito de descobrir e restabelecer-se em sua própria natureza essencial, como expresso nos Yoga Sutras por meio da prática do yoga, levando ao estado em que o observador (drashtuh) se estabelece em seu próprio ser (svarupe avasthanam).

Para além das Escrituras Sagradas das diferentes religiões do mundo, todas as almas realizadas afirmam que Deus é uma realidade. Elas nos mostram caminhos para que também acessemos essa compreensão e possamos realizar a nossa meta de autorrealização nesta vida.

Meu guru, Sachcha Baba Maharajji, dedicou-se a conduzir as pessoas em um caminho para que pudessem realizar a Verdade. A sua proposta está muito bem pontuada nos ensinamentos chamados de *Sankalpa* pela linhagem Sachcha, para que cada um possa viver a sua encarnação desperto e com bem-aventurança.

Maharajji ensinou seus seguidores a adquirir o conhecimento que ilumina a devoção e remove os véus das tendências maldosas. Acordar as frequências divinas de Annapurna-Lakshmi, a deusa do alimento e da abundância, para que haja equilíbrio e harmonia entre a nossa vida material e espiritual, erradicando um dos pontos estruturais da nossa conexão com a ilusão (maya), que é o medo da escassez.

Nesse ponto, a *Sankalpa* trabalha para que haja equilíbrio entre matéria e espírito, para que as nossas ações neste mundo estejam alinhadas com as palavras dos Vedas, que são tesouros que o plano celestial nos ofereceu para que possamos nos lembrar de quem somos e como viver aqui em harmonia, removendo a ignorância, especialmente a respeito da nossa natureza divina. Transformar o sofrimento em alegria, acordando Deus em nós, em todos, em tudo e em todos os lugares é a essência da *Sankalpa* da linhagem Sachcha. Pude detalhar e traduzir o conhecimento da *Sankalpa* no meu livro *Parivartan*.

Isso pode parecer complexo para quem está no início da jornada de autoconhecimento. Mas devemos nos perguntar: por que as pessoas sentem a necessidade de iniciar essa jornada? A resposta é simples: cansaram de sofrer e começaram a questionar se as suas atitudes diante da vida são certas ou erradas e se estão produzindo os resultados esperados nesta existência. Caindo repetidamente no mesmo buraco, começam a buscar respostas para encontrar seus verdadeiros propósitos e se libertar da prisão.

No entanto, independentemente do caminho que pode levar alguém para a realização, percebo que existe um denominador comum entre todos, especialmente na fase de início do despertar, que é a necessidade de purificação da mente. As diferentes linhas espirituais de autoconhecimento sempre exaltam a necessidade de purificação dos pensamentos para que se possa acessar a realidade divina. Se todos os grandes mestres afirmam que Deus é uma realidade, por que muitos de nós ainda dizem que não? É porque não O vemos? Porque não O percebemos? Mas todos os sábios e mestres das mais diversas tradições são unânimes em dizer que Deus está em todos, em tudo e em todos os lugares.

Nos ensinamentos de Cristo Jesus há uma parábola, no Sermão da Montanha, em que Ele diz: "Bem-aventurados os puros de coração, porque eles verão a Deus". Mas o que é essa pureza de coração? O que é essa pureza da mente que nos possibilita ver a Deus?

Na dharma védica, essa purificação começa com os Yamas e Niyamas, normas éticas de conduta no mundo que são a fundação da nossa casa existencial se queremos alcançar a realização. É a fase zero do processo, necessária para purificar as marcas e as impressões que adquirimos durante a nossa jornada, que nos tornam cegos para Deus. Essas impressões, chamadas de *samskaras* pelos Vedas, são criadas vida após vida, afastando-nos da nossa verdadeira natureza divina.

Os cinco Yamas e os cinco Niyamas são remédios para as aflições da alma, que purificam os nossos maus karmas e liberam os bloqueios que impedem nosso acesso ao amor divino para podermos expressar quem somos de verdade. Cada um dos Yamas e Niyamas reforçam as nossas bases de conhecimento com indicações que mostram aonde precisamos chegar para alcançar a Unidade.

A psicologia do yoga nos ensina que existem causas geradoras dessas impressões ou samskaras. A primeira é a ignorância a respeito de quem somos verdadeiramente. Por causa do processo psicoemocional do sonho coletivo, do sistema de punição e recompensa, nos tornamos cegos a respeito da nossa natureza divina. Acreditamos ser a personalidade que nos foi imposta por um conjunto de regras sociais, passamos a acreditar nesse sonho coletivo como sendo a "verdade" e somos levados a ver o irreal como real. Olhamos um pedaço de corda no chão e acreditamos ser uma cobra. Então, acordar desse sonho significa olhar para a realidade e se conscientizar da própria natureza divina.

A causa das impressões que atrasam os nossos processos evolutivos é a ideia de "eu", que é estrutural neste plano da existência e nutre a ilusão da separação. Essa divisão tece o véu das tendências maldosas, criando inimigos separados do nosso eu. Assim, precisamos atacar e nos defender de inimigos imaginários, como Dom Quixote, na obra de Cervantes, lutando contra moinhos de vento, que para ele eram dragões sanguinários. Essa necessidade de criar uma proteção para inimigos imaginários acaba por gerar mais desejos, causando novas impressões negativas no nosso sistema.

As aversões e desejos, medos e esperanças, passado e futuro são as outras causas do esquecimento da nossa natureza divina. Alimentam a nossa identidade ilusória, lançando-nos no fluxo do tempo psicológico, causando impressões que desarmonizam a existência. Outra impressão forte que se imprime em nosso sistema é o medo da morte. Fixamo-nos neste mundo sensorial e bloqueamos a nossa visão espiritual. Isso gera uma série de atitudes para tentar manter vivo aquilo que é transitório, impermanente. O resultado é mais sofrimento e esquecimento da nossa verdadeira natureza.

A purificação do coração e da mente começa com o desenvolvimento da ética. Se cada um de nós acordar para o seu verdadeiro propósito, conseguiremos construir uma sociedade mais amorosa. Se isso acontecer, eu já considero uma grande vitória para todos. Pessoas que não mentem, não roubam, respeitam, agem com gentileza, essa é a base da ética. Para ter a visão de Deus, faz-se necessário entrar nesse núcleo ético da purificação, que envolve acordar do sonho do falso eu, ir além dos desejos e aversões e vencer o medo da morte.

O caminho da iluminação espiritual não é para todos, embora esteja acessível para quem quiser segui-lo. Mas é preciso amadurecer para seguir nessa jornada. Dentro desse processo de purificação, começa-se a ter lampejos de percepção do Divino, como um relâmpago que se visualiza no céu e que depois desaparece. Mas o brilho dessa percepção desperta a sua sede por uma comunhão mais duradoura com o Divino.

Quando você chega a esse momento, é preciso colocar sua atenção no relâmpago divino que percebeu. As diversas tradições espirituais traduzem esse *insight* de diferentes maneiras. Algumas chamam esse relâmpago de "presença" e vão ensinar a você maneiras de silenciar para poder continuar conectado com esse vislumbre do Divino. Outras vão cantar os nomes de Deus, fazer pujas (rituais), para poder saturar sua mente com o Divino, eliminando as impressões do mundo, para que você não se distraia facilmente com as coisas mundanas que o cercam e não se esqueça da visão que teve do relâmpago divino.

Você pode ter um pensamento em Deus, mas pode durar apenas um instante se a sua mente estiver apegada às coisas do mundo. Por isso, é preciso purificar a sua mente e o seu coração, o que requer resiliência e dedicação, até que essa purificação se complete. Assim a sua mente estará naturalmente em Deus e o seu coração se abrirá para uma nova percepção da existência.

Por isso, nos trabalhos que realizo com os meus alunos, cantamos os nomes do Senhor, meditamos e fazemos pujas para criar uma atmosfera de purificação que facilita aos participantes a lembrança do Divino. Todas essas práticas são capazes de criar um campo de oração ao nosso redor para nos defender da tentação insistente de retornar ao sonho coletivo que nos dá uma falsa sensação de conformação e conforto, mesmo que estejamos na cela de uma prisão no inferno.

É a partir do momento que tomamos consciência de que os karmas negativos normalmente são criados devido ao estado de adormecimento, de forma inconsciente, que começamos a despertar.

O conhecimento é vasto nesse campo, mas preciso apontar o caminho com a bússola da iluminação, que sinto que é também o orientador do caminho para a Verdade. Estou falando de *ahimsa*, a não violência, e, se esse princípio for devidamente compreendido e praticado, será o alicerce para o caminho da iluminação e a base para não gerar mais karmas negativos. A violência nada mais é do que o medo mascarado. Enquanto tivermos medo, haverá violência e não haverá iluminação espiritual. Para purificar a violência que existe em nós, precisamos tomar consciência da sua existência no nosso sistema. Ela pode se manifestar de diferentes maneiras, nos momentos em que não estamos "presentes" e desconectados da nossa verdadeira natureza divina. Assim, um acontecimento inesperado pode acionar um gatilho interno que colocará para fora essa violência mascarada dentro do nosso sistema interno, causando danos a nós mesmos (o auto-ódio) e aos outros.

É preciso ficar atento, porque a violência tem origem nos nossos pensamentos e pode ir nos contaminando, pouco a pouco, sem nos darmos conta do processo. Por exemplo, se nos identificamos com situações de vingança, de comparação, de inveja, de ciúme, podemos estar cultivando a semente da violência, que em algum momento irá germinar. E, quando isso acontecer, a violência se manifestará externamente na nossa vida, sem que percebamos que fomos nós mesmos, através dos pensamentos e daquilo que consumimos, que fortalecemos a sua existência no nosso sistema.

Por isso, *ahimsa* precisa crescer dentro de nós, até que cheguemos ao ponto de não machucar nada nem ninguém. Podemos começar esse processo com a alimentação, deixando de consumir alimentos oriundos de animais mortos. Se você não é adepto do vegetarianismo, experimente começar aos poucos e observe as mudanças no seu corpo e na mente.

É importante também que estejamos atentos àquilo que sai da nossa boca. Temos que ser impecáveis com a palavra. O primeiro passo do yoga nada mais é do que compreender que podemos usar o nosso livre-arbítrio para nos comprometer com a verdade das palavras, ações e pensamentos.

Essa será a sua baliza na busca da Verdade nos nossos tempos. Você não vai encontrá-la nos jornais ou nas redes sociais. Você vai encontrá-la dentro de você, dentro desse estudo fino de autotransformação que envolve purificar o seu coração do ódio. E, a partir desse lugar, você vai poder olhar para a realidade do mundo como ela se apresenta e navegar sem se perder.

Essa é a base do caminho da iluminação. Mas não é porque a pessoa se iluminou que ela vai viver num mar de rosas. Ao contrário, haverá muitos desafios. Haja vista a vida de tantos mestres iluminados que passaram por muitas dificuldades – alguns até foram assassinados. No entanto, ao estarem com a sabedoria estabelecida, eles transcendem o sofrimento, porque sabem que é tudo uma ilusão e que o sofrimento neste mundo está ligado ao estado de adormecimento e esquecimento de quem somos.

Eu encontrei essa porta de saída do estado de sofrimento ligado ao adormecimento da consciência graças à misericórdia do meu guru. E, desde então, tem sido o meu compromisso espiritual auxiliar as almas que me procurarem a encontrar essa saída. Assim é a missão espiritual da qual sou guardião, com o compromisso de dar continuidade ao legado do meu mestre. Esse é o meu propósito de vida, é por isso que encarnei neste planeta e vivi tudo o que eu vivi.

Em última instância, a minha vida, a minha história pessoal, as minhas conquistas e as minhas derrotas são elementos transitórios deste mundo, que serão úteis somente se puderem servir de inspiração para que você mantenha seu compromisso de seguir o caminho da Verdade para a sua vida. Se de alguma forma minha trajetória, que contém os ensinamentos do caminho iniciático da minha vida, ajudar você a iluminar mais algum cantinho da sua consciência, já sinto que valeu a pena minha dedicação em abrir algumas das minhas memórias para você.

E assim sigo nesta missão da Verdade, a Missão de Sachcha, da minha linhagem, para que Deus desperte em todos e em todos os lugares. Estive cumprindo esse propósito ao longo dos últimos 21 anos, e justamente por isso senti a necessidade de compartilhar a minha história neste ano, que marca o fim desse ciclo de três setênios de serviços prestados. São 21 anos de muito auxílio oferecido. Ao mesmo tempo, um novo ciclo começa, e tenho certeza de que com a mesma entrega, pois faz parte da natureza da minha alma; esse é o meu propósito e o meu compromisso. Maharajji, um dia, explicou o que significava esse compromisso milenar que os Mestres, Rishis e Sábios têm de auxiliar aqueles que estão em busca de sair da ilusão:

Depois de realizarem Sua verdadeira Natureza, e verem seus irmãos e pessoas próximas adormecidos, suas mentes se agitaram e foram em busca das pessoas que estão adormecidas para acordá-las. Assim como quando o Sol nasce e você começa a acordar seus filhos para cumprir seus deveres, nossos Rishis e Profetas, nos vendo dormir na paixão, começam a nos acordar, e de suas bocas este canto surge:

Prabhu aap jago
Parmatma jago
mere - sarve - jago
sarvatra - jago

Ó Senhor, que a tudo permeia, Você está em todos os lugares, Você é tudo. Você desperta em todos, porque todos os nomes e formas são Sua manifestação. Se Você despertou em meu nome e forma, então definitivamente Você tem que despertar em outros nomes e formas também.

É nosso compromisso cantar para que Deus desperte. Eu traduzo, muitas vezes, Deus como Amor, e por isso é meu compromisso rezar para que o Amor desperte em mim, em todos e em todos os lugares. São intensos os nossos tempos atuais, portanto é necessária muita atenção para não se desviar dessa meta. Se fosse preciso sintetizar em uma frase o que aprendi na minha vida e que sinto que pode ser de grande valia para você nos tempos que estão por vir, eu diria: "Venha o que vier, ame".

Posfácio

Os ensinamentos de Sachcha Baba

A história deste livro é minha e o relato é meu, mas, nestas páginas finais, peço licença a você para compartilhar alguns ensinamentos de Maharajji que considero essenciais. Sri Sachcha Baba Maharajji não está presente em seu corpo desde 2011. Maharajji significa Grande Rei, um título comum para um mestre espiritual. O poder e a sabedoria da linhagem Sachcha têm sido transmitidos de guru para discípulo. Não há diferença nos ensinamentos e no espírito dos gurus.

Reproduzo a seguir o que li num livreto com seus ensinamentos, mantendo inclusive os eventuais erros por se tratar de reprodução.

> Existiu um santo poderoso chamado Sachcha Giri Nari Baba, cuja idade exata é desconhecida, apesar de ser dito essa exceder mais de 400 anos. Durante esse tempo, quando o seu corpo se tornou muito velho, ele entrou no corpo de um jovem Brahman que havia morrido nas margens do rio Yamuna, em Hamirpur. Seu velho corpo ele deixou repousando lá. O poder que ele herdou é o poder de Krishna. Ele não tinha qualquer lugar para viver, nem ashram nem cabana, mas viajava pela região a maior parte de sua vida. Apesar de ele ser um Sadhu muito simples, que apenas vestia velhas roupas, os reis dos locais que ele visitava beijaram seus pés. Sachcha Giri Nari Baba viu que todas as pessoas que têm medo da morte não acreditam em Deus e, tirando o próprio

interesse, não falam a Verdade. Sua meta era mudar o mundo através do amor e da compaixão e estabelecer a Verdade. Ele trabalhou continuamente para ajudar as pessoas a se realizarem em Deus, tornando-as tão livres, a ponto de irem além do medo e do interesse próprio.

Um dia ele viu durante sua meditação outro Yogi muito poderoso, que estava tentando destruir o mundo. Ele rastreou esse Santo como Katcha Baba, que trabalhava para mudar o mundo através da destruição, [já que] o mundo tinha se tornado degenerado. Esse Santo sentia que, quando o velho desaparecesse, uma nova criação poderia surgir. Sachcha Giri Nari Baba foi até Katcha Baba para convencê-lo a trabalharem juntos, para transformar o mundo através da luz e do amor, ao invés da destruição. Após ser exitoso em testes muito difíceis, Katcha Baba ficou convencido da sinceridade de Sachcha Giri Nari Baba e concordou em trabalhar com ele.

Após a sua morte, Katcha Baba transmitiu seu poder (que era o poder de Ram) para Sachcha Giri Nari Baba. Desse modo, o poder de Ram e Krishna se juntaram em um único Ser.

Em 1936, Kulanandaji foi até Sachcha Giri Nari Baba pedir ajuda para conseguir um trabalho. O Baba lhe disse que, se ele pudesse ficar com ele por um certo período, ele poderia lhe dar todas as coisas. Kulanandaji, que tinha apenas 19 anos na época, concordou. Ele se rendeu à vontade de Sachcha Giri Nari Baba e se iluminou em poucos dias. Ele se tornou o seu cuidador pessoal, até que Sachcha Giri Nari Baba deixou seu corpo, em 16 de junho de 1944. Todos os discípulos de Sachcha Giri Nari Baba foram embora, mas Kulanandaji ficou em Varanasi, próximo ao Maha Samadhi, desolado: "Para onde foi essa amorosa energia do meu amado Guruji...?". Então ele ouviu uma voz divina: "Vá para Uttarakhand". Ele foi para lá e viveu em uma caverna por dois anos. Ele teve uma visão que o fez vaguear pelas redondezas por 7 anos, experimentando que tudo o que ele precisava sempre lhe era provido por Deus. No final desse período, ele foi para Puri, para o Templo de Jaganath, onde recebeu o mantra Prabhu Aap Jago e a mensagem de ter um ashram em Allahabad. Em 1953 o Sant Sri Sachcha Ashram estava estabelecido.

Kulanandaji Sachcha Baba deixou o seu corpo em 6 de setembro de 1983.

Sri Hans Raj Maharajji era um escrivão governamental e um homem de família. Ele tinha uma esposa e três filhos. Desde criança ele tinha visões de todos os Deuses e Deusas Hindus. Um Swami do Sant Sri Sachcha Ashram o aconselhou a ir ver o Sachcha Baba, que poderia ajudá-lo com o sério problema estomacal que estava sofrendo. No dia 2 de outubro de 1955, ele visitou Sachcha Baba. Após realizarem uma cerimônia do fogo, ele teve uma visão do Senhor Krishna como um bebê. Sri Hans Rajji se entregou aos pés de Sachcha Baba e alcançou a iluminação naquele mesmo dia. Ele viveu uma vida de homem de família até 1964. Nesse mesmo ano, quando o seu filho completou 18 anos, ele deixou sua família e seu emprego e se tornou um Sadhu. Sachcha Baba o enviou por toda a Índia para oferecer Satsang.

Em 1976, de acordo com a vontade de Sachcha Baba, ele construiu o Sachcha Dham Ashram em Rishikesh, com a ajuda de uns poucos discípulos. [...] Pela sua graça, os Ensinamentos da linhagem Sachcha estão sendo levados para o mundo inteiro através dos seus discípulos.

Um desses ensinamentos é o princípio da Sadhana, nossa maneira de prática espiritual:

> No mundo espiritual, muitos grandes pensadores e pessoas sábias da Índia têm tentado, através de muitos diferentes caminhos, descobrir a Verdade. Tendo definido suas metas, eles adentraram uma profunda disciplina espiritual. Qualquer um que tenha vindo das profundezas de sua sadhana, tendo realizado seu objetivo e alcançado a Verdade irrefutável, nos apresentou muitos diferentes métodos, os quais conhecemos pelos nomes de bhakti-, ghyan-, karma-, raja-, hatha-, laya-yoga. Sachcha Baba, um revolucionário Profeta da Verdade, também tem um método definido para iniciar seus discípulos no Yoga.

O princípio da Sadhana:

> Em primeiro lugar, nós teremos que nos elevar acima do nosso sentimento de ego e estabelecer uma conexão com Deus, para que

então possamos ser iniciados dentro do Yoga (união com Deus) e nos tornar seus representantes. Após isso, é necessário levar o Ser Supremo com o qual nós tenhamos tido um profundo encontro interior, dentro de nós, de tal forma que possamos transformar por completo nossa consciência. Finalmente, você deve usar a consciência transformada no mundo com Deus, como um ponto central.

De acordo com esse método, está claro que o primeiro passo da sadhana de Sachcha Baba é neutralizar o sentimento de ego do homem. Enquanto nós nos identificamos com o corpo, fica muito difícil adentrar o campo da sadhana. Maharajji não quis pôr fim à individualidade de cada um, mas apenas cortar o laço do ego. Para a neutralização do sentimento de ego, Sachcha Baba esteve encorajando os buscadores espirituais a praticar o serviço desinteressado. Está claro que ele, como um expoente do karma yoga, nunca foi apegado ao seu próprio trabalho. A essência do seu caminho é que um indivíduo deve chegar a um estágio de não ter desejo ou vontade própria.

Em todo campo do karma yoga, Maharajji esteve inspirando pessoas a se elevarem acima dos seus interesses pessoais e a trabalharem pela elevação universal. Seu pensamento claro e preciso era que, após uma pessoa abandonar qualquer tipo de desejo pessoal e trabalhar para o bem-estar de toda a humanidade, esse trabalho irá neutralizar completamente o seu sentimento de ego e irá trazê-lo para dentro de um estado divino de existência. A pessoa não precisa fazer qualquer outra sadhana. Para a neutralização do ego, Maharajji não encoraja abandonar o trabalho ou tomar Sannyas (votos de renúncia). Como um Karma Iogue bem-sucedido, ele esteve inspirando os sadhakas (buscadores espirituais) a entregarem-se ao Divino, a trabalharem através do Divino e para o Divino.

A coisa maravilhosa sobre a sadhana de Sachcha Baba é que ele nunca diz às pessoas para sentarem-se com os olhos fechados por quatro horas em meditação, tampouco inspira elas a escaparem da vida e tomarem Sannyasa. Ele costumava dizer: "O próprio trabalho é o destino de todas as pessoas".

O Dharma de todas as pessoas está contido dentro do seu próprio trabalho. Se entregar ao seu próprio trabalho para a elevação de toda a humanidade naturalmente traz a neutralização do sentimento de ego. O ego de um humano continua enquanto ele quiser viver para si próprio sozinho. Dedicar-se a viver para a sociedade, para o país e para o universo inteiro, por trabalhar para toda a humanidade, essa é a indicação. Quando se percebe, pode-se compreender que o laço com o ego começa a se romper. Durante a sadhana muito profunda de Sachcha Baba, veio uma voz, que no campo da Verdade esmaga o ego humano. Nesse estado profundo de Samadhi, estas palavras vieram até ele: "Abandone seus próprios interesses". Enquanto você não estiver nesse ponto, deve continuamente observar-se a si próprio e deve abandonar os seus próprios interesses, que são criados pelo seu ego. Maharajji costumava dizer:

"A vida inteira é Yoga. Toda ação deve ser unida com Deus".

Enquanto nós formos incapazes de sentir inspiração, sentimentos e instruções de Deus, precisaremos continuar nossos esforços nessa direção. Frequentemente você pode notar que um buscador espiritual ignora sentimentos espirituais e inspiração e trabalha de acordo com a sua própria mente, porém, após avançar um pouco para cima, ele cai como uma pedra que foi lançada ao ar, e graças à gravidade ela cai automaticamente.

Durante a sadhana de um buscador, o ego e o Deus absoluto estão sempre brincando de esconde-esconde. Algumas vezes o buscador trabalha de acordo com as ordens e sentimentos divinos, e outras vezes ele age de acordo com o seu ego. No campo da sadhana essa é uma fase muito perigosa. Com o menor descuido surge o medo de cair, porque, quando os sentimentos e inspirações divinos começam a trabalhar dentro do buscador, seu ego similarmente começa a crescer. Ele não é capaz de perceber se essa inspiração e aquela outra vêm de Deus ou dele mesmo. Ele começa a achar que ele próprio é Deus. Nesse equívoco de tomar o ego por Deus, ele é separado de Deus. Ele fica apartado da fonte divina. Sempre quando um buscador recebe emoções divinas, visões divinas e experiências divinas, seu ego começa a brincar de esconde-esconde com ele, e ele descarta qualquer outra divindade além de si mesmo.

Dessa forma, Maharajji alerta a todos os buscadores espirituais para que, quando vocês receberem alguma inspiração, sentimentos e experiências divinas, não se esqueçam de que elas não são propriedade sua. Apenas sejam gratos ao Senhor e, através Dele, sigam em frente, completando suas instruções. Somente então poderão alcançar a meta suprema da vida.

Sachcha Baba diz que, da mesma maneira que um homem se torna orgulhoso da sua beleza na adolescência, um buscador espiritual pode se tornar orgulhoso das suas experiências, e é dessa forma que o ego o arruína. É por isso que um buscador espiritual deve continuamente observar o ego e todas as experiências divinas, e compreender todas essas experiências divinas como advindas de Deus e não dele mesmo.

Quando um buscador espiritual começa a viver em Deus, vagarosamente o seu laço egoico começa a afrouxar e a se romper, e chega o estágio em que não há diferença entre Deus e o devoto, porque a Shakti Suprema de Deus preenche o devoto, e ele se torna um instrumento divino Dele. Quando um buscador espiritual alcança esse estágio, ele sempre deve se esforçar para mudar sua consciência inteira e para manter a energia. Quando sua consciência tiver sido mudada, ele verá o mundo como o centro de Deus. Então todos os seus esforços deverão ser direcionados para o progresso do mundo, iluminação, transformação e unidade com Deus. A principal instrução de Maharajji é que o buscador espiritual deve, em primeiro lugar, alcançar a unidade com Deus; após isso, ser capaz de constantemente permanecer naquele estado; e quando essa união tiver se tornado estável, e toda a sua consciência tiver sido transformada, deve dedicar seus esforços para a prosperidade e o bem-estar de toda a humanidade. Acordar Deus no ser humano, acordá-Lo em toda a criação, é a meta mais importante dessa sadhana, e esse foi o esforço constante de Sachcha Baba.

Dois outros ensinamentos são trazidos: meditação e japa. São elementos que já mencionei em diversas passagens deste livro. Vale reproduzi-los, mantendo eventuais erros originais:

O ser humano é um servo e escravo das suas próprias emoções e tendências. Por isso, o homem é chamado de um ser emocional. Dentre todos os possíveis nascimentos, o humano é uma criatura tal, quem pode mais facilmente perceber, assim como digerir, suas emoções. A Natureza deu ao homem essa posição superior, a qual, se ele quiser, através do controle e contenção de suas emoções e tendências, ele pode vir a elevar-se a um nível mental e supramental superior. Nesse lugar, a fonte de todas as emoções e desejos pode ser testemunhada. A fonte de todas as emoções e tendências é definitivamente aquela Bem-Aventurança, a qual o homem esforça-se em adquirir novamente. Os Rishis indianos empenharam-se em conduzir o ser humano acima dessas emoções e tendências. Nessa sequência de esforços, nossa contribuição indiana é a meditação. A nobre instrução da meditação é que, após nos elevarmos acima da natureza humana e de suas tendências, entramos em um estado onde há Bem-Aventurança. Em palavras diretas e simples, se nós fizermos um retrato da meditação, seu propósito é "perder (a nós mesmos) e não ser (nós mesmos)".

O sentido dessa "nossa ausência" é a ausência do nosso ego. Enquanto as emoções naturais permanecerem atadas ao ego individual, então o estado de meditação não será possível. No estado de meditação, o sadhaka (buscador), após elevar-se acima do seu ego, deve fazer sua morada dentro de tal estado, onde sua consciência corporal e suas ações corporais se dissolvam lentamente na sua própria raiz. Mente, Prana, Inteligência, Ego, que são realizações naturais da vida, quando, muito vagarosamente através da inatividade, movem-se em direção à sua raiz, então o Sadhaka penetra em tal estado, onde a Bem-Aventurança sem fim e inquebrantável está sempre fluindo. À entrada em tal estado nós chamamos de entrada em meditação.

O Santo Sachcha Baba esteve sempre, por outro lado, desencorajando seus discípulos para esse caminho. Desde o início, ele costumava enfatizar que a meditação pode vir até nós através da Graça, após realizarmos Sadhana, enquanto, da mesma maneira, mantemos nossa consciência corpórea. Ele não nos pedia para mantermos nossos olhos fechados para meditar. Seus ensinamentos eram de que, quando a Graça do Ser

Supremo se apodera de nossas vidas, então não há necessidade de nenhum esforço pessoal. Essa Shakti, quando Ela surgir em seu Atman, irá conduzi-lo para um nível tal, que, mesmo com os olhos abertos, você será capaz de experimentar meditação. Onde os Rishis indianos deram principal ênfase, que para penetrar na meditação você precisa ser desapegado e se distanciar, assim como renunciar a todas as ações, aí o Santo Sri Sachcha Baba insistiu que, para a meditação acontecer, nós não precisamos tomar Sannyas nem renunciar ao mundo, contudo nós teremos que trazer a meditação também para as nossas próprias ações e trabalho, entendendo trabalho e não trabalho como algo não contraditório. O sadhaka terá que conduzir-se a si próprio dentro de uma elevação tal que, enquanto realiza todos os seus deveres, ele será capaz de permanecer firme em meditação.

O Santo Sri Sachcha Baba costumava dizer com completa ênfase e grande confiança uma linha da Gita, "Yoga Karmasu Koshalam", isto é, "Yoga é totalidade na ação". Seu convite aos seus discípulos era de que eles poderiam produzir seus "trabalhos meditativos" dentro de tal elevação, em que trabalho e não trabalho como algo não contrário, uma unidade harmoniosa poderia ser alcançada. Se o abandono do trabalho é condição para meditação, se a renúncia das ações é condição para meditação, então a necessidade para tal meditação é, para nossa nação que trabalha duro, traiçoeira e falsa. Por essa razão, ele não diria para qualquer sadhaka para ir a uma caverna isolada, e abandonar seu trabalho e ações, mas sim enquanto permanece no Samsara, e no meio das circunstâncias da vida, aí praticar meditação.

O Santo Sri Sachcha Baba pode ser visto como um Rishi único, aquele que, querendo conhecer seu próprio Dharma, permaneceu realizando todos os seus deveres, e ao mesmo tempo encorajando a meditação. Hoje não há necessidade de correr para a floresta, nem de se sentar nas cavernas e abandonar todas as ações. A necessidade atual é de invocar essa Suprema Shakti, que é cheia de graça e toda-penetrante, e a qual, quando descer ao nosso nível, irá provocar em nós um estado tal, que até mesmo os grandes Iogues que se vangloriam dos seus poderes não são capazes de alcançar.

Sri Sachcha Baba deu com essa incomum instrução um golpe explosivo em todas as ações de meditação, as quais, após se tornarem como pó, começaram a fluir desde Gangotri até Ganga Sagar. Sendo um Dhyana-logue, pela causa do avanço na meditação, ele manifestou essa revolucionária abordagem. Esse é o nosso método de meditação, que algum dia Sócrates também indicou a seu discípulo e grande filósofo Aristóteles. Se usarmos uma "visão de pássaro", de cima, na vida do Sócrates, nós veremos que ele esteve em tal estado, onde há um silêncio total, completa paz, incontestável fluir de bem-aventurança. Aristóteles pouco a pouco saboreou isso, e, em seu intoxicado e extasiado estado de meditação, o que quer que ele dissesse se tornaria uma filosofia, se tornaria algo visionário.

Da mesma forma é nosso Sri Sachcha Baba, que, no campo da meditação, diz pouco pela boca e mais com a mente. A essência de seus ensinamentos é esta, que aonde quer que nós estejamos, aí e nesta condição, nós devemos pedir a essa Shakti Suprema pela nossa própria transformação, para a qual em algum momento Markandeya costumava rezar: "Tvam Vaishnavi Saktirananda Virya", isto é, "Você é a Energia Vital Bem-Aventurada."

Essa Mãe é aquela que preside sobre a escravidão e a liberação do homem. Pela Sua Graça nós teremos que suplicar, e antes desta graça nós precisamos alcançar a graça do nosso próprio Ser. Nossa entrada na meditação só é possível quando nós tivermos obtido ambas as graças.

Resumidamente, nós podemos dizer que a meditação do Baba tem como condição primária a conquista da nossa própria graça, como segunda condição a conquista da graça da Shakti Suprema, e, quando tivermos adquirido ambas, sendo dependentes delas para manifestar nosso trabalho e ações em todos os níveis da vida, então devemos trazer totalmente a meditação em todos os nossos trabalhos e ações, e aí trabalhar duro pela elevação e bem-estar de toda a humanidade, enquanto sempre mantemos o nosso empenho no cultivo da meditação. Essa é a meta suprema de Sri Sachcha Baba.

Japa: repetição de palavras sagradas

A palavra é Deus, e Deus é Verdade. Um ser humano, através do seu trabalho, de sua disciplina, de suas ações e de suas explorações, deseja realizar aquela Verdade. A palavra é a única base através da qual o homem e Deus se interconectam. Em um nível sutil, a palavra é a forma de Deus, a lila (jogo) divina, e também Sua Ação. Para jogar e fazer algo, dois são necessários. Sem dois não pode haver jogo. Nesse jogo da dualidade, Deus está indo e vindo dentro de nós, na forma da palavra. Toda essência da realização na vida, e o destino dos humanos, está exclusivamente com a palavra. Se a palavra desaparece das vidas das pessoas, elas se tornam como que estátuas com emoções. Elas se tornam como que mudas, nem capazes de expressar seus sentimentos, nem de trabalhar para suas satisfações.

O significado simples de japa é repetir certas palavras, as quais foram testadas e verificadas pelos visionários e sábios. O crescimento chega para o buscador espiritual através da prática do japa. Desde os tempos védicos nós temos ouvido e visto sobre a grandeza do japa. É uma Verdade irrefutável, que todos podem colocar à prova e perceber por si mesmos. A filosofia do japa nos diz que a palavra é Deus, e após nos firmarmos na palavra podemos chegar até Ele. Atualmente também é muitas vezes visto que numerosos buscadores, por repetirem seus próprios mantras, alcançam sucesso em obter siddhis (poderes sobrenaturais).

O método do japa, do sempre abençoado Santo Sri Sachcha Baba, afirma essa confiável doutrina. Assim como para aprender a falar e conhecer qualquer linguagem é necessário conhecer o vocabulário, bem como compreender as regras gramaticais, do mesmo jeito, para compreender a palavra de Deus é necessário aprender o Seu alfabeto e saber como colocá-lo em prática. Ao vocabulário da Palavra Divina nós chamamos bija (semente). O significado simples de bija é de que tudo está contido dentro. Por exemplo, na semente de uma árvore banyan, toda a árvore permanece oculta, e no tempo e lugar apropriado, assim como circunstâncias, ela irá se manifestar em uma enorme árvore

banyan. Do mesmo modo, na Palavra Divina várias "palavras-
-sementes" específicas são encontradas juntas.

Sachcha Baba recebeu um mantra especial através do qual nós podemos nos realizar. Esse mantra Sachcha Baba dá aos seus discípulos autorizados privadamente, e eles podem transmiti-lo aos seus próprios discípulos. Não seria apropriado escrever este mantra aqui, porque ele é extremamente poderoso e um doador de siddhis (poderes sobrenaturais).

Se um buscador espiritual deseja saber o segredo dele e realizar o poder da palavra de Deus, ele deveria receber iniciação através dos discípulos autorizados de Sachcha Baba. De acordo com o cerimonial das escrituras, bem como às ordens do Guru, esse mantra não está sendo escrito aqui. Existem duas razões pelas quais eu não ofereço esse mantra em forma escrita. A primeira razão é que, quando um buscador espiritual começa a usá-lo somente a partir da sua leitura, ele não pode alcançar seus frutos. Para receber os benefícios desse mantra é necessário ouvi-lo e recebê-lo a partir da boca de um Guru. Então somente ele deverá dar frutos. A outra razão é que, através da escrita do mantra conhecido, um benefício parcial talvez seja alcançado, entretanto nós temos receio de que aquele que não esteja pronto para conhecê-lo possa usá-lo inadequadamente.

Eu peço às pessoas que estão prontas que vão para um Guru verdadeiro e se tornem iniciadas por ele da maneira apropriada, e em seguida repitam o mantra de acordo com as instruções do Guru. O que torna esse mantra especial é que, depois de fazer pouco esforço, o mantra começa a revelar a sua natureza. Então você não mais precisa repeti-lo. O próprio japa se apodera do sadhaka e começa a revelar seu trabalho e mistérios, de acordo com o nível do buscador espiritual. Então o buscador não precisará fazer qualquer esforço. Despertando pela manhã, sentando-se ou realizando seu trabalho, o japa se torna automático.

Entretanto, a natureza do japa não começa a trabalhar em um buscador espiritual até que ele tenha absorvido o mantra em sua consciência, através da iniciação de um Guru, pois todos os mantras, por eles próprios, são como que sem vida, a menos que eles tenham sido ativados. Tendo a pessoa acordado o mantra em si, ela será capaz de acordá-lo nas outras pessoas também. Nós podemos despertar o mantra em nós somente através de um Guru autêntico, Aquele que já tenha acordado em Si o mantra. Por essa razão, antes de começarmos a fazer japa, é necessário encontrar um Guru competente e autorizado e despertar o nosso profundamente adormecido Atman, através desse mantra. Somente por um verdadeiro Guru isso pode ser alcançado. De outra forma esse bija mantra especial será como um corpo sem vida, ou como qualquer outro mantra (comum). Porém, quando nós tivermos absorvido esse mantra em nossa consciência, então não teremos que fazer nada mais, a shakti daquele mantra terá tudo feito. Após nos limpar das nossas impressões passadas e ações (karma), ele irá nos erguer até a nossa fonte original, de onde caímos.

O bija do Sachcha Baba é para o benefício de todos, crianças, homens, mulheres, brahmacaris, sannyasins, moradores das florestas, todo o mundo. Ele é para todos e pertence a todos. Então eu rezo para todos, para que, antes de vocês abrirem espaço para isso em suas vidas, que tomem iniciação de um discípulo autorizado de Sachcha Baba e então iniciem seus trabalhos. Essa é a instrução principal.

Glossário

Darshan: abençoada visão de um ser iluminado. É o ato de estar na presença de um mestre, recebendo suas bênçãos e sua energia espiritual.

Enteógena: substância que induz estados expandidos de consciência, frequentemente usada em contextos espirituais para facilitar o acesso a dimensões mais profundas do ser.

Gurumantra: mantra sagrado transmitido por um guru a seu discípulo, que carrega a vibração e a energia do mestre, sendo um instrumento de transformação espiritual.

Karma: refere-se à lei universal de causa e efeito. Toda ação gera uma consequência, seja ela positiva ou negativa, e esse princípio rege tanto o nível material quanto o espiritual.

Lilah: no contexto espiritual, significa o jogo divino ou a brincadeira cósmica. Refere-se à ideia de que o universo e a vida são manifestações da divindade em ação.

Lingam: símbolo da energia divina masculina, especialmente associada a Shiva, representando o princípio criador do universo.

Mahashivaratri: noite dedicada a Shiva, uma das celebrações mais importantes da tradição védica, em que se busca a purificação, o alinhamento espiritual e a renovação de votos com seu guru.

Miração: visão espiritual ou revelação que surge durante estados profundos de meditação ou com uso de plantas sagradas, proporcionando *insights* sobre a verdade universal.

Parampara: linha de sucessão espiritual, uma tradição em que se passam os ensinamentos de mestre para discípulo, preservando e transmitindo o conhecimento sagrado ao longo do tempo.

Prabhu aap jago: invocação espiritual canalizada por Sachcha Baba que significa "Deus desperte". É um chamado à divindade para despertá-la dentro de cada um.

Pranava: o som primordial "Om", que simboliza a vibração original do universo e a energia que permeia toda a existência.

Pujas: rituais devocionais que envolvem oferendas e preces para honrar e invocar as bênçãos de divindades ou mestres espirituais.

Sachcha: refere-se à verdade ou à essência do ser, nome da linhagem espiritual da qual Sri Prem Baba é guardião. Trata-se da Verdade absoluta.

Sadhana: prática espiritual disciplinada, que pode incluir meditação, mantras, pujas e outras atividades que auxiliam no desenvolvimento e no crescimento interior.

Samadhi: estado de profunda absorção meditativa e união com o divino, em que o indivíduo experimenta a dissolução do ego e a conexão plena com a consciência universal.

Satsang: encontro com a verdade, em que o mestre se reúne com seus alunos para transmitir ensinamentos, meditar e praticar o silêncio. É um espaço sagrado de aprendizado e transformação interior.

Swami: título dado a um mestre espiritual que atingiu um elevado grau de renúncia e sabedoria. Também pode significar "aquele que é dono de si mesmo".

Acompanhe Sri Prem Baba
Instagram: @sriprembaba
YouTube: @OfficialPremBaba
Facebook: @sachchaprembaba
E-mail: info@sriprembaba.org
www.sriprembaba.org

Sri Prem Baba Academy
Junte-se à comunidade de alunos de Sri Prem Baba e acesse seus ensinamentos mais profundos. Todos os meses você tem novos encontros, sempre que possível ao vivo, além de acessar todos os cursos do acervo da Sri Prem Baba Academy quando quiser, e descontos para participar dos encontros presenciais com Sri Prem Baba pelo mundo.

https://academy.sriprembaba.org

academy@sriprembaba.org

Conheça outros livros de Sri Prem Baba
Transformando o sofrimento em alegria
Amar e ser livre – as bases para uma nova sociedade
Propósito – a coragem de ser quem somos
Plenitude – a vida além do medo
Parivartan – a transformação para uma nova consciência.
www.sriprembaba.org/livros

MATRIX